Gerhard Kraus

ALASKA und YUKON

Für Elvira, die auf allen Touren dabei war

Bergverlag Rother

Inhalt

Alaska und Yukon entdecken 10
    Natur pur 12
    Geschichte 20
    Ureinwohner 24
    Landschaft – Klima – Vegetation 28
    Tierwelt 40
    Outdoor-Regionen 50
    Geschichte des Bergsteigens 60

Unterwegs 70
    Auf dem Chilkoot Trail von Alaska nach Kanada 72
    Glacier Bay – wo die Gletscher ins Meer kalben 80
    Kluane – im Schatten der Eisriesen 88
    Wrangell und St. Elias – mit den Eisströmen auf Tuchfühlung 98
    Kenai – zwischen eisbedeckten Fjorden und grünen Bergen 114
    Katmai – im Griff der Naturgewalten 124
    Denali – der Bär hat Vorfahrt 136
    Fairbanks und sein Hinterland 154
    Dempster – ein Highway, der süchtig macht 162
    Herschel – geschichtsträchtige Insel im Polarmeer 176
    Nord-Alaska – in der Weite der Arktis 184

Die ganz großen Berge 202
    Mount McKinley (Denali) 204
    Mount Logan 210

Anhang 216
    Bücher – Karten – Touristische Informationen 218
    Stichwortverzeichnis 222

Der abenteuerliche, überwiegend nicht geteerte Dalton Highway ist die einzige Straße Alaskas, die über den Polarkreis hinausführt. Über weite Strecken verläuft sie entlang der Trans-Alaska-Pipeline, wie hier am Nordrand der Brooks Range.

Die Million Dollar Falls in der Nähe des Haines Highway sind eine Attraktion. Der nahe, einsam gelegene Campground mit demselben Namen lädt zum Verweilen ein.

*Tokositna Glacier, Nähe Mount McKinley, Alaska Range:
Schmelzwassertunnel im harten Gletschereis.*

Das Eis auf dem Summit Lake in der Brooks Range will auch zur Zeit der Mitternachtssonne im Juni noch nicht weichen.

Ausblick über die gewaltigen, stark vergletscherten Gipfel der Fairweather Range im Westen der Glacier Bay. Selten sieht man das nahe am Pazifik liegende, über 4600 Meter ansteigende Gebirge so klar. Tief unten ist das spektakuläre Johns Hopkins Inlet erkennbar.

Dieser Eisbär gehört zur sogenannten Southern Beaufort Sea Population, die nach Schätzungen des US Fish and Wildlife Service etwa 1500 Tiere zählt. Die eindrucksvolle Kulisse der Brooks Range ist etwa 70 km entfernt.

Vorwort

»The scenery of Alaska is much grander than anything else of its kind in the world, and it is not well to dull one's capacity for enjoyment by seeing the finest first.«
Henry Gannett, Chefgeograf, United States Geological Survey, Teilnehmer der Harriman Alaska Expedition
(Vol. I of the Journals of the 1899 Harriman Alaska Expedition, Gannet's chapter, Reprint Edition von Dover Press; Litwin, Tom et al., Rutgers University Press)

»It's the great, big, broad land'way up yonder,
It's the forests where silence has lease;
It's the beauty that thrills me with wonder,
It's the stillness that fills me with peace.«
(Service, Robert: The Spell of the Yukon and other Verses, Barse & Co., 1916)

In jungen Jahren führte mich meine erste Reise auf dem nordamerikanischen Kontinent in die kanadischen Rocky Mountains. Die Touren waren irgendwie anders als alles, was ich zuvor in den heimischen Alpen erlebt hatte. Mich faszinierten vor allem die ungeheuren Weiten unberührter Natur, die endlosen Gebirgslandschaften, in denen kaum Menschen wohnten. Mit der Besteigung des 3491 m hohen Mount Athabasca über den Silverhorn-Ridge in einer eindrucksvollen Gletscherkulisse, der einsamen Tour durch das Larch Valley zum Gipfel des Mount Temple (3543 m), mit tagelangen Backpackingtouren durch unermessliche Wälder, wo man mit der Natur, den Tieren und Pflanzen in eine besonders enge Berührung kommt, verbinden sich unauslöschliche Erinnerungen. Nie jemals zuvor hatte ich in freier Wildbahn so viele Tiere gesehen: Bergschafe, Schneeziegen, Kojoten, Wapitis, Elche, Bären. Wann würde ich wiederkommen? Noch im gleichen Jahr erlebte ich als Skilangläufer den strengen nordamerikanischen Winter in den Adirondacks nahe an der kanadischen Grenze. Die Verlockung hielt an und es zog mich immer weiter in den äußersten Nordwesten dieses riesigen Kontinents. Die ungezähmte Natur Alaskas und des Yukon fesselte mich am meisten – eine Natur, die mich seit dem ersten Besuch nicht mehr loslässt. Mehr als fünfzehn Mal habe ich diese Länder mittlerweile besucht und alles in allem viele Monate dort verbracht.

Gerhard Kraus

Alaska und Yukon entdecken

Natur pur

Eine weite Hochfläche charakterisiert den Broad Pass am Parks Highway, in der Nähe von Cantwell in der Alaska Range.

Problematische Folgen werden bei weiterem Eisrückgang für den Ursus maritimus, dem Bär des Meeres, erwartet. Dieser Eisbär ist in der Nähe der Eskimosiedlung Kaktovik/ Barter Island auf Nahrungssuche.

Alaska gilt als »The Last Frontier« (die letzte Grenze) und der Yukon als »The Land of Magic and Mystery« (das Land des Zaubers und der Geheimnisse«), neuerdings lautet sein Motto: »Yukon, Larger than Life.« Die beiden Länder gehören zu den letzten Pionierländern dieser Erde: eine zwei Millionen Quadratkilometer große Wildnis, die in weiten Teilen völlig unbewohnt ist und sich vielerorts seit dem Ende der letzten Eiszeit vor 10.000 Jahren kaum verändert hat. Jeder Bericht über diese Länder führt daher unweigerlich zu den Superlativen seiner Natur, die jeden Besucher begeistern. Der Kenner wird hier an die einzigartigen Nationalparks, die riesigen Wildschutzgebiete, und die kilometerhohen Berge aus Schnee und Eis (wie den Mount McKinley und den Mount Logan, den höchsten Berg Kanadas) denken. Die zahlreichen Gletscher bilden die größten zusammenhängenden festländischen Eiswüsten der Erde, außerhalb der Antarktis und Grönlands. Insgesamt besitzt Alaska nach Schätzungen von Geologen des USGS (United States Geological Survey) 100.000 Gletscher, die eine Fläche von 75.000 km² bedecken. Nur ca. 600 Gletscher haben einen Namen. Im Yukon beträgt die Gesamtgletscherfläche etwa 14.000 km². Dort gibt es immer noch eine beträchtliche Anzahl namenloser, kaum bestiegener Gipfel.

Wenn es ein Paradies für Paddler gibt, dann sind es diese beiden Länder. Tausende Flusskilometer und unzählige, dramatische Fjorde bieten endlosen Raum für Erkundungen. Von der Vielzahl der Seen in beiden Ländern können wir uns kaum eine Vorstellung machen. In dieser atemberaubenden Landschaft mit den verschiedenen Ökosystemen gedeihen prächtige Wildtiere. Bären können sich nirgends so mühelos und reichlich ernähren wie an den lachsreichen Küsten. Dieses üppige Nahrungsangebot bringt kraftstrotzende Geschöpfe hervor wie den Kodiakbären, der zu den größten Landraubtieren der Erde zählt. Zu den bemerkenswerten Tieren gehören auch kapitale Elche, die Säugetiere der Meere wie zum Beispiel die tonnenschweren Buckelwale und nicht zuletzt die Lachse, die einen auf Flusstouren geradezu eskortieren. Am Kenai River kann es vorkommen, dass man kaum mehr das Paddel in das mit Lachsen »vollgestopfte« Wasser zu tauchen wagt. Noch immer kehren Jahr für Jahr riesige Lachsschwärme vom Pazifik an ihre Laichplätze zurück. Hoch im Norden ziehen unüberschaubare Karibuherden auf uralten Wanderrouten zwischen Sommer- und Winterweiden hin und her. Ein Schauspiel, das jeden naturverbundenen Besucher in

Der Mount Huntington (3737 m) liegt etwa 15 km südöstlich des Mount McKinley zwischen dem Tokositna Glacier und dem West Fork Ruth Glacier. Im Bild die Nordwand und der West Ridge, auch French Ridge genannt. 1964 wurde diese Route von einer französischen Expedition unter Leitung von Lionel Terray erstbestiegen.

Spaltenreich präsentiert sich der Kahiltna Glacier Ende September.

Begeisterung versetzt. Millionen von Zugvögeln verbringen hier den Sommer.
Doch dieser einzigartige Naturreichtum ist gefährdet. Schon jetzt leidet die Natur in den Ölfördergebieten an der Beaufortsee. Die Ölproduktion wurde in den vergangenen Jahren von Prudhoe Bay aus immer weiter nach Westen ausgedehnt; bis in das Mündungsdelta des Colville River. Hunderte Bohrstellen, die fortwährende Ölsuche und die vielen Helikopter- und Flugzeugbewegungen, gerade auch im entbehrungsreichen Winter, stören die Wildtiere. Eisbären sind durch chemische Einwirkungen auch schon zu Tode gekommen. Auch das Nordpolarmeer (Beaufortsee) könnte bald von unzähligen Ölbohrtürmen überragt werden. Die langfristigen Auswirkungen eines Ölunfalls in der Beaufortsee, die immer noch monatelang zugefroren ist, kann niemand abschätzen. Die Katastrophe vom 24. März 1989 ist bei vielen Menschen noch in Erinnerung. Damals rammte der vollbeladene Supertanker »Exxon Valdez« das Blight Reef im Prince William Sound. 41 Millionen Liter Rohöl ergossen sich ins Meer und lösten die größte Umweltkatastrophe aus, die Alaska je erlebt hat. Der klebrige Ölteppich erstreckte sich über mehrere Tausend Quadratkilometer vom Prince William Sound bis Kodiak Island. Seit 1977 fließt 45 °C warmes Rohöl durch die Trans-Alaska-Pipeline vom arktischen Meer in etwa fünf Tagen zum Hafen von Valdez

am Pazifik. Der gigantische, 1280 km lange Stahlwurm windet sich auf 78.000 Trägern über Permafrostboden, mehr als 800 Flüsse und Bäche und über hochgelegene Pässe in den Brooks, Alaska und Chugach Mountain Ranges. Trotz Umweltkatastrophen möchten viele Alaskaner nicht auf die Petrodollars verzichten, denn gerade das Öl brachte dem Land Wohlstand, es bescherte Schulen, kulturelle Einrichtungen und Verbesserungen in der Infrastruktur. Und zudem erhält jeder wahlberechtigte Bürger Alaskas eine jährliche durchschnittliche Gewinnausschüttung von etwa 1300 Dollar aus dem Alaska Permanent Fund, einem milliardenschweren Fond aus den Steuereinnahmen der Ölproduktion.

Die Auswirkungen der globalen Erwärmung sind am deutlichsten in den arktischen Regionen zu beobachten. Auf Barter Island berichteten Inupiat Eskimos im Herbst 2012, dass das arktische Meereis der Beaufortsee zusammengeschrumpft war wie nie zuvor. Dass die Eisbären als marine Säugetiere am stärksten vom Klimawandel betroffen sind, war auf Barter Island zu beobachten: Infolge des fehlenden Meereises hielten sich dort bis zu 100 Eisbären auf. Über drei Monate lang hatten sie nichts zu fressen, höchstens Tang und bis zu 50 Jahre alte Walknochen, auf denen sie jeden Tag herumkauten. Erst Ende Oktober setzte die Eisbildung ein, die für die großen Robbenjäger die Lebensgrundlage ist.

In den letzten Jahren gab es bei hochsommerlichen Temperaturen verheerende Waldbrände, die in verschiedenen Regionen wochenlang wüteten und Tausende Quadratkilometer borealen Wald und viele Wildtiere vernichteten. Neben Blitzeinschlägen trägt auch der Mensch durch unzureichend gelöschte Lagerfeuer zur Bestandsvernichtung bei. Für Yukoner, Alaskaner und viele Touristen sind Lagerfeuer unentbehrlich. Trotzdem sind sie in heißen Sommern ein heikles Thema. Die borealen Wälder liefern viel abgestorbenes Holz, aber sie brennen auch wie Zunder.

Touren an der Nordwestecke Amerikas haftet ein Hauch von Abenteuer an, weil große Gebiete noch immer wenig berührt sind und man auf zivilisatorische Annehmlichkeiten verzichten muss. Man muss aber nicht unbedingt an die Grenzen seiner physischen und psychischen Belastbarkeit gehen. Auf Kenai, Alaska, und im Kluane, Yukon, bietet sich manchem Nordland-Neuling vielleicht die erste Möglichkeit, sich mit der Wildnis auf teils markierten Wanderwegen etwas vertraut zu machen. Die besten

Eine riesige Rauchwolke wälzt sich südlich der Brooks Range über die Wälder am Dalton Highway. Solange Menschen nicht bedroht sind, werden keine Maßnahmen getroffen, um die Brände zu löschen.

Trekkingreviere liegen in den abgelegenen, unwegsamen und hüttenlosen Berggebieten des Nordens, aber auch auf der Alaska Peninsula und in den Wrangell-St. Elias Mountains finden sich zahlreiche attraktive Trekkingziele. Alle diese Gebiete sind bekannt für ihr raues Klima. In diesen gewaltig großen, ökologisch äußerst sensiblen Urlandschaften ist man vollkommen auf sich allein gestellt. Kennen Sie die verschiedenen Umstände, unter denen man täglich einen Lagerplatz sucht, das Zelt auf- und abbaut, Essen zubereitet, Kleidung wechselt und trocknet, Ausrüstung umpackt und verstaut, vergeblich auf einen Buschflieger wartet, da ihn Schlechtwetter oder starke Rauchentwicklung nach einem Waldbrand am Boden hält? Der Zelt-Trekker muss neben einer angemessenen Ausrüstung auch über entsprechendes Wildnis-Knowhow verfügen. Die größten Hindernisse auf Backpackingtouren im Norden stellen die vielen Wasserläufe dar. Man muss oft lange suchen, bis man eine geeignete Furt gefunden hat. Aus eigener Kraft über beschwerliche Wegstrecken unterwegs zu sein, setzt auch ein hohes Maß an guter körperlicher Verfassung voraus. Die vorgestellten Mehrtagestouren sind anstrengend und herausfordernd. Bei den Bergtouren in diesem Buch bewegt man sich auf Gehgelände. Bergerfahrung ist aber aufgrund der Abgeschiedenheit der Routen unbedingt notwendig. Trittsicherheit ist ebenso wichtig wie ein geschulter Blick für die bestmögliche Routenführung im weglosen Gelände. Wer es sich allein nicht zutraut, seine Abenteuerträume zu realisieren, sollte nicht zögern, die Dienste eines erfahrenen Guides in Anspruch zu nehmen. In einer Gruppe kann man evtl. sogar Geld sparen. Viele Outdoorunternehmen stellen auch einen Teil der Ausrüstung und sonstige Annehmlichkeiten wie zum Beispiel Verpflegung zur Verfügung.

Die, wegen der kurzen Vegetationsperiode besonders zerbrechliche Natur erschließt man sich zu Fuß, mit dem Kajak, Kanu oder Raft. Weil jedem Wildniswanderer die Erhaltung der Natur, aus der wir so viel Freude schöpfen, am Herzen liegen sollte, verlangen alle Touren eine umweltschonende Routenplanung, denn die Regeneration der Vegetation dauert Jahrzehnte. Zu den elementaren Regeln gehört es, seine Abfälle wieder mitzunehmen. Auch vergrabene Abfälle können Wildtiere wie Bären anlocken. Dann sind Konflikte vorprogrammiert. Wasser zieht einen durstigen Trekker magisch an. Normalerweise ist es von bester Qualität. Doch in Bibergebieten ist Vorsicht geboten. Dort kann der Parasit Giardia lamblia vorkommen, der Übelkeit und Magenkrämpfe verursacht. Dagegen hilft nur Abkochen.

Vor Wildtieren braucht man keine Angst zu haben. Die lästigsten »wilden« Tiere sind Mücken und Fliegen. Da helfen nur Moskitonetze und entsprechende Schutzmittel zum Einreiben. Die ersten Nachtfröste im August schwächen ihre Angriffslust spürbar.

Alaska und der Yukon zählen zu den hochpreisigen Ländern. Im kurzen Sommer will jeder, ob Autovermieter, Buschflieger, Lodgebesitzer oder Outdoorunternehmer schnell gutes Geld machen. Für Nahrungsmittel zahlt man auch in den wenigen urbanen Zentren deftige Preise. Und je weiter man in die Buschsiedlungen vordringt, desto teurer wird es. Daher sind viele Bewohner Selbstversorger, egal ob Ureinwohner oder Weiße. An erster Stelle steht der Fischfang. Die Menschen ernähren sich auch von der Jagd auf Elche, Karibus, Bergschafe und Meerestiere. Walfang ist für die indigene Bevölkerung in einem festgelegten Umfang erlaubt. Ein kleiner Teil der Ernährung besteht aus Vögeln, Schalentieren, Beeren und Pflanzen. Die Erträge decken nur den eigenen Bedarf. Mehrere Millionen Pfund »Wild Food« kommen so jährlich auf die Esstische der Menschen im äußersten Nordwesten.

Und noch etwas: Das Leben im Nordwesten verläuft in ruhigen Bahnen. Aggressive Ungeduld erlebt man kaum. Treten Sie gegenüber den Menschen mit Zurückhaltung auf, dann sind Sie überall als Besucher willkommen! Beeindruckend ist auch immer wieder die spontane Hilfsbereitschaft der Menschen.

Typische Taiga in der Nähe des Bergsteigerdorfes Talkeetna. Die abgelegenen Hütten der Fischer und Jäger in dieser weglosen Wildnis können nur auf dem Luftweg bzw. im Winter auch mit Motorschlitten erreicht werden.

*Bartlett Cove, Glacier Bay. Diese Region gehört mit ihren Urwäldern
aus hochstämmigen Sitkafichten und Hemlocktannen
zu den regenreichsten Gebieten Alaskas.*

Geschichte

Im Hafen von Dyea türmte sich im Winter 1897/1898 die Ausrüstung der Stampeders, wie die Goldsucher auch genannt wurden. (Copyright: Alaska State Library, P21-14, Winter & Pond Trail of `98 Photograph Collection)

Der Pelz der Seeotter war bei den Pelztierjägern des 19. Jahrhunderts besonders begehrt. Das Seeotterfell ist mit 100.000 Haaren pro Quadratzentimeter eines der dichtesten Haarkleider aller Säugetiere.

Die Geschichte Alaskas

Die neuere Geschichte Alaskas ist eng verbunden mit Vitus Bering (1681–1741) und Georg Wilhelm Steller (1709–1746). Am 16. Juli 1741 sichtete der in Jütland/Dänemark geborene und in russischen Diensten stehende Kapitän Vitus Bering den Mount St. Elias. Vier Tage später, am 20. Juli 1741, machten sich 15 Männer, unter ihnen der deutsche Naturforscher Georg Wilhelm Steller daran, als erste Europäer Alaska zu betreten. Dieser 10-stündige Aufenthalt auf Kayak Island, 100 km südöstlich der Stadt Cordova, spielte die zentrale Rolle in der russischen Besiedlung Alaskas. Auf seiner Reise war Bering vielen Schwierigkeiten ausgesetzt. Sein Ziel, das Schiff heil nach Petropawlowsk auf Kamtschatka zurückzubringen, schlug fehl. Auf einer unbewohnten, später nach Bering benannten Insel, musste die Besatzung überwintern. Die Männer machten bei eiskalten Winterstürmen schwere Zeiten durch. Bering selbst starb am 8. Dezember 1741. Von den ursprünglich 77 Mann Besatzung erreichten nur 46 Kamtschatka. Aber eine Nachricht verbreitete sich rasch im zaristischen Russland: der sagenhafte Pelzreichtum an Alaskas Küsten. In seiner dänischen Heimat Horsens und in Russland erinnern Denkmäler an den Entdecker Alaskas und immer noch tragen das Beringmeer und die Beringstraße seinen Namen.

Georg Wilhelm Steller, Arzt und Naturforscher, wurde 1709 im fränkischen Windsheim geboren. Sein ganzes Interesse galt den Tieren und Pflanzen, mit denen er sich intensiv beschäftigte. Heute sind sie unter dem Namen Diademhäher (Cyanocitta stelleri), Scheckente (Polysticta stelleri), Steller Seelöwe (Eumetopias jubatus) und Steller Seekuh (Hydrodamalis gigas, ausgestorben) bekannt. Steller starb im Alter von nur 37 Jahren im Westsibirischen Tjumen.

Russische Pelztierjäger

Im Jahr 1743 begann mit Yemelyan Basov der beispiellose Ausrottungsfeldzug gegen die Pelztiere im Nordpazifik und damit eines der schrecklichsten Kapitel der Entdeckungsgeschichte Alaskas. Mit einer unersättlichen Gier, die an Wahnsinn grenzte, jagten die Promyschlenniki, wie die russischen Pelztierjäger genannt wurden, Seeotter, Nördliche Seebären und Steller Seelöwen. Im Laufe der folgenden Jahre eroberte die Zarenkolonie Russisch-Amerika immer neue Jagdreviere entlang den Küsten von Alaska bis Kalifornien. Bis zum Jahr 1800 brachten 92 russische Beute-Expeditionen unvorstellbar reiche Ladungen kostbarer Felle und Pelze in das expandierende Zarenreich. Ihr Wert wurde auf 10 Millionen Rubel geschätzt. Auch die Spanier durchstreiften die Küste am Golf von Alaska. Salvador Fidalgo erklärte 1790 die Gegend um Cordova und Valdez zum spanischen Hoheitsgebiet.

*Die wichtigsten Nahrungsquellen der Eskimos waren Robben, Wale und Walrosse.
(Copyright: Alaska State Library, P28-170, Lomen Brothers Photograph Collection)*

Alexander Baranow

Die wichtigsten Namen in Verbindung mit dem russischen Pelzimperium in Alaska waren Grigori Schelikow (1747–1795) und Alexander Baranow (1746–1819). Schelikow gründete 1784 Three Saints Bay auf Kodiak Island, die erste dauerhafte russische Siedlung in Alaska. Er war wegen seiner Schreckensherrschaft berüchtigt. Lieferten die Ureinwohner wertvolle Seeotterpelze nicht ab, hatten die Russen keine Skrupel, auch Kinder als Geiseln zu nehmen. Baranow traf 1791 auf einer Baidarka, einem mit wasserdichten Tierhäuten bespanntem Holzboot, in Kodiak ein und wurde später erster Gouverneur und die herausragende Persönlichkeit in Russisch-Amerika. Baranow blieb bis 1818 Leiter der Russisch-Amerikanischen Handelskompanie. Er starb 1819 in Jakarta (früher Batavia) auf der Insel Java.

Niedergang von Russisch-Amerika, Alaska wird US-Gebiet

Der Krimkrieg Russlands von 1853 bis 1856 und die dadurch auftretenden innenpolitischen Probleme führten zu einer Neuorientierung in der russischen Außenpolitik. Die brutale Dezimierung der Seeotter als wichtigste Pelzlieferanten, der Verfall der Pelzpreise in Europa sowie der Niedergang der Russisch-Amerikanischen Handelskompanie bedeuteten das Ende der russischen Herrschaft. Das zaristische Russland verkaufte Alaska an die Vereinigten Staaten von Amerika. Der Kaufvertrag über 7,2 Millionen Dollar wurde vom amerikanischen Außenminister William Henry Seward und dem russischen Botschafter Eduard Stöckl ausgehandelt. Der US-Senat stimmte auch dem Vorschlag eines Abgeordneten zu, dem Land den Namen Alaska zu geben. Am 18. Oktober 1867 wechselte Alaska in einer feierlichen Zeremonie in Sitka, das seit 1808 Hauptstadt von Russisch-Amerika war, offiziell den Besitzer. In den Vereinigten Staaten wurde der Kauf heftig kritisiert. Außenminister Seward erkannte jedoch die günstige geografische Lage Alaskas als Brückenkopf zwischen Nordamerika und den Märkten in Japan und China. 1899 wurden die Regierungsgeschäfte von Sitka nach Juneau verlegt.

Der Zweite Weltkrieg stellte einen Wendepunkt in der demografischen und infrastrukturellen Entwicklung des Nordwestens dar. Die US-Militärs verstärkten ihre Präsenz in Alaska. Bis zum Jahr 1951 stieg die Einwohnerzahl Alaskas auf 128.000 Bürger. Jeder sechste Einwohner Alaskas arbeitete für das Militär, das der Wirtschaft somit einen neuen Schub verschaffte. Die wichtige strategische Lage beschleunigte 1959 die Aufnahme Alaskas als 49. Bundesstaat in die Union. Heute leben laut US-Census 710.000 Menschen in Alaska.

Auch dieser Ofen gehört zu den Hinterlassenschaften der Goldsucher von 1898. Andere Relikte kann man immer wieder entlang des legendären Chilkoot Trail finden: Stahlseile, Glasscherben, Konservendosen, Dampfkessel, vermodernde Stiefelsohlen, rostiges Geschirr und dergleichen. Alles muss liegenbleiben!

Die Geschichte des Yukon

Mit Robert Campbell und John Bell, Pelzhändler der Hudson's Bay Company, begann 1842 gewissermaßen die neuere Geschichte des Yukon. Mit ihren Erforschungen und den Gründungen verschiedener Handelsposten am Yukon River gaben sie den »politischen« Rahmen für die kanadische Regierung vor, die 1870 dieses Gebiet von der Hudson's Bay Company erwarb. Der Yukon war aber noch ein Teil der Northwest Territories.

Goldrausch

Als George Carmack und seine indianischen Schwäger Skookum Jim Mason und Tagish Charlie am 17. August 1896 am Rabitt Creek Gold fanden, lösten sie einen Goldrausch ohnegleichen aus. Die Goldfunde übten eine hypnotische Wirkung aus. 30.000 Menschen aus aller Welt wagten sich über gefährliches Terrain bis in den eisigen Norden des Yukon. Dawson City ging damals als die größte Stadt westlich von Winnipeg und nördlich von Vancouver oder auch als »Paris des Nordens« in die Annalen der Geschichte ein. Die Menschen lebten und arbeiteten nicht nur in Dawson City. Auch außerhalb entstanden über Nacht Boomtowns, denn die Klondike-Region, in der die Goldfelder lagen, umfasste damals etwa 2600 km². Sie reichte vom Yukon River bis zum North Klondike River und war bis zum Jahr 1904 das größte Goldfeld in Kanada und das viertgrößte in der Welt. Die meisten Argonauten – so nannte man auch die Goldsucher – begannen zu früh, vom großen Reichtum zu träumen. Beim Wettlauf um die ertragreichsten Parzellen kam für die meisten der Startschuss zu spät. Bald war alles Gold am Klondike ausgewaschen und der wirtschaftliche Aufschwung vorbei. Schon 1899 kehrten viele Goldsucher der Stadt frustriert den Rücken, um in Nome, Alaska ihr Glück zu versuchen. Die Boomtowns verschwanden nach und nach.

Kanada baut seine Machtposition im Yukon aus

1898 erfolgte die Bildung des Yukon Territory mit der Hauptstadt Dawson City. Die kanadische Regierung in Ottawa demonstrierte mit der Berufung eines für den Yukon zuständigen Commissioners und einer beratenden gesetzgebenden Versammlung die Zugehörigkeit des Landes zu Kanada. Die 1873 gegründete Royal Canadian Mounted Police (RCMP) überwachte die Einhaltung des kanadischen Rechtssystems. Seit 1953 wird die Politik des Territoriums nicht mehr von Dawson City, sondern von Whitehorse aus bestimmt. Den größten Einfluss auf die wirtschaftliche Entwicklung des Yukon nach dem Zweiten Weltkrieg hatte die Entdeckung der Blei- und Zinkvorkommen in Faro im Jahr 1969. Fallende Weltmarktpreise führten 1998 jedoch zur Schließung der Minen in Faro und Watson Lake. Heute leben mehr als zwei Drittel der Gesamtbevölkerung (36.000) des Yukon im Großraum von Whitehorse.

Ureinwohner

*Das Landesinnere Alaskas und des Yukon ist der Lebensraum von Indianerstämmen, die zur Sprachfamilie der Athabasken gehören. Ihre Siedlungsgebiete erstrecken sich vorwiegend entlang der großen Fluss-Systeme, wie Yukon, Porcupine, Koyukuk, Kuskokwim und Copper. Dieses 1907 entstandene Bild von Kojukan-Athabasken gibt eine Vorstellung von ihrer traditionellen Lebensweise.
(Copyright: Alaska State Library, P77-05, Nathaniel Todd Photograph Collection)*

*Um die topografischen und klimatischen Besonderheiten ihrer Umgebung zu meistern, nutzten die Athabasken neben offenen Kanus aus Birkenrinde oder Elchhäuten auch Schlitten und Schneeschuhe.
(Copyright: Alaska State Library, P306-671, Butler, Dale Photograph Collection)*

Beringia – Brücke zur Neuen Welt für die ersten Amerikaner

In der letzten Periode der Wisconsin-Eiszeit (in Europa als Würm-Eiszeit bekannt) vor 27.000 bis 10.000 Jahren wurden enorme Wassermassen durch riesige Gletscher auf dem Festland gebunden. Das führte zu einer Absenkung des Meeresspiegels um mehr als 100 m und zur Austrocknung weiter Teile der Tschuktschensee, des nordöstlichen Beringmeeres und der Beringstraße. Es entstand eine bis zu 1600 km breite Landbrücke (gemessen von Norden nach Süden; Fläche ca. 1,4 Millionen km²), die Asien und Amerika miteinander verband. So paradox es klingt: Zu der Zeit, als ein Großteil des nordamerikanischen Kontinents unter Eis begraben war, erstreckte sich ein eisfreier Riesenraum von Ostsibirien (etwa 140° Ost) über den trockenen Boden des Beringmeeres, die nördlichen Teile Alaskas und den Yukon bis zum Mackenzie River.

Im Jahr 1937 verwendete der schwedische Botaniker Eric Hultén zum ersten Mal die Bezeichnung Beringia für dieses Gebiet von subkontinentalen Ausmaßen. Hultén fiel die Ähnlichkeit der Pflanzen zu beiden Seiten der Beringstraße auf, ein signifikanter Hinweis auf die einstige Landverbindung zwischen beiden Kontinenten. Über das Wann und Wie der Besiedlung Amerikas debattieren Archäologen, Linguisten und Genetiker aus aller Welt immer wieder heftig. Wieviele Migrationsbewegungen gab es über die Bering-Landbrücke? Wann fanden sie statt? Nach dem heutigen Kenntnisstand ist es wahrscheinlich, dass es drei Einwanderungswellen verschiedener Jägergruppen gab, die zeitlich weit auseinanderliegen. So nimmt man an, dass die ersten Menschen vor etwa 15.000 Jahren oder noch früher auf dem Landweg von Sibirien nach Alaska vordrangen und die letzte Migrationsbewegung vor 6000 bis 4000 Jahren stattfand. Die asiatischen Einwanderer dieser Einwanderungswelle kamen mit Booten nach Nordamerika, da die Landbrücke nach dem Ende der Eiszeit vor 10.000 Jahren vom ansteigenden Meer längst überflutet war.

First Nations

Nach 126-jähriger Zugehörigkeit zum Zarenreich verkaufte Russland im Jahr 1867 Alaska an die Vereinigten Staaten von Amerika. Damals machte in Alaska der Anteil der indigenen Bevölkerung 99% der Gesamtbevölkerung (ca. 30.000 Menschen) aus. Laut US-Census 2010 leben in Alaska 105.000 Ureinwohner (Eskimos, Aleut/Unangan, Indianer), das sind annähernd 15% der Einwohner Alaskas. Von den 36.000 Yukonern sind 7000 Personen Angehörige der First Nations. Alaska und Yukon zusammen sind die Heimat von sechs großen indigenen Bevölkerungsgruppen:

- **Inupiat (Nördliche Eskimos)** an der Beaufortsee, am nördlichen Beringmeer und in der North-Slope-Region (Alaska); Orte unter anderem: Barrow, Nome, Kotzebue, Anaktuvuk Pass.
- **Yupik (Beringmeer-Eskimos)** in Alaska; Orte unter anderem: Dillingham, Bethel, Hooper Bay.
- **Alutiiq/Sugpiaq (Pazifische Eskimos)** an der Golfküste, Alaska; Orte unter anderem: Old Harbor, Kodiak, Akhiok, Chenega Bay (Prince William Sound), Cordova.
- **Aleut/Unangan in Alaska** unter anderem in folgenden Orten: Unalaska, St. Paul und St. George (Pribilof Islands), King Cove.
- **Athabasken (Indianer)** im subarktischen Landesinneren und am Cook Inlet (Alaska) sowie im Yukon; Orte unter anderem: Fort Yukon (Alaska), Arctic Village (Alaska), Old Crow (Yukon).
- **Küstenindianer (Tlingit, Haida, Tsimshian, Eyak)** in Südost-Alaska; Tlingit leben heute auch im südlichen Yukon, zum Beispiel in Carcross und Teslin; auch Klukwan bei Haines in Südost-Alaska ist eine Tlingit-Siedlung.

Robert, ein Inupiat Eskimo, arbeitet als Eisbär-Guide in Kaktovik/ Barter Island. Er bemüht sich unentwegt um den Schutz der Tiere und lehnt auch Erdölförderung sowie bergbauliche Aktivitäten in der hochsensiblen Natur der Arktis strikt ab.

Susan, Ureinwohnerin von Kaktovik. Der Ort an der Beaufortsee hat keine Straßenanbindung zur Außenwelt. Er ist nur auf dem Luftweg zu erreichen.

Es gibt zwei große Sprachgruppen: Zur Na-Dene-Sprachfamilie gehören die Athabasken und die Küstenindianer Südost-Alaskas. Auch die Apachen und Navajo im Südwesten der USA gehören zu dieser Sprachfamilie. Zur eskimo-aleutischen Sprachgruppe gehören die Eskimos und Aleut/Unangan.

Eskimo oder Inuit?
Die Bezeichnung Eskimo ist in Alaska und in Teilen Nordwest-Kanadas durchaus üblich. Sprachforscher des Bremer Instituts für Allgemeine und Angewandte Sprachwissenschaft glauben, dass die früher verwendete, abwertende Übersetzung »Rohfleischesser« für Eskimo falsch ist. Vielmehr wird angenommen, dass sich der Begriff Eskimo vom Wort »assimew« aus der Sprache der Innu/Montagnais-Indianer (Quebec, Labrador) ableitet und soviel bedeutet wie Schneeschuhknüpfer. Das für Eskimo als vermeintlich politisch korrektes Wort oft

Totempfähle der Küstenindianer zeigen stark stilisierte Darstellungen von Tieren, wie Rabe, Adler, Orca oder Bär. Die Indianer hielten den Raben dem Adler an Weisheit überlegen und für das klügste aller Tiere, der listig war und sich auch ohne Kampf in der Natur behaupten und überleben konnte. In den Legenden der Tlingit-Indianer wurde der Rabe auch als Lebensspender dargestellt, denn er soll das Wasser auf die Erde gebracht haben.

verwendete »Inuit« existiert in den Sprachen der Alaska-Eskimos überhaupt nicht.

Rechte der Ureinwohner

Seit der Entdeckung Alaskas 1741 und dem Vorrücken der Hudson's Bay Company im Yukon ab dem Jahr 1842 war das Interesse der Kolonialmächte Russland, Großbritannien, Spanien und später auch der Vereinigten Staaten wie auch Kanadas auf Ausbeutung der Naturressourcen ausgerichtet, ohne Rücksicht auf die Belange der Ureinwohner. Erst ab den 1960er-Jahren übte die indigene Bevölkerung verstärkt Druck aus, um ihre Rechte auf Selbstbestimmung, Selbstverwaltung und Nutzung von Naturressourcen durchzusetzen. Nach jahrelangen Verhandlungen wurde 1971, in der Amtszeit von Richard Nixon, das Alaska Native Claims Settlement Act (ANCSA) verabschiedet, um den Landrechtansprüchen der Ureinwohner zu entsprechen. Regionalen und lokalen Körperschaften der First Nations wurden insgesamt 178.000 km² Land übertragen und 962,5 Millionen Dollar als Entschädigung gezahlt. Auch die First Nations des Yukon machten ab 1973 durch Landansprüche von sich reden. Die Forderungen der Indianer nach kultureller und wirtschaftlicher Selbstbestimmung fanden bei der kanadischen Regierung nur langsam Gehör. Erst nach Unterzeichnung des Umbrella Final Agreement (UFA) im Jahr 1993 zwischen dem Council for Yukon Indians (CYI), der Bundesregierung in Ottawa und der Territorialregierung in Whitehorse erhielten 14 Yukon First Nations im Laufe der Jahre 41.439 km² Land und 242 Millionen Dollar als Entschädigung. Auf dieser Grundlage haben die First Nations weitgehend die Kontrolle über die Nutzung der Naturressourcen in ihrem Lebensraum erlangt und sich auch die Beteiligung an den erwirtschafteten Erträgen gesichert.

1996 wurde der Arktische Rat gegründet. Die Zielsetzung dieses multinationalen Gremiums besteht in der Stärkung der Kultur und dem Schutz der Rechte der indigenen Völker. Brisante Themen sind die Folgen der Öl- und Gasförderung, die Ausbeutung weiterer Bodenschätze und die klimabedingten Veränderungen der Umwelt, die die alten Jägerkulturen gefährden. Dem Arktischen Rat gehören an: USA (Alaska), Kanada, Russland, Dänemark (Grönland, Färöer Inseln), Norwegen, Schweden, Finnland, Island sowie mehrere Organisationen indigener Bevölkerungsgruppen.

Landschaft – Klima – Vegetation

Zur landschaftlichen Vielfalt Alaskas tragen auch ins Meer mündende Gletscher bei, wie hier der Davidson Glacier an der Inside Passage bei Haines.

Ein Urwald aus Jungbäumen und Baumgreisen, aus wild wucherndem Unterholz und Dickicht zieht sich entlang der Küste am Golf von Alaska. Wanderwege gibt es hier kaum.

Alaska

Alaxsxaq, dieses Wort aus der Sprache der Ureinwohner der Aleuten, bedeutet so viel wie »Land, wo die Meereswellen ankommen«. Der größte US-Bundesstaat wird von drei Meeren umschlossen: dem Golf von Alaska, dem Beringmeer und dem Arktischen Ozean. Das Land misst von West nach Ost 3800 km. Die größte Nord-Süd-Ausdehnung beträgt etwa 2300 km. Der nördlichste Punkt Alaskas, Point Barrow (71° 23' Nord), liegt ungefähr auf demselben Breitengrad wie das norwegische Nordkap. Weit draußen im Pazifik, mehr als 2000 km vom nordamerikanischen Festland entfernt, durchzieht der 51. Breitengrad eine der Aleuten-Inseln: Amatignak Island, der südlichste Punkt Alaskas. Die Inseln Little Diomede (zu Alaska gehörend) und Big Diomede (zu Sibirien gehörend) liegen in der Beringstraße. Nur 4 km trennen hier Amerika und Russland.

Den enormen Ausdehnungen entsprechend finden sich in Alaska ganz unterschiedliche Landschaften, Klima- und Vegetationszonen. Das Land lässt sich von Süden nach Norden vereinfacht in die folgenden landschaftlichen Großräume gliedern.

Die südlichen Bergketten

In Südzentral- und Südost-Alaska erstrecken sich mächtige Gebirgszüge: die Wrangell-, die Chugach- und die bis nach Kanada reichende St. Elias-Gebirgskette – eine Welt, die in den Hochlagen dem Schnee und dem Eis gehört. Dort breiten sich unter anderem das Bering Glaciersystem und der Malaspina Glacier aus, die zu den größten zusammenhängenden Festlands-Eisfeldern der Erde (außerhalb der Antarktis und Grönlands) gehören. Sie allein bedecken eine Fläche von 10.200 km². Vergletschert sind auch die noch weiter südöstlich gelegenen, 700 km langen Coast Mountains zwischen Skagway und dem Portland Canal. Die beeindruckendste Vergletscherung der Coast Mountains findet man nördlich von Juneau im 3885 km² großen Juneau Icefield und nordöstlich von Petersburg im 7510 km² großen Stikine Icefield. Beide Gletschersysteme reichen weit über die Staatsgrenze hinaus bis nach British Columbia in Kanada. Aus dem Stikine Icefield fließt der südlichste Gezeitengletscher (ins Meer kalbender Gebirgsgletscher) Nordamerikas, der 36 km lange Le Conte Glacier. In der Liste der Alaska Tidewater Glacier (Gezeitengletscher) sind gegenwärtig nur noch 51 aufgeführt. Typisch für die Region entlang der pazifischen Küste vom Prince William Sound bis zum Portland Canal ist das maritime Klima mit jährlichen Niederschlagsmengen von bis zu 5000 mm. Es ist das regenreichste Gebiet in Alaska. Im Winter sind die Temperaturen im Vergleich zu anderen Regionen Alaskas geradezu mild. In Ketchikan, im Süden des Alexander-Archipels gelegen, liegt die Januar-Durchschnittstemperatur bei +1°C, die Juli-Durchschnittstemperatur bei 14,5°C. Dank des maritimen Klimas gedeihen in den Küstenregionen am Golf von Alaska unterhalb der schneebedeckten Gipfel riesige, schwer zugängliche Wälder aus hochstämmigen Sitkafichten, Westamerikanischen Hemlocktannen und Gebirgshemlocktannen. In Südost-Alaska wächst auch der Riesen-Lebensbaum (Westliche

Vorhergehende Doppelseite: Die Fairweather Range im Glacier Bay National Park.

Nicht hoch und kaum vergletschert, trotzdem beeindruckend: Berge am Denali Highway bei Cantwell.

Der Yukon River ist zwischen Whitehorse und Dawson City besonders beliebt als Kanuroute.

Rote Zeder) und die Nootka-Scheinzypresse (Alaska-Zeder). Ebenso typisch für das Pflanzenwachstum in den Feuchtgebieten des Küstenbereichs ist üppig wucherndes Unterholz mit Weiden, Erlen, Devil's-Club-Sträuchern, den riesigen Blättern des Stinkkohls, mit Farnen und dichtem Moos- und Flechtenbewuchs an den Bäumen. Hier findet man die beiden größten National Forests der USA: den 67.990 km² großen Tongass National Forest (Inseln und Küsten Südost-Alaskas) und den 24.000 km² großen Chugach National Forest (Waldgebiete an der Küste Südzentral-Alaskas, Teile Kenais, südöstlich von Anchorage bis zum Prince William Sound und weiter nach Südosten bis Kayak Island).

Alaskas Metropole, Anchorage, liegt im Übergangsbereich vom maritimen zum kontinentalen Klima. Hier, im Schutz der hohen Gebirge, ist es nicht mehr so feucht wie unmittelbar an der pazifischen Küste. Anchorage weist eine jährliche Niederschlagsmenge von 390 mm auf, die Durchschnittstemperatur liegt im Januar bei –9,5°C und im Juli bei annähernd +15°C.

Der Kodiak Archipel und der 1800 km lange aleutische Inselbogen in Südwest-Alaska stehen wieder ganz unter dem Einfluss eines maritimen Klimas, mit regenreichen, sonnenarmen Sommern und milden Wintern, in denen Niederschläge auch als Regen fallen. In diesem Winkel Alaskas kommt es häufig zu heftigen Stürmen. In Südwest-Alaska mit der Alaska Peninsula und den Aleuten gibt es bizarre Vulkanlandschaften. Die Aleuten zählen zu den tektonisch aktivsten Regionen der Erde, da sie genau auf dem »Feuerring« liegen, der beinahe den gesamten Pazifischen Ozean umgibt. Diese Region ist berüchtigt für Vulkanausbrüche, Erdbeben und Tsunamis.

Alaska Range
Die Bergkette der Alaska Range erstreckt sich in einem 750 km langen Bogen vom Merrill Pass auf der Westseite des Cook Inlet bis zum White River (Nutzotin Mountains) an der kanadischen Grenze. Beherrscht wird diese Gebirgskette vom Mount McKinley (Denali) und seinen Trabanten Mount Foraker (Sultana) und Mount Hunter (Begguya). Wie diese Berge sind auch die 200 km östlich des Mount McKinley gelegenen, eisbepackten Mount Deborah (3761 m), Mount Hess (3639 m) und Mount Hayes (4216 m) extremen Wetterbedingungen ausgesetzt.

Yukon-River-Gebiet
Auf seiner langen Reise durch Nordwest-Kanada und Alaska entwässert der 3185 km lange Yukon River ein 848.000 km² großes Gebiet. Seine bedeutendsten Nebenflüsse in Alaska sind unter anderem der Porcupine River, dessen Quellgebiet im Yukon Territory (für dieses kanadische Gebiet wird im Buch ansonsten die übliche Kurzbezeichnung »Yukon« verwendet) liegt, sowie der Koyukuk und der Tanana. Wie der Yukon River sucht sich auch der Kuskokwim seinen Weg zum Beringmeer. Zentral-Alaska (Interior genannt), das sich zwischen der Alaska Range und der Brooks Range erstreckt, unterliegt vollständig dem kontinentalen Klima mit eisigen Wintern, aber auch sehr warmen bis heißen Sommern. Prospect Creek Camp, 32 km nördlich des Polarkreises gelegen, darf sich mit gemessenen –62°C (am 23. Januar 1971) rühmen, kältester Punkt der Vereinigten Staaten zu sein, und Fort Yukon auf 66° nördlicher

Nur kurzzeitig dringen die Sonnenstrahlen durch die kilometerlangen, beißenden Rauchschwaden eines riesigen Buschfeuers.

In dieser Nacht erleben wir die unterschiedlichen Farben und Formen des Polarlichtes besonders intensiv.

Breite wartet mit einem Hitzerekord von 38°C auf (gemessen am 27. Juni 1915); das sind Temperatur-Amplituden von bis zu 100 Grad! Die arktischen und subarktischen Luftmassen sind in diesen Breiten relativ trocken, daher betragen beispielsweise die Niederschlagsmengen in Fairbanks im Jahresdurchschnitt etwa 300 mm. Die Durchschnittstemperatur liegt hier im Januar bei –23°C und im Juli bei +17°C. Die Böden sind sehr nährstoffarm. Auf ihnen breiten sich die riesigen Taiga-Nadelwälder aus.

Die Küstenregion am Beringmeer ist flach und Stürmen besonders ausgesetzt. Wegen der im Winter vereisten Küste haben Nome am Norton Sound und Bethel am Unterlauf des Kuskokwim im Januar Durchschnittstemperaturen von –14°C; im Juli liegen sie bei 11°C bzw. 12°C. Die jährliche Niederschlagsmenge beträgt in Nome etwa 400 mm. Die borealen Wälder Zentral-Alaskas werden an der Westküste von einer Tundravegetationszone mit Sträuchern und Gräsern abgelöst. Typisch sind auch Salzwassermarschen und Lagunen. Raue, ungemütliche Wetterverhältnisse mit viel Nebel, Regen und kühlen Sommertagen kennzeichnen das Klima der baumlosen alaskanischen Inseln Little Diomede, St. Lawrence, St. Matthew und Pribilof im Beringmeer sowie die zu Russland gehörende Insel Big Diomede. Auf den Pribilof-Inseln findet sich eine üppige Wiesentundra mit Blütenpflanzen und Zwergsträuchern. 400 km nördlich der Pribilof-Inseln bringt die arktische Tundra über dem Dauerfrostboden der Insel St. Matthew trotz einer kurzen Wachstumsperiode Blütenteppiche in verschwenderischen Farben hervor.

Brooks Range

Das nördlichste Gebirge Alaskas weist Höhen bis knapp über 2700 m auf. Die Gletscher der Brooks Range fallen trotz der nördlichen Lage bescheiden aus, da Kälte allein für eine starke Firn- und Eisbildung nicht ausreicht. Weil die Zufuhr von Schnee (Akkumulation) in diesen Breiten gering ist, wird die Gletscherbildung nicht nachhaltig befördert. Zu den landschaftlichen Merkmalen gehören die zahlreichen Wasserläufe. Die nordseitigen Flüsse münden in die Beaufort- und Tschuktschensee, während die Wasserläufe südlich der Brooks Range dem Beringmeer zustreben. Die Vegetation ist in den Lagen oberhalb der Baumgrenze von alpiner Tundra geprägt.

North Slope

Die arktische Tundrazone, der North Slope, umfasst ein über 220.000 km² großes Gebiet im äußersten Norden Alaskas, in dem auch die Ölfelder von der Prudhoe Bay bis zum Colville River liegen. Das Polarklima sorgt dafür, dass der Boden ständig gefroren bleibt. Jeder Quadratkilometer trägt Spuren des Permafrostes, der den Untergrund an manchen Stellen bis zu mehreren Hundert Metern durchdringt. Nur im Sommer taut er oberflächlich auf. Wo der Winter den hohen Norden acht bis neun Monate lang in seinen eisigen Klauen hält, haben Bäume keine Überlebenschance mehr. Der North Slope wird daher von arktischer Tundravegetation mit Flechten, Moosen, Wollgräsern, Polsterpflanzen und

Die Talgletscher des Kluane National Park – hier der Kaskawulsh – sind Eisströme, die Unmengen an Gesteinsmaterial mit sich führen.

beerentragenden Pflanzen geprägt. Die Temperaturgegensätze zwischen Sommer und Winter sind zwar nicht so extrem ausgeprägt wie in Zentral-Alaska, doch selbst im wärmsten Monat, dem Juli, liegt das Monatsmittel unter +10°C.

Besonders eindrucksvoll ist in der gesamten Arktis der Wandel vom Licht zur Dunkelheit. Im kurzen Polarsommer ertrinkt der äußerste Norden im hellen Licht der Mitternachtssonne. Im nicht enden wollenden Winter dirigiert die Dunkelheit der Polarnacht das Leben von Mensch und Tier. In Barrow ist die Sonne an 84 Tagen (vom 10. Mai bis 2. August) allgegenwärtig, im Winter kommt sie für 68 Tage (18. November bis 24. Januar) nicht mehr über den Horizont hinaus. Doch auch der Winter hat seine Wunder, wenn Nordlichter (Aurora borealis) über den Sternenhimmel tanzen.

Yukon

Das kanadische Territorium Yukon erstreckt sich von 60° Nord über 1050 km bis Herschel Island im Polarmeer. Von Ost nach West misst das Land an der breitesten Stelle im Süden 930 km, an der engsten im Norden 200 km. Es ist umgeben von Alaska sowie den ebenfalls zu Kanada gehörenden Northwest Territories und der Provinz British Columbia.

Hochgebirge

Im Südwesten erstreckt sich die zu den St. Elias Mountains gehörende, bis über 5000 m hohe Icefield Range, die den größten Teil des Kluane National Park einnimmt. Hier befindet sich an der Grenze zu Alaska der 5959 m hohe Mount Logan, Kanadas höchster Berg. Die kanadische Icefield Range reicht aber nicht ganz bis an den Golf von Alaska heran. Das Yukon Territorium verfügt somit über keinen direkten Zugang zum Pazifik. Der Icefield Range vorgelagert ist die Kluane Front Range. Tief eingekerbte, aber auch breite Flusstäler, ersteigbare Zweitausender mit alpiner Tundra und einige Kilometer Pfade ermöglichen einen Einblick in die herrliche Wildnis entlang des Alaska und Haines Highway. Enorme Wassermassen wühlen sich im Alsek River und im Tatshenshini River durch die Kluane Front Range, durch Canyons und an Eiswänden vorbei zum Golf von Alaska.

*Feuchttundra mit Weiden- und Zwergbirkendickicht
in den südlichen Ogilvie Mountains.*

Taigazone

In der südlichen und mittleren Taigazone des Yukon nehmen die Ruby Range, das südliche und nördliche Yukon Plateau, das Klondike Plateau, die Yukon Southern Lakes, die Pelly Mountains, das Liard Basin und das Hyland Highland bei Watson Lake viel Raum ein. In den Tälern und auf den unteren Berghängen sind Weiß- und Schwarzfichten, Drehkiefern und Zitterpappeln (Espe) weit verbreitet.

In einer breiten Talfurche wälzt sich der Yukon River durch den südlichen und zentralen Teil des Territoriums Richtung Nordwesten, nach Alaska hinüber. In der Sprache der Athabasken bedeutet Yukon ganz einfach »großer Fluss« (yu-kan-ah). So erhielten Land und Fluss einen indianischen Namen. Den vordringenden Europäern gelang es nur über den Yukon River und die anderen Flüsse dieser Region das unwegsame Land zu erobern.

Wie gebirgig auch die mittlere Landmasse des Yukon ist, zeigen im Osten die Naturräume der Selwyn und Mackenzie Mountains mit dem Mount Keele (2972 m) als höchster Erhebung. Viele ungebändigte Flüsse wie der Peel mit seinen Nebenflüssen und nicht zuletzt der nach Alaska fließende Porcupine beleben dort das Landschaftsbild.

Kaum ein Tourist, der nicht der Anziehungskraft des Dempster Highway erliegt. Diese Straße führt nach Norden in die Northwest Territories; flankiert wird sie von den Ogilvie Mountains und den Richardson Mountains. Richtung Polarkreis wird der Wald niedriger und lichter. Mehr und mehr Waldinseln mit Fichten und Lärchen tauchen neben der Straße auf.

Die Region zwischen Kluane und Polarkreis hat ein kontinentales Klima mit warmen Sommern und grimmigen Wintern. Der Eiskeller liegt in Snag (schon lange ein Geisterort, keine Gebäude mehr, im Zweiten Weltkrieg ein US-Flugplatz), 25 km östlich von Beaver Creek an der Grenze zu Alaska. 1947 blieb das Thermometer dort einmal bei –63°C stehen. Die tiefste Temperatur, die je in Whitehorse, der Hauptstadt des Yukon gemessen wurde, lag bei –52,2°C, aber die Luft kann sich dort im Sommer auch ganz schön aufheizen (Rekord: +34,4°C). Die durchschnittliche Niederschlagsmenge pro Jahr beträgt nur etwa 270 mm. Der nördlichste Ort des Yukon, Old Crow am Porcupine River gelegen, ist nur 250 km vom Arktischen Ozean entfernt. Die mittlere Januar-Temperatur liegt dort bei –31°C, im Juli beträgt sie +14,5°C.

Küstenebene

Nordwärts erstrecken sich bis zum Polarmeer die Barrengrounds, die arktische Tundrazone mit kleinwüchsigen Pflanzen und unendlich vielen kleinen, flachen Seen, Tümpeln und Wasserläufen. Eine Landschaft, die mit ihrer kurzzeitig, aber massenhaft auftretenden Blütenpracht nur weniger Pflanzenarten und in ihren landschaftlichen Dimensionen immer wieder begeistert. Das Klima der von Permafrost geprägten baumlosen Barrenground-Zone ist rau: lange, kalte Winter und nur etwa drei frostfreie Monate. An der 200 km langen Polarküste des Yukon gibt es, anders als bei den Nachbarn Alaska und den Northwest Territories, keine dauerhaften Siedlungen. Unmittelbar vor der Küste, nordwestlich der Mackenzie Mündung, liegt Herschel Island, die einzige Insel des Yukon.

In der Übergangszone vom borealen Nadelwald zur baumlosen arktischen Tundra.

Das Wasserlabyrinth des Mackenzie River in den Northwest Territories bietet Millionen von Wasservögeln im Sommer reichlich Nahrung. Am Horizont die Berge der Barn Range und der British Mountains.

Tierwelt

Im Hafen von Seward tummelt sich dieser Seeotter.

Im Arctic National Wildlife Refuge (ANWR) kann man Moschusochsen sichten. Es sind friedliche Tiere, solange man ihnen nicht zu nahe kommt. Ein erwachsener Bulle mit einer Schulterhöhe von 1,40 m bringt etwa 400 kg auf die Waage.

Der Tierreichtum ist überwältigend. Er spiegelt sich auch darin wider, dass das ANWR im Nordosten Alaskas »Amerikas Serengeti« genannt wird. Zu den faszinierendsten Ereignissen gehören die sich im Jahresrhythmus stets wiederholenden, wundersamen Wanderungs- und Zugbewegungen riesiger Tierherden, Vogel- und Fischschwärme.

Bären

Die wohl faszinierendsten Tiere in Alaska und im Yukon sind Bären. Sie können Menschen in Angst und Schrecken versetzen. Im Yukon und in Alaska kann man fast überall mit ihnen zusammentreffen. Drei Bärenarten sind dort vertreten. 30.000 bis 40.000 Braunbären durchstreifen fast alle Regionen im Nordwesten. Sie sind in Wäldern, in der alpinen und arktischen Tundra, auf vielen Inseln und entlang der Meeresstrände heimisch.

Bären brauchen einen großen Fettvorrat, denn auch während des Winterschlafs ist ihr Stoffwechsel hoch. Nimmt man es genau, so müsste man eigentlich von Winterruhe und nicht von Winterschlaf sprechen. Der Bär fällt nämlich nicht in einen dem Tiefschlaf ähnelnden Zustand, wie es etwa bei den Murmeltieren der Fall ist. Wird er gestört, ist er nach kurzer Zeit hellwach.

Braunbären weisen unterschiedliche Fellfärbungen auf, von braun über grau, blond und dunkel. Die Bezeichnung »Grizzly« bezieht sich auf die Graufärbung des Fells. Jüngere Grizzlys sind gute Baumkletterer, einen ausgewachsenen Braunbären hält das Körpergewicht am Boden und die bis zu 10 cm langen Krallen hindern ihn eher am Klettern.

Die Könige der Arktis sind immer noch die Eisbären, sie gehören aber zu den marinen Säugetieren. Neuesten Forschungszufolge haben sie sich bereits vor 600.000 Jahren aus dem Sibirischen Braunbären entwickelt. Eisbären sind Bewohner der Polarregionen rund um den Nordpol, sie kommen an den Küsten und auf dem Meereis der Beringstraße, der Tschuktschen- und Beaufortsee vor. Die winterlichen Wanderungen der Bären auf dem Meereis hängen von der Dichte der Robbenpopulationen und den Wanderungen dieser Tiere ab. Die trächtigen Eisbären-Weibchen ziehen sich in Schneehöhlen zurück, in denen sie im Dezember/Januar ihre Jungen zur Welt bringen. Im Frühjahr verlassen sie dann ihr Winterquartier. Biologen konnten in der Küstenebene des ANWR auch schon Überwinterungshöhlen weiblicher Eisbären mittels Radiotelemetrie ausmachen. Die Verbreitungsgebiete von Braun- und Eisbären überschneiden sich wegen des Klimawandels immer mehr. Biologen staunten nicht schlecht, als sie vor einigen Jahren einen Braunbären in der kanadischen Hocharktis auf Melville Island entdeckten. Diese 42.150 km² große, unbewohnte Insel liegt auf 75° nördlicher Breite. 2006 wurde ein Hybridbär auf Banks Island (in der Beaufortsee) erlegt, der aus einer Kreuzung eines Braunbären mit einem Eisbären stammte.

Die dritte nordamerikanische Bärenart ist der Schwarzbär oder Baribal. Gewöhnlich leben diese Bären in Waldgebieten, in denen sich unterholzreiche Flächen mit lichten Baumbeständen abwechseln. In der Tundra sind sie nicht anzutreffen. Sie meiden auch Gebiete mit dichten Braunbärpopulationen. Ein ausgewachsener Baribal hat 4 cm bis 5 cm lange, scharfe, gebogene Krallen und verfügt, im Gegensatz zum Braunbären, über ausgezeichnete Kletterfähigkeiten. Die Fellfärbung ist kein zuverlässiges Unterscheidungsmerkmal zwischen Braun- und Schwarzbär. Tatsächlich gibt es schwarze, braune, ja sogar weiße Schwarzbären. Unterscheiden kann man die beiden Arten dadurch, dass beim Schwarzbär die Trittsiegel kleiner sind und die Zehen weiter auseinanderliegen als beim Grizzly. Der Braunbär erscheint durch seinen konkaven Schädel mit den kurzen Ohren und dem ausgeprägten Schulterbuckel viel kräftiger als der Baribal.

Umgang mit Bären beim Zelten

Oberstes Gebot ist die Sauberhaltung des Zeltplatzes, denn die Gefahr von einem Bären Besuch zu bekommen, ist nachts größer als tagsüber beim Wandern. Das Essen am Zelt zuzubereiten, ist äußerst gefährlich. Man sollte mindestens in 50 bis 100 Meter Entfernung den Kochplatz einrichten. Bären sind Allesfresser, sie nehmen über weite Entfernungen die feinsten Gerüche wahr, die Nase ist ihr bestes Sinnesorgan. Auf die Mitnahme von Kosmetika oder intensiv riechenden Nahrungsmitteln sollte gänzlich verzichtet werden. Auf allen Back-

Die Nahrungsquellen der Grizzlys im klimatisch extremen subarktischen und arktischen Teil Alaskas sind hauptsächlich vegetarischer Art. Manchmal kommt auch der fleischfressende Beutegreifer durch, wenn der Bär auf junge und kranke Tiere oder auf Fallwild trifft.

packingtouren gehört ein Bear Resistant Food Canister (BRFC, Prüfzeichen IGBC = Interagency Grizzly Bear Committee) zur Standardausrüstung. Der National Park Service stellt diese leichtgewichtigen, praktischen Behälter, die selbst ein kraftstrotzender, schlauer Grizzly nicht öffnen kann, zur Verfügung. Man verstaut ihn an einem sicheren Platz, aber nicht an der Kochstelle. Bewährt haben sich auch extrem reißfeste Kevlarsäcke. Für Kanutouren sind bärensichere, wasserdichte Tonnen ein Muss. Abfälle gehören in den Rucksack. Nichts darf vergraben werden, getreu dem Grundsatz: »Pack it in, pack it out.« Meister Petz riecht auch tief vergrabene Abfälle. So ein Bär lernt sehr schnell, dass es dort, wo Menschen auftauchen, etwas Essbares zu holen gibt. Diese Bären werden schnell zu Problembären, da sie die natürliche Scheu vor dem Menschen verlieren. Merke: »A fed bear is a dead bear.« In der Regel werden sie dann wegen ihres Verhaltens erschossen.

Eines ist den Schwarz- und Braunbären gemeinsam: Sie sind gute Schwimmer. Auch ein Insel-Camp schützt den Wanderer nicht vor Bärenbesuch. Überall kann man auf die Tiere treffen.

Und noch etwas: Zelte nie an Wildwechseln oder inmitten beerenreicher Vegetation, nimm frische Trittsiegel, Ausgrabungen, Kratzspuren an Bäumen und Bärenkot als Warnzeichen ernst.

Wenn man unterwegs auf Bären trifft
Besonders gefährlich sind Begegnungen mit Bärinnen, die Junge bei sich haben. Zwei bis drei Jahre genießen diese den Schutz der Mutter. Wer zwischen eine Bärin und ihre Jungen kommt, befindet sich in großer Gefahr. Man soll nie auf leisen Sohlen durch Bärengebiete schleichen. Mit Singen oder lauten Gesprächen signalisiert man im unübersichtlichen Gelände seine Position. Werden Bären aufgeschreckt, können sie sehr aggressiv reagieren. Ein Angriff ist dann nicht auszuschließen. Wer jedoch sein Heil in der überhasteten Flucht sucht, reizt den Jagdinstinkt des Bären geradezu. Der Grizzly ist über kurze Distanzen schnell wie ein Rennpferd, auch wenn sein Gang schwerfällig und tollpatschig aussieht. Auch Schwarzbären sind gute Sprinter.

Bären sind menschenscheue Einzelgänger. Nur in der Paarungszeit suchen sie die Gesellschaft ihrer Artgenossen. In der Regel räumen sie das Feld, bevor sie der Wildniswanderer zu Gesicht bekommt. Doch was tun, wenn einem tatsächlich ein Grizzly oder Schwarzbär zu nahe rückt? Dann sollte man in ruhigem, entschlossenem Ton mit ihm sprechen und dabei langsam, immer den Blick auf den Bären gerichtet, mit erho-

Noch sind die beiden jungen Eisbären unzertrennlich.

benen, schwenkenden Armen den Rückzug antreten. Sollte ein Grizzly sich dennoch in aggressiver Weise nähern, geben manche Bärenforscher demjenigen eine Überlebenschance, der sich tot stellt – doch dazu gehört sehr viel Mut. Mit angezogenen Beinen hinlegen, den Nacken mit den Händen schützen oder den Rucksack über den Hinterkopf ziehen und dabei Bewegungen vermeiden! Andere Experten und Opfer, die Zusammenstöße mit Bären überlebten, raten bei Schwarzbär-Attacken zur Gegenwehr. Entschlossene Stockschläge auf die empfindliche Nase und lautstarke Äußerungen könnten ihn vielleicht in die Flucht schlagen. Bei Schwarzbär-Attacken niemals tot stellen, empfehlen Bärenexperten.

In manchen Nationalparks ist die Mitnahme einer Waffe verboten. Will man einen angreifenden Bären töten, muss man ein ausgesprochen sicherer Schütze sein. Denn merke: Ein verwundeter Bär ist ein äußerst gefährlicher Bär. Ob Bären-Pfeffersprays einen wirksamen Schutz bieten? Bei mir steckt es als einzige »Waffe« immer griff- und einsatzbereit in der Beintasche. Statistisch gesehen sind gefährliche Konflikte zwischen Bären und Einzelwanderern häufiger als mit Gruppen.

Ein Küstenbraunbär mit voller Aufmerksamkeit beim Fischen.

Aufdringliche Fotografen

Jedes Jahr kommt es im Yukon und in Alaska zu Zusammenstößen zwischen Mensch und Bär, die meist glimpflich verlaufen und ihre Ursache oft im Fehlverhalten des Menschen haben. Stehen Autos am Straßenrand, dann kann man fast sicher sein, dass ein Bär Mittelpunkt des Interesses ist. Die Nähe des Autos ermutigt manchen unwissenden, fotografierenden Zeitgenossen, dem Bären näher auf den Leib zu rücken. Das ist äußerst riskant. Auch durch mehrere Menschen lässt sich ein selbstbewusster Grizzly keineswegs dabei stören, seine Mahlzeiten am Straßenrand einzunehmen. Wehe, wenn er sich in die Enge getrieben fühlt und Gefahr wittert. Dann ist eine Attacke nicht ausgeschlossen. Seinen massigen Körper setzt er dann blitzschnell in Bewegung. Der Mensch sollte sein Schicksal nicht unnötig herausfordern. Auch ein friedlich äsender Bär ist ein wildes Tier. Es ist besser, aus sicherer und respektvoller Distanz mit Teleobjektiv und Fernglas auf Motivjagd zu gehen.

Es gibt kein Patentrezept für das Verhalten bei Bärenattacken, jede Situation ist anders gelagert. Wer allerdings ohne Kenntnis über Verhaltensweisen von Bären und Schutzmaßnahmen in die Wildnis vordringt, handelt leichtsinnig und selbstgefährdend. Bären sind furchtlose, intelligente Jäger. In der Wissenschaft heißt der Grizzly »Ursus arctos horribilis«, »der Schreckliche«. Es handelt sich weder um blutrünstige, Menschen fressende Bestien, noch um Teddybären. Stephen Herrero, weltweit anerkannter Bärenexperte, Buchautor und Professor für Umweltwissenschaften an der Universität Calgary stellt hierzu fest: »Your best weapon to minimize the risk of a bear attack is your brain. Use it as soon as you contemplate a trip to bear country, and continue to use it throughout your stay« (Herrero, 2002). Die beste Waffe in Bärengebieten ist also der gesunde Menschenverstand.

Weitere Landsäugetiere

Tundra, Kälte, Schnee und Eis sowie Ausdauer, Härte und Anspruchslosigkeit verbindet man vor allem mit einem Tier, das zum Symbol der Arktis wurde – dem **Karibu.** Man unterscheidet Barrenground- und Woodland-Karibus. Die Bestände sind großen Schwankungen unterworfen. Nahezu 1 Million Karibus durchstreifen in über 30 Herden Alaskas Arktis. Dort leben also mehr Karibus als Menschen. Die größte ist die Western-Arctic-Herde mit 450.000 Tieren.

Die Basthaut versorgt das Karibugeweih mit Nährstoffen.

Herbstzeit ist Brunftzeit. Elchbullen, die um das Paarungsrecht kämpfen, sind in dieser Zeit sehr aggressiv.

Das nördlichste Verbreitungsgebiet der Dallschafe ist die Brooks Range.

130.000 Tiere zählt die bekannte Porcupine-Herde im Arctic National Wildlife Refuge (ANWR). Alle diese Tiere gehören zu den Barrenground-Karibus, den größten Nomaden des Nordens. Von ihren Winterquartieren in der Waldtundra wandern sie jedes Jahr in die nebelverhangenen, kalten Küstenebenen des North Slope. Die Geburtsorte der Karibus im Frühsommer sind dabei auf ganz bestimmte Regionen beschränkt, die seit Jahrtausenden beste Lebensbedingungen bieten. Die vorhandenen Nahrungsquellen können die Tiere konkurrenzlos nutzen. Störungen durch den Menschen im Aufzuchtgebiet der Jungen können aber zu dramatischen Veränderungen der Population führen. Das Kerngebiet der Sommerweiden der Western-Arctic-Herde erstreckt sich von der Tschuktschensee bis zum Colville River. Das Aufzuchtgebiet liegt in den Utukok River Uplands in der südwestlichen Ecke des National Petroleum Reserve-Alaska. Sobald sich der Umschwung in der Natur ankündigt, die Tundra ihr Herbstkleid trägt, und die Luft bereits den Biss des Winters spüren lässt, schließen sich Bullen, Kühe und Jungtiere zu lockeren Verbänden zusammen, die auf dem Weg nach Süden immer größer werden. Es gibt kaum einen eindrucksvolleren Anblick als diese echten Wildtierherden in ihren gewaltigen Ausmaßen, wenn sie über das weite Land streifen und die großen Flüsse Noatak und Kobuk durchschwimmen. Ihr Winterquartier befindet sich südlich des Kobuk River Valley im 8500 km² großen Selawik National Wildlife Refuge und auf der Seward Peninsula. Der jährliche Wanderzyklus der Western-Arctic-Herde vollzieht sich auf einer Fläche von 360.000 km². Das entspricht etwa der Größe Deutschlands. Das wohl beeindruckendste Naturspektakel zwischen Alaska und dem nördlichen Yukon bietet die Porcupine-Herde. Auch diese Herde legt im Wechsel der Jahreszeiten auf einem Gebiet von 250.000 km² Tausende Kilometer zurück. Von ihren Sommerweiden an der arktischen Küste wandern sie nach Süden und spalten sich dabei in verschiedene Richtungen ziehende Gruppen auf. Ein Teil der Herde bevorzugt die sogenannte Chandalar-Route. Dort warten die Gwich'in-Indianer aus Arctic Village auf die Tiere, denn ebenso wie die Gwich'in im Dorf Old Crow brauchen sie deren Fleisch im langen, eiskalten Winter. Jedes Jahr im Herbst bricht in Old Crow das Jagdfieber aus, denn es liegt auch an einer bedeutenden Migrationsroute der Porcupine-Herde. Auf ihrem Weg in die Winterrefugien in den Ogilvie Mountains quert sie den Porcupine River, denn Wasser ist für die Nomaden des Nordens kein Hindernis. Das Habitat der Woodland-Karibus erstreckt sich von den borealen Wäldern bis zur alpinen Tundra.

Der **Alaska-Yukon-Elch** ist die mächtigste Hirschart der Welt. Ihre Spuren hinterlassen diese Tiere vor allem in wasserreichen Regionen, in denen eine üppige Vegetation gedeiht mit Wäldern aus Pappeln, Birken, Weiden und Erlen. Für viele Einwohner ist der Elch der wichtigste Fleischlieferant. Die wirkungsvollste Waffe eines Elchs sind seine Hufe. Wildniswanderer aufgepasst! Im Nordwesten werden mehr Menschen von gereizten Elchkühen angegriffen als von Bären.

Zu den Paarhufern gehören auch **Amerikanische Schneeziegen und Dallschafe**. Schneeziegen, Verwandte unserer Gämsen, finden sich im Panhandle, im südlichen Yukon, in den Chugach und Wrangell Mountains und weiter westwärts bis zum Cook Inlet. Wohl fühlen sich die Tiere auch in den Talkeetna Mountains in Südzentral-Alaska. Eine eingeführte Population lebt auf Kodiak, Baranof Island und Revillagigedo. Ihr Lebensraum reicht von Meeresniveau bis auf 3000 m Höhe. Das weiße, sehr dichte, zottige Fell mit dem wolligen, fettigen Unterhaar schützt den gedrungenen Körper vor winterlicher Feuchtigkeit und Kälte. Schon die Tlingit- und Tsimshian-Indianer schätzten die Wolle dieser scheuen Tiere. Dallschafe sind in den kargen, felsigen Gebirgsregionen verbreitet. Ihr nördlichster Lebensraum ist die Brooks Range. Benannt ist das Tier (Ovis dalli) nach William Healy Dall (1845–1927), der zu den Pionieren und leidenschaftlichen Erforschern Alaskas gehörte.

Moschusochsen stehen trotz ihres stattlichen Körperbaus den Ziegen nahe. Wegen ihres langen, zotteligen Fellkleides werden sie von den Eskimos »Oomingmak« (Bartträger) genannt. Ihr Verbreitungsgebiet umfasst neben Nunivak Island – hier wurden im Jahr 1935 Tiere aus Grönland freigelassen – und Nelson Island die West- und Nordküste von der Seward Peninsula bis zum ANWR. Genügend Nahrung finden die Tiere auch im angrenzenden kanadischen Ivvavik National Park. Isolierte Gruppen wurden auch in den Richardson Mountains und im Vuntut National Park gesichtet. Von den Ureinwohnern werden sie wegen ihres Fleisches und des dichten Fells – die extrem warme Unterwolle ist weicher als Kaschmirwolle – besonders geschätzt.

1928 führte man in Alaska den ursprünglich nicht heimischen **Präriebison** ein, nachdem der in Alaska heimische Waldbison dort um 1900 ausgerottet war. Heute gibt es in Alaska 800 bis 1000 Präriebisons. Im Yukon kann man Waldbisons in freier Natur zu Gesicht bekommen – rund 500 an der Zahl. Mittlerweile hat man auch in Alaska die Weichen gestellt für eine Rückkehr des Waldbisons.

Wölfe genießen auch im Nordwesten keinen guten Ruf. Von den Menschen werden sie als Konkurrenten in der Nahrungsbeschaffung angesehen, da die Fleischlieferanten Karibu und Elch zu ihrer Hauptbeute gehören. Die Tiere sind in der Regel so scheu, dass man ihre Existenz überhaupt nicht wahrnimmt. Sie meiden den Menschen und stellen keine Gefahr für Wanderer dar.

Rotfüchse sind wesentlich größer als Eisfüchse und mit 7–8 kg doppelt so schwer.

Rotfüchse sind Allesfresser. Das Arktische Erdhörnchen ist für ihn eine fette Beute.

Das Eisgraue Murmeltier wird bald in einen tiefen Winterschlaf fallen, bei dem sich die physiologischen Funktionen Atmung, Herzschlag und Körpertemperatur deutlich reduzieren, um so den Energieverbrauch drastisch zu senken.

Rotfüchse sind weit verbreitet, vom Wald bis zur arktischen Tundra. **Eisfüchse** sind typische Bewohner der arktischen Tundra. In Überschneidungsgebieten verdrängt der Rotfuchs den kleinen, schwächeren Eisfuchs, der sich auch den Eisbären anschließt, um von den Nahrungsresten zu profitieren, die die »weißen Riesen« übrig lassen.

Die einzige Katzenart im Yukon und in Alaska ist der **Kanadaluchs.** Er bevorzugt als Lebensraum die borealen Wälder bis jenseits des Polarkreises. Die Populationsstärke hängt von den Schneeschuhhasen ab, die seine wichtigste Nahrungsquelle darstellen. Im Panhandle und im südlichen Yukon gibt es Hinweise auf die gelegentliche Anwesenheit von **Pumas,** den Berglöwen.

Zur Famile der Marder gehört der furchtlose **Vielfraß,** wenngleich sein Aussehen eher an einen Bären erinnert als an einen Marder. Mit seinem kräftigen Gebiss und seinen Krallen erlegt er auch geschwächte Elche und Karibus, die viel größer sind als er.

Dem **Kanadischen Biber** – Kanadas Nationaltier – wurde sein kostbarer Pelz fast zum Verhängnis. Zwischen 1853 und 1877 lieferte die Hudson's Bay Company drei Millionen Biberpelze nach England. Die Haardichte dieser Felle wird nur von Seeotterpelzen übertroffen.

Der bis zu 15 kg schwere **Nordamerikanische Baumstachler** (ein Stachelschweinverwandter) sieht harmlos aus, besitzt aber eine fürchterliche Waffe. Droht Gefahr, dann setzt er mit Widerhaken versehene Stacheln zur Abwehr von Feinden ein. Bei Ureinwohnern und Weißen landete er häufig im Kochtopf, denn sein Fleisch wird auch sehr geschätzt. Ich erinnere mich noch gut an meine erste Begegnung mit diesem Tier an der Chelle Lake Cabin am Fuß des Mount Drum in den Wrangell Mountains. Als »Beilage« zu seiner täglichen Pflanzenkost nagte er jede Nacht geräuschvoll und mit großem Appetit an Holzbrettern, die eigentlich für Ausbesserungsarbeiten an dieser Hütte benötigt wurden. So mancher Hüttenbesitzer bringt ihm daher wenig Sympathie entgegen.

Der hamstergroße **Pika** oder **Pfeifhase** bietet mit seinen großen, rundlichen Ohren und den kurzen Hinterbeinen einen besonders drolligen Anblick. Er wiegt kaum mehr als 100 g und ist ein Ausbund an quirligen Aktivitäten – blitzschnell und gewandt, ein wahrer Felsenakrobat. Die Tiere halten keinen Winterschlaf.

Eisgraue Murmeltiere sind Spezialisten für unterirdische Bauten. In einem System von Gängen, Kammern und Zugängen verbringen sie tief schlafend den ganzen Winter.

Meeressäuger

Zur Artenvielfalt gehören verschiedene **Walarten**. Die großen Wanderer zwischen südlichen Meeren und dem Nordmeer sind beispielsweise Pott-, Grau-, Blau- und Buckelwale. Beluga, Narwal und Grönlandwal bleiben in den arktischen und subarktischen Gewässern.

Der **Seeotter**, der zur Familie der Marder gehört, steht seit 1911 unter Schutz. Zwischen 1742 und 1911 sollen 300.000 bis 1 Million Tiere getötet worden sein.

Faszinierend sind Begegnungen mit den bis zu 2 Tonnen wiegenden, geselligen **Walrossen** mit ihren bis zu 1 m langen Stoßzähnen, die im Sommer in dichten Rudeln mit über 10.000 Walrossbullen an den Stränden im Schutzgebiet Walrus Islands State Game Sanctuary in der Bristol Bay liegen, und mit den **Steller Seelöwen**, der größten Art der Ohrenrobben.

Die von den Pelztierjägern wegen ihres wolligen Pelzes ganz besonders begehrten **Nördlichen Seebären** sind auf den Pribilof Inseln verbreitet.

Auch für diesen Lachs schließt sich bald der Kreislauf der Natur. Zu Tausenden liegen sie dann an den Ufern der Bäche und Flüsse. Ein strenger Geruch verrät ihre Verwesung.

An der Pazifikküste Alaskas finden Weißkopfseeadler optimale Lebensbedingungen. Die Adler sind monogam, das heißt ein Paar bleibt im Allgemeinen das ganze Leben zusammen. Den Indianern war der Bald Eagle, wie er im Englischen heißt, heilig.

Lachse

In den Gewässern des Nordwestens sind fünf pazifische Lachsarten beheimatet: Königslachs (Chinook Salmon oder King oder Quinnat), Blaurückenlachs (Sockey Salmon oder Red), Buckellachs (Pink Salmon oder Humpy), Kisutsch-Lachs (Coho Salmon oder Silver) und Keta-Lachs (Chum Salmon oder Dog).

Vögel

In Alaska hat man 480 Vogelarten beobachtet, im Yukon wurden 298 Arten dokumentiert. Die meisten Vogelarten sind Sommergäste.

Der majestätische Weißkopfseeadler, das Wappentier der USA, steht unter strengem Schutz. Das war nicht immer so! Vor knapp hundert Jahren wurde er erbarmungslos gejagt. Da er als Fischräuber angesehen wurde, setzte man eine Abschussprämie auf jeden getöteten Weißkopfseeadler aus. Überall wurde Jagd auf die Tiere gemacht. Von Flugzeugen aus wurden sie beschossen, am Boden legte man vergiftete Köder aus. So mussten 128.000 Adler sterben. Der Abschuss, der 1917 begann, wurde in Alaska erst 1953 verboten, in den »Lower 48 States« der Vereinigten Staaten bereits im Jahr 1940. Benjamin Franklin (1706–1790), Staatsmann, Verleger und Naturwissenschaftler, hielt den Weißkopfseeadler gar für einen Vogel mit schlechter Moral. Er hätte lieber den Truthahn als nationales Symbol der USA gesehen! Im Chilkat Bald Eagle Preserve bei Haines/Alaska vollzieht sich jedes Jahr ein besonders beeindruckendes Naturschauspiel. Von Oktober bis Dezember halten 3000 bis 4000 Weißkopfseeadler Ausschau nach Lachsen im Chilkat River, der hier nicht zufriert. Jedes Jahr feiert man in Haines die Rückkehr dieses majestätischen Vogels.

Am Stadtrand von Fairbanks liegt eines der interessantesten Vogelbeobachtungs-Reviere Alaskas: Creamer's Field ist ein leicht zugängliches, wunderbares »Mosaik« aus weitläufigen Feuchtgebieten, Wäldern, Teichen und großen Ackerflächen, auf denen Tonnen von Getreidekörnern ausgestreut werden, die im Frühjahr und Herbst riesige Scharen durchziehender Vögel anlocken.

Outdoor-Regionen

Frische Herbstfarben auf dem Kesugi Ridge im Denali State Park.

Ausblick auf die Inside Passage vom Gipfel des Mount Ripinski bei Haines – empfehlenswert als Eingehtour für den benachbarten Chilkoot Trail.

Im Alaska National Interest Lands Conservation Act (ANILCA) schrieb der Kongress 1980 unter US-Präsident Jimmy Carter die Wichtigkeit ökologischer Reservate fest. Einige bereits vorhandene Schutzgebiete wurden erweitert und neue Schutzgebiete entstanden. Im selben Jahr erklärte man zu Nationalparks: Gates of the Arctic, Kobuk Valley, Lake Clark, Katmai, Kenai Fjords, Glacier Bay. Der Denali National Park and Preserve wurde erweitert. Es entstanden neue Wildlife Refuges und 25 Flussabschnitte in unerschlossener Natur erhielten den Status »Wild and Scenic Rivers«. Mehr als 500.000 km² der Landesfläche Alaskas sind als schützenswerte Gebiete ausgewiesen.

Auch im Yukon nimmt man den Naturschutz ernst. Die Gründung des Kluane National Park 1972 war ein erster Meilenstein, große Gebiete unter besonderen Schutz zu stellen. Später wurden zwei weitere National Parks (Ivvavik, 10.170 km², und Vuntut, 4387 km²), vier Territorial Parks (Herschel Island, 116 km², Tombstone, 2164 km², Asi Keyi, 3100 km², Coal River Springs, 16 km²) und vier Heritage River ins Leben gerufen. Zurzeit stehen im Yukon annähernd 12 % der Landesfläche unter Schutz.

Viele begehrte Outdoorziele und Orte sind nicht auf Straßen erreichbar. Alaska verfügt trotz seiner Größe von 1,5 Millionen km² nur über 22.500 Straßenkilometer. Die Highways, die streckenweise nur Schotterbeläge aufweisen, durchziehen das Land vornehmlich in Südzentral- und Zentral-Alaska. Bedenkt man die 483.500 km² große Landesfläche des Yukon, dann verändern 4900 Straßenkilometer den Wildnischarakter in keinster Weise. Im straßenarmen Nordwesten spielt das Flugzeug als Beförderungsmittel die wichtigste Rolle. Der überwiegende Teil des Flugverkehrs wird von Anchorage, Juneau und Fairbanks, im Yukon von Whitehorse aus abgewickelt. Flugpisten gibt es in den kleinsten Ortschaften, sogar Straßen dienen als Start- und Landeplatz. Lake Hood, am Stadtrand von Anchorage gelegen, ist der größte Wasserflugplatz der Erde mit Hunderten von Flugbewegungen an einem einzigen Sommertag. Eisenbahnzüge tuckern zwischen dem Hafenstädtchen Seward auf der Kenai Halbinsel und Fairbanks in Zentral-Alaska über 755 km gemächlich durch die Wildnis. Der Betrieb wurde im Jahr 1923 aufgenommen, heute befördert Alaska Railroad jährlich eine halbe Million Passagiere. Ein mehrere Tausend Kilometer langes Fährsystem reicht von Ketchikan in Südost-Alaska bis nach Dutch Harbor/Unalaska auf den Aleuten. Der Tourismus, der sich fast ausschließlich auf die Monate Mai bis September beschränkt, ist in beiden Ländern eine wichtige Devisenquelle. Die Besucherzahlen nahmen in den letzten Jahren ständig zu. Unter den Europäern führen Deutsche, Briten und Schweizer die Besucherliste an.

Chilkoot Trail (Alaska/Kanada)

»Go north young man« lautete die Parole für Zehntausende Goldschürfer, darunter auch Jack London, der als 21-Jähriger die Dimensionen dieser menschenleeren nordischen Wildnis und die Schinderei auf dem Trail kennenlernte, der heutzutage zu den bekanntesten und populärsten Wanderwegen in Nordamerika gehört.

Casement Glacier im Glacier Bay National Park.

Rechts: Kluane Front Range bei Haines Junction.

Ganz rechts: Chitistone Mountains bei McCarthy.

Glacier Bay National Park (Alaska)

Der britische Kapitän George Vancouver (1757–1798) gilt als Entdecker der Glacier Bay. Die heutige Glacier Bay war zur Zeit der Vancouver Expedition 1794 nur als 6 Meilen lange, schmale Einbuchtung in einer 5120 km² großen, bis zu 1400 m dicken Eisfläche erkennbar, die ihren Ursprung in den 160 km entfernten St. Elias Mountains in Kanada hatte und damals die »Bay« bedeckte. Ein scharfsichtiger, ehrgeiziger Langzeitbeobachter der Glacier Bay war John Muir (1838–1914), der die Bucht viermal bereiste. Doch die Gletscher, die er 1879 vorfand, hatten schon lange nicht mehr die Ausdehnung wie zu Zeiten George Vancouvers. Aber noch immer schob sich eine gewaltige Masse aus Eis, Schnee und Schutt in sein Blickfeld. Muir war kein Bergsteiger. Aber die glaziale Urwelt mit den himmelstürmenden Bergkämmen begeisterte ihn so sehr, dass er die Gletscher nicht nur vom Boot aus betrachten wollte. Von den ausgedehnten, aber nicht ungefährlichen Eisfeldern, die er bestieg, konnte er sich kaum losreißen. Im Jahr 1880, als Joe Juneau in der Nähe der heutigen Hauptstadt Alaskas Gold entdeckte, stand der furchtlose John Muir auf dem später nach ihm benannten Gletscher. Er sah die Landschaft der Glacier Bay mit besonders romantischen Augen. Seine poetisch anmutenden Stimmungsberichte über die riesigen Gletscher, an denen die Brandungswellen unentwegt nagen, die »weißesten« Berge der Fairweather Range, die das Meer um fast 5000 m überragen, über grünschimmernde Fjorde und glitzernde Eisberge, über das Werden und Vergehen in der Natur erweckten nicht nur das Interesse einiger Naturwissenschaftler. Mit diesen sensationellen Berichten und seinen Empfindungen, die er seinen Tagebüchern anvertraute, zog er auch die Öffentlichkeit in seinen Bann. Schon 1890 kreuzte der erste Dampfer mit Touristen auf, die den eisigen Charme der Glacier Bay aus sicherer Distanz schätzen lernten. Die Idee eines Nationalparks wurde 1980 verwirklicht. Dies geschah in der Absicht, Gletscher, Wälder, Berge und Meer auf einer Fläche von 13.360 km² als eine Sehenswürdigkeit ersten Ranges zu schützen. Ein weiterer Gewinn für die Natur war, dass diese Region den Status eines Weltkulturerbes (World Heritage Site) bekam. Die unter Schutz gestellte, länderübergreifende Fläche beträgt heute 97.520 km². Dazu gehören: der Glacier Bay National Park and Preserve sowie der Tatshenshini-Alsek Provincial Park (British Columbia), der Wrangell-St. Elias National Park and Preserve (Alaska) und der Kluane National Park and Reserve (Yukon).

Kluane National Park (Yukon)

Wer einmal vom Observation Mountain auf den 70 km langen Kaskawulsh Glacier geschaut hat, hinaufgestiegen ist zum Mount Decoeli oder vom Sheep Mountain zum Bullion Plateau hinüberwechselte, der dürfte einen ungefähren Eindruck bekommen von dieser mannigfaltigen Bergwelt im Südwesten des Yukon. Manche kommen immer wieder zurück in dieses Backpacking-Traumland voller Kontraste und überwältigender Panoramen, denn die meisten Trails hat man für sich allein.

Wrangell Mountains, McCarthy (Alaska)

Im Jahr 1900 wurden am südlichen Rand der Wrangell Mountains zwischen den Ausläufern des Kennicott Glacier und dem McCarthy Creek große Erzlager entdeckt. Doch wie sollte das größte Kupferreservoir Alaskas ausgebeutet, wie der Abtransport gelöst werden, lag es doch über 300 km vom Meer entfernt, weltverloren in einer unzugänglichen, lebensfeindlichen Wildnis. Um Kennecott zu erreichen, musste ein Schienenstrang durch die Einsamkeit der gletscherbepackten Chugach und Wrangell Mountains getrieben werden. Im Jahr 1907 nahmen 6000 Arbeiter mit schwerstem Gerät dieses gigantische 23-Millionen-Dollar-Projekt in Angriff. Felsen wurden gesprengt, Wildflüsse mit hölzernen Brücken überspannt, Tunnels und Überdachungen gegen Lawinen und Geröll gebaut, ja sogar Schienenstränge über Gletschereis gelegt. Am 29. März 1911 waren 129 Brücken und der 315 km lange Schienenstrang fertiggestellt, der die Hafenstadt Cordova mit Kennecott in den Wrangell Mountains verband, wo über Nacht Wohnhäuser, eine Schule, eine Krankenstation, Läden und Spielhallen entstanden. Die Gesamteinnahmen aus dem Abbau betrugen etwa 200 Millionen Dollar. Das war eine horrende Summe, gemessen am damaligen Wert dieser Währung. Fallende Kupferpreise besiegelten aber das Schicksal der Kennecott-Mine. Der endgültig letzte Zug fuhr am 11. November 1938.

Mit der Einstellung der Erzproduktion verlor auch das 7 km entfernte McCarthy, wo während des Booms getrunken, gesungen und getanzt wurde, seine Einnahmequellen – in den Spielhallen und Saloons kehrte Stille ein. Alles war von heute auf morgen vorbei. Dank zahlreicher Touristen überlebten Kennecott und McCarthy.

In Kennecott wurden die hölzernen Fabrikruinen als »Historical Landmark« unter Schutz gestellt. In der Nähe der ehemaligen Fabrikgebäude befinden sich die komfortable Kennicott Lodge und ein Büro der Nationalparkbehörde, wo Backpacker sich für mehrtägige Touren im Wrangell-St. Elias Park registrieren müssen.

McCarthy zeigt sich im Sommer lebendig und herausgeputzt. Für Touristen stehen Restaurants, zwei rustikale Hotels, ein kleiner Laden und Lufttaxi-Unternehmen zur Verfügung. Das lizensierte Bergführerbüro im Ort bietet lohnende Touren an. Zwischen McCarthy und der Kennicott Lodge verkehrt im Sommer regelmäßig ein Pendelbus.

Am Lower Russian Lake.

Im Denali National Park.

In den White Mountains am Elliott Highway.

Kenai-Halbinsel (Alaska)
Die Kenai-Halbinsel, die 80 km südlich von Anchorage liegt, gehört zu den beliebtesten Zielen für Outdoor-Urlauber. Wanderer und Paddelfans kommen hier voll auf ihre Kosten. Großartig ist die fjordreiche Küstenlandschaft im Kenai Fjords National Park im Südosten der Halbinsel. Im Nordosten erstreckt sich das Sargent Icefield, von dem mehr als 25 Gletscherzungen meerwärts bis an den Prince William Sound fließen. Der Truuli Peak (2015 m) schmückt sich mit dem Prädikat, der höchste Berg auf Kenai zu sein. Zu den Glanzstücken der Schutzgebiete gehört das Alaska Maritime National Wildlife Refuge am Golf von Alaska, wo Wale, Robben und verspielte Seeotter zu Hause sind. Nirgendwo sonst kommen die Lachse in solchen Schwärmen und Rekordgrößen vor wie auf Kenai. Mehr als die Hälfte aller Kenai-Besucher verbringen ihren Urlaub ausschließlich damit, regelmäßig ihre Angelleinen auszuwerfen.

Katmai National Park (Alaska)
Wer das Valley of the 10.000 Smokes durchstreift, erlebt eine fremdartige, fast außerirdische Welt, eine von Frost, Regen und Wind gestaltete Vulkanlandschaft mit von Bimssteinen übersäten Sandwüsten, gefährlichen Canyons, Schneefeldern und Gletschern – meilenweit entfernt von der nächsten menschlichen Ansiedlung. Unkalkulierbares Wetter und Monsterstürme charakterisieren diesen Teil von Alaska; ebenso wie die 2000 Braunbären, die an den lachsreichen Gewässern paradiesische Zustände vorfinden.

Denali National / State Park (Alaska)
Der Denali National Park gehört zu den gefragtesten Zielen in Alaska. Die touristische Erschließung begann zaghaft mit der Fertigstellung der legendären Eisenbahntrasse von Seward nach Fairbanks im Jahr 1923. Ein weiteres Kapitel der Geschichte des Nationalparks wurde 1938 mit der Eröffnung der Denali Park Road zum Wonder Lake geschrieben. Doch erst mit dem Bau des Parks Highway zwischen Anchorage und Fairbanks im Jahr 1972 nahmen die Besucherströme zu. Die Schönheit der Landschaft ist das eine große Wunder, das andere ist die Vielfalt der Tier- und Pflanzenwelt: 39 Säugetier-, 168 Vogel- und über 650 Blütenpflanzenarten machen den Denali National Park so berühmt und auch so aufregend; die Chancen, größere Raubtiere in freier Wildbahn zu sehen, sind hier besonders groß. Den angrenzenden Denali State Park kann man auf einer mehrtägigen Tour über den Kesugi-Curry Ridge kennenlernen.

Fairbanks und Umgebung (Alaska)
Das Schöne an Fairbanks ist seine Umgebung. Daher empfiehlt es sich, von hier aus Kurs auf die aus den Taigawäldern herausragenden Mittelgebirge bei Chena Hot Springs, die Pinnell und die White Mountains zu nehmen. Es ist nicht schwer, diese Bergregionen zu erkunden, denn es gibt einige markierte Pfade und auch einfache Schutzhütten.

Tundra bedeckt in den höheren Lagen die Richardson Mountains im Norden des Yukon.

Dempster Highway, Tombstone Territorial Park (Yukon)

Um nordische Abenteuer zu erleben, braucht man nicht unbedingt einen Buschpiloten, der einen ausfliegt. Kanadas einzige Straße, die den nördlichen Polarkreis überquert, ist Ausgangspunkt für zahlreiche abgeschiedene Berg- und Wildnistouren. Entlang dem Dempster Highway, zwischen km 54 bis km 120, wurde 1999 in einer wildschönen Berglandschaft, auf einem Gebiet von 2164 km² in den südlichen Ogilvie Mountains der Tombstone Territorial Park eingerichtet. Die Region umfasst die Bergketten Tombstone Range, Cloudy Range, Blackstone Range, Seela Range und Patrol Range. Der Norden ist geprägt von den weiten, wasserreichen Ebenen der Blackstone Uplands. Während des Goldrausches in der Klondike-Region nutzten die Goldgräber die riesigen Wasservorräte der Tombstone Range, denn die später eingesetzten Schwimmbagger, die »Dredges« und der gesamte Förderbetrieb verbrauchten gewaltige Mengen an Wasser und Elektrizität. Die Wassermassen des Tombstone River wurden ebenso wie die des parallel fließenden Little Twelve Mile River mittels einer 112 km langen, künstlichen Kanalanlage zu den Gold-Parzellen bei Dawson City geleitet. Überreste eingefallener Holzbaracken und die zwischen 1906 und 1909 erbaute, hölzerne Kanalanlage zeugen vom geschäftigen Treiben längst vergangener Tage. Im Tombstone-Flusstal arbeiteten seinerzeit 1000 Menschen, die nur damit beschäftigt waren, die Funktion der Kanalanlagen zu überwachen. 55.000 Gallonen (etwa 208.000 Liter) Wasser wurden pro Minute auf den Weg zu den Claims bei Dawson City geschickt. Am Little Twelve Mile River wurden ein Kraftwerk und 24 Gebäude für Arbeiter und Familien mit Kindern aus dem Urwaldboden gestampft.

Herschel Island Territorial Park (Yukon)

Die 116 km² große Insel in der Beaufortsee liegt direkt vor der arktischen Küste. 1987 wurde sie zu Yukons erstem Territorial Park erklärt, im selben Jahr siedelten auch die letzten Einwohner, die Inuvialuit, von Herschel Island in die Northwest Territories über. In der Sprache der Inuvialuit heißt sie Qikiqtaruk, was soviel wie »Insel« bedeutet. Als Namensgeber der Insel stand Sir John Herschel Pate, ein britischer Astronom und Chemiker. Die Beaufortsee erhielt ihren Namen nach Francis Beaufort, einem Hydrografen der britischen Admiralität. Nach Herschel Island kommen nur wenige Menschen, um Touren zu unternehmen, hin und wieder Kajakfahrer, die auf dem Firth River im benachbarten Ivvavik National Park paddeln und ihre Tour in Pauline Cove beenden, um von hier auszufliegen. Die Insel bietet neben ihrer Geschichte auch eine beeindruckende Fauna und Flora. Beluga- und Grönlandwale durchpflügen die Gewässer der Beaufortsee. Ringelrobben tummeln sich entlang der Küste. Im Winter tauchen hier gelegentlich Eisbären auf. Im Reich der Mitternachtssonne fördert die Energie des Lichtes das Leben von etwa 200 Pflanzenarten. Etwa 40 Vogelarten brüten hier.

Nord-Alaska – In der Weite der Arktis

Die größten Schutzgebiete der Vereinigten Staaten liegen mit einer Gesamtfläche von 146.000 km² im arktischen Teil Alaskas, zwischen Brooks Range und Beaufortsee: Arctic National Wildlife Refuge and Wilderness (ANWR), Gates of the Arctic National Park and Preserve, Kobuk Valley National Park und Noatak National Preserve; es sind reine Wildnisgebiete, in denen immer noch Mutter Natur das Sagen hat. Cape Krusenstern National Monument und Bering Land Bridge National Preserve haben vor allem wegen ihrer prähistorischen Funde Bedeutung. Für Outdooraktivitäten ist der Aktionsradius unbegrenzt. Doch auf Straßen ist diese Wildnis nicht erreichbar. Eine Ausnahme bildet der Dalton Highway, der fast bis ans Polarmeer führt. Ansonsten dienen dort die zahlreichen Flüsse als Wanderwege, vor denen man aber den größten Respekt haben sollte. Nach Regenfällen kann auch ein harmloses Gewässer zum mächtigen, reißenden Strom anschwellen. Fast überall kann man Flusstouren mit endlosen Backpacking-Touren oder mit Bergbesteigungen kombinieren. Von Coldfoot, Dead-

Der Dalton Highway stellt an den Radfahrer höchste Anforderungen. Bei schönem Wetter schluckt er den aufgewirbelten Staub der Autos und Lkws, bei Regen bleibt sein Gefährt auch mal im Schlamm stecken.

Wintereinbruch in der Brooks Range.

horse, Kaktovik, Arctic Village, Anaktuvuk Pass, Bettles, Kotzebue und anderen winzigen Einödsiedlungen aus geht es überall hin, wo man mit einem Buschflugzeug gerade noch landen kann. Die Erschließungsgeschichte des arktischen Alaska ist vor allem auch die Geschichte eines gewissen William Lauriston Howard. Dem 26-jährigen Absolventen der US Naval Academy gelang 1886 als erstem Weißen die erfolgreiche Durchquerung der Brooks Range und des North Slope bis zum Arktischen Ozean. Auf den Landkarten taucht heute sein Name auf, Howard Pass und Howard Hills in der Brooks Range erinnern an den jungen Forscher. Vom Kobuk River aus nahm er Kurs auf den Ambler River und weiter auf den Red Stone River. Dann drang dieser harte Bursche in die Flusslandschaften am Cutler, Aniuk, Etivluk und Colville vor. Der Ikpikpuk River wies ihm schließlich den Weg zur Beaufortsee. Auch das letzte Stück nach Barrow meisterte er bravourös. Die Sehnsucht nach unerforschten Landschaften war sicher ein entscheidendes Motiv für seine Unternehmungen. Die Begegnungen mit den Ureinwohnern vermittelten ihm wesentliche Einsichten in ihr Leben. Doch für die Geologen des USGS stand eine Nachricht besonders im Brennpunkt des Interesses. Howard hatte auf ölhaltige Schichten am Etivluk River hingewiesen und damit die Suche nach dem »schwarzen Gold« des North Slope eingeleitet. 1901 wurde mit systematischen Bodenuntersuchungen im Land des Permafrostes auf dem North Slope begonnen. 1923 erklärte US-Präsident Warren G. Harding ein Gebiet von 95.800 km² im westlichen Teil des North Slope zum Naval Petroleum Reserve 4, das später in National Petroleum Reserve-Alaska (NPR-A) umbenannt wurde.

Bei Arctic Village im Nordosten Alaskas. Mäandernde Flüsse und Tausende Seen ziehen die Blicke auf sich.

Geschichte des Bergsteigens

Bergsteiger der Lindley-Liek-Expedition von 1932. Beim Abstieg vom Mount McKinley über den Muldrow Glacier stießen sie auf das verlassene Camp der Cosmic-Ray-Expedition, bei der Allen Carpé und Theodore Koven ums Leben gekommen sind. (Copyright: Francis P. Farquhar Papers, UAF-1981-208-051, Alaska and Polar Regions Collections & Archives, University of Alaska, Fairbanks)

Libbey Glacier und Mount St. Elias im Jahr 1891. (Copyright: I.C. Russell 531, US Geological Survey)

Die Unerschlossenheit der Landschaft im Umkreis der großen Berge war eines der Hauptprobleme für Bergsteiger in Alaska und im Yukon. Zwischen Siedlungen und verlockenden Bergzielen liegt unendlich viel wildes, menschenleeres Land mit riesigen Urwäldern, unzähligen Seen und schwer zu querenden Flüssen. Erst in den 1930er-Jahren verkürzten sich mit dem Einsatz von Buschflugzeugen mit Skikufen, mit denen man auf den Gletschern landen konnte, die langen, gefährlichen Anmarschwege erheblich. Trotzdem wird auch heutzutage von Bergsteigern auf wenig begangenen Routen immer noch ein Stück Pionierleistung abverlangt, denn ein schneller Rettungseinsatz ist nur am Mount McKinley möglich.

Mount St. Elias (5489 m)
Wissenschaftliche Neugierde war eine Triebfeder, als im Jahr 1891 eine von der National Geographic Society und dem US Geological Survey mitfinanzierte Expedition unter der Führung von Professor Israel C. Russell zum Mount St. Elias aufbrach. Das Gipfelglück blieb diesem Team jedoch versagt, es erreichte eine Höhe von 4420 m. Auf seiner ersten Expedition zum Mount St. Elias im Jahr 1890 entdeckte Russell als erster Bergsteiger den höchsten Berg Kanadas und gab ihm den Namen Mount Logan: »... einem Berge von beträchtlicher Höhe im Norden der Augustakette wurde der Name Logan gegeben, und zwei Gipfel, welche sich auf der nördlichen Verlängerung der Cookkette befinden, wurden Owen und Irving getauft« (Filippi De, 1900).

1897 erreichte der weit gereiste 24-jährige Italiener Prinz Luigi Amedeo Di Savoia (Herzog der Abruzzen, 1873–1933) den Gipfel des Mount St. Elias. Er war in Gesellschaft bergerfahrener italienischer Führer. Trotz bescheidener Bergausrüstung, Schneestürmen und Kälte vollbrachten die Männer auf der 47 Tage dauernden Expedition erstaunliche alpinistische Leistungen. Beide Expeditionen (die von Russell und auch jene des Herzogs der Abruzzen) erregten auch Aufmerksamkeit mit ihren aussagekräftigen Fotos. Russell brachte mehr als 150 Aufnahmen mit, die unter anderem den Turner und Hubbard Glacier zeigten. Nicht weniger eindrucksvoll waren die Panoramabilder des italienischen Prinzen von den St. Elias Mountains und den riesigen Gletschern am Fuß des Mount Logan.

In Europa waren bis dahin längst alle großen Gipfel wie der Mont Blanc, der Großglockner oder das Matterhorn bestiegen worden. Hier, in den entlegenen Bergregionen Nordamerikas, hatte das Zeitalter der Bergeroberungen erst begonnen.

Mount Logan (5959 m)

1925 organisierten der Mount-Robson-Bezwinger Albert MacCarthy (pensionierter US-Navy-Kapitän) und Howard Frederick John Lambart (Regierungsfeldmesser) eine abenteuerliche Expedition. Sie wollten die Anstiegsroute zum Dach Kanadas, dem 5959 m hohen Mount Logan finden, ein bis dahin fernes, geheimnisvolles, gewaltiges Bergmassiv im äußersten Südwesten des Yukon auf 60° Nord. Gletscherflächen, die in ihren Ausmaßen an Grönland oder die Antarktis erinnern, seine Unzugänglichkeit und die unberechenbare Natur machen ihn zu einem Superlativ des Alpinismus. Trotzdem ist der Mount Logan ein nicht so begehrtes Bergziel wie der stark frequentierte Mount McKinley. Bis zum heutigen Tag besteht eines seiner Risiken darin, dass in Notfällen schnelle Hilfe kaum zu erwarten ist. Doch 1925 löste der Plan Begeisterung aus. Um es vorweg zu sagen: Die Mount-Logan-Expedition war in ihrer logistischen Komplexität eine einzigartige, unvergleichliche Meisterleistung. 8600 kg Ausrüstung und Verpflegung wurden auf Schlitten festgezurrt, die von Pferden und Hunden durch eine kältestarrende Schnee- und Eiswüste von der Ortschaft McCarthy über das Chitina Valley hinauf zum Chitina, Logan und Ogilvie Glacier gezogen worden. Anschließend setzte das sechsköpfige Team beim Einrichten der weiteren Versorgungsdepots und Lager auf seine eigene Muskelkraft und die Leistungsfähigkeit der Schlittenhunde. 2150 kg Ausrüstung wurden oberhalb des Ogilvie Glacier am Fuß des riesigen Logan-Massivs deponiert. Das Anlegen der Camps im Dämmerlicht der kurzen, subarktischen Tage nahm insgesamt 70 Tage in Anspruch, bei Temperaturen, die meist um –45°C lagen. Am 26. April kehrten die Abenteurer nach McCarthy zurück und am 12. Mai stürzten sich acht nicht mehr ganz so junge Bergsteiger in das Abenteuer Mount Logan. Mit sechs neuen, ausgeruhten Bergsteigern wurde die Mannschaft um Albert MacCarthy und Andy Taylor, die schon dem Erkundungstrupp angehört hatten, ergänzt. Zur Expedition gehörten neben Howard Lambart noch Allen Carpé,

*Mount-Logan-Expedition 1925.
(Copyright: Norman H. Read, Mount Logan Papers,
UAF-1992-0174-01085, Alaska and Polar Regions
Collections & Archives, University
of Alaska, Fairbanks)*

Mount Logan, East Ridge.

ein erfahrener Expeditionsbergsteiger als Repräsentant des American Alpine Club, Mount-Robson-Erstbesteiger William Foster, Henry Hall, Norman Read, Bob Morgan und, wie schon erwähnt, Andy Taylor, ein bekannter »Sourdough«, ein alteingesessener Bewohner der White-River-Region, den Expeditionsleiter MacCarthy dringend brauchte, um seine Logan-Visionen umzusetzen. MacCarthy bemerkte über ihn: »… dass Andy, mehr als jedem anderen, das Ansehen für die erfolgreiche Eroberung des Mount Logan gebührt« (MacCarthy, 1925).

Nach einem langen Kampf gegen arktische Wetterbedingungen, mit beißender Kälte, fürchterlichen Stürmen und Neuschnee erreichten sie in zwei Seilschaften am 23. Juni 1925 um 8 Uhr abends den Gipfel des Mount Logan. So liest sich MacCarthys Aussage: »…wir schüttelten uns die Hände und waren schier verrückt vor Glück über unsere erfolgreiche Unternehmung und die Vorstellung, dass unsere Mühen nun ein Ende hatten« (Canadian Alpine Journal, 1925). Der Blick aus 5959 m Höhe über eine Landschaft aus ewigem Eis, auf Berge, die noch nie zuvor ein Mensch gesehen hatte, dauerte nur 20 Minuten. Tobende Stürme zwangen sie zum schnellen Abstieg. Enorme Kraftanstrengungen, Willensstärke und Quälerei kennzeichneten den langen Rückweg. MacCarthy hielt in seinem Tagebuch Folgendes fest: »Ich bin mir sicher, dass jene schreckliche Qual am Hurricane Hill jedem Mitglied der Mannschaft noch lange als die gefährlichste Bedrohung für Leib und Leben, der wir auf der Expedition ausgesetzt waren, in Erinnerung bleiben wird … Foster behandelte und verband unermüdlich erfrorene Finger und Zehen, sämtliche ersten Glieder meiner Finger und Daumen waren erfroren und wurden schwarz, Lambarts Zehen waren erfroren, ebenso Fosters großer Zeh und zwei Finger, zwei Zehen und zwei Finger von Carpé, bei Andy ein Finger …« (Canadian Alpine Journal, 1925).

Ein ausgehungerter Bär hatte es nach der Winterruhe auf die Nahrungsmittel im Versorgungsdepot Baldwin-Frazer Cache ab-

Mount Logan, Camp I im King Trench.

Herausfordernde Berge in der Alaska Range: Mount Huntington (im Vordergrund), Mount Hunter (links) und Mount Foraker (im Hintergrund).

gesehen und es geplündert. Lambart ertrug ohne Wehklagen seine schweren Erfrierungen an den Zehen.

Am Oberlauf des Chitina River angekommen, entschied man sich, zwei Flöße zu bauen. In den Tälern hatte der Frühling mit Blumen, Zugvögeln und einem ersten Schimmer von Blattgrün Einzug gehalten. Doch mit der Frühlingswärme kam auch die Schneeschmelze, die die Flüsse in reißende Gewässer verwandelte. Das Abenteuer Mount Logan war nach 44 Tagen in Schnee und Eis noch immer nicht beendet, denn auch Wildwasserfahren bedeutete Gefahr in diesem unwegsamen, menschenleeren Land, fernab der kleinen Häuseransammlung McCarthy. Die Bergsteiger kämpften und quälten sich auf zwei primitiv zusammengezimmerten Holzflößen durch zahlreiche Stromschnellen.

Auch auf dem letzten Teil, einem endlos langen Marsch durch dichte Wald- und Buschvegetation, spürten sie die Härte der Natur, bevor sie endlich die Bergbausiedlung McCarthy am Kennicott River erreichten – eine übermenschlich anmutende Leistung. Doch alle hatten das Abenteuer Mount Logan überlebt. Bis zur zweiten Besteigung des Mythos Mount Logan vergingen 25 Jahre.

Mount McKinley (6194 m)

Nachdem James Wickersham 1903 und Frederik A. Cook 1906 am Mount McKinley scheiterten, erhielt die Besteigungsgeschichte des Mount McKinley durch die »Sourdough-Expedition« von 1910 neue Impulse: Thomas Lloyd, Charles McGonagall, William Taylor und Peter Anderson darf man Besessenheit, Härte, aber auch Können attestieren. Obwohl sie nur wenig Bergerfahrung hatten, mühten sich Anderson und Taylor schließlich in primitiver Ausrüstung über den Muldrow Glacier zum Gipfel – allerdings nicht ganz zielorientiert. Den Hauptgipfel erreichten sie nicht, sondern, ohne es zu wissen, nur den 260 Meter niedrigeren Nordgipfel. Als Beweis ihrer glücklichen North Peak Erstürmung rammten sie für die Nachwelt in 5934 m Höhe eine vier Meter lange Fichtenstange in den ewigen Schnee.

Walter Harper, ein Ureinwohner Alaskas, genoss im Jahr 1913 als erster Mensch die Rundsicht vom Südgipfel. Mit ihm eroberten in einem 53 Tage dauernden, zähen Kampf der Expeditionsleiter Harry Karstens und seine Begleiter Hudson Stuck, seines Zeichens Erzdiakon des Yukon, und Robert Tatum den Berg. Über die Momente auf dem Dach Nordamerikas schrieb Harry Karstens später folgende Zeilen an Charles Sheldon (der sich vehement für die Gründung des Denali National Park einsetzte): »Ein schöner, klarer, sonniger Tag und ein starker Wind blies, das Thermometer zeigte 4 Fahrenheit, [–15,5°C] und es war kalt … wir stellten ein kleines Zelt auf … lasen die Geräte ab, sprachen ein kurzes Gebet, er-

Die 17-Mann starke Army Test Expedition von 1942 probierte Kaltwetterkleidung, Nahrungsmittel und andere Ausrüstungsgegenstände im Gebiet des Mount McKinley aus. Vorne links: Robert Bates, der als Erster mit Bradford Washburn den Mount Lucania im Yukon bestieg. Zweite Reihe links: Terris Moore, Erstbesteiger des Mount Bona und des Mount Fairweather in Alaska zusammen mit Allen Carpé. Zweite Reihe ganz rechts: Bradford Washburn. (Copyright: Francis P. Farquhar Papers, UAF-1981-208-74, Alaska & Polar Regions Collections & Archives, University of Alaska, Fairbanks)

richteten ein Kreuz, machten einige Fotos … länger als anderthalb Stunden konnten wir es nicht aushalten …« (Alaska Natural History Association, 1982).

Um zu begreifen, wie sehr sich das Team nach fast zwei strapaziösen Monaten im Eis nach dem kurzen, aber intensiven nordischen Sommer und den alltäglichen Dingen des Lebens sehnte, soll nochmals Harry Karstens zu Wort kommen: »Am 7. Juni 1913 um ein Uhr mittags erreichten wir den Gipfel des Berges und kamen am 9. Juni um zehn Uhr morgens wieder in unser Basislager. Welch eine Veränderung, der Duft der Blumen & das Grün, alles in Sommerblüte, es ist schwer für mich, all das auszudrücken, wir blieben einen Tag im Basislager, um aufzuräumen, dann beluden wir die Hunde & uns selbst & brachen nach Eureka auf, wir brauchten zwei Tage in strömendem Regen. Als ich Hamilton sah, verlangte ich Kaffee & Brei & viel davon mit sehr viel Zucker und bekam das alles. Ich brach beinahe zusammen. Ich hatte bei der Exkursion fast 20 Pfund Gewicht verloren.«

In den nächsten 19 Jahren sollte der Mount McKinley nicht wieder bestiegen werden. Im zweiten Anlauf 1932 stand ein Vier-Mann-Team unter der Führung von Alfred Lindley (1924 Olympiasieger im Rudern) auf dem South Peak und dem North Peak des Mount McKinley.

Riccardo Cassin, einer der besten Bergsteiger aller Zeiten, legte 1961 eine äußerst kühne Führe durch die Südwand des Mount McKinley (Cassin Ridge genannt). Ein außergewöhnliches Vorhaben war geglückt, trotz schlechter Ausrüstung. Die Italiener trugen Kniebundhosen und Kniestrümpfe sowie Bergschuhe, die den Bedingungen in den Alpen entsprachen.

Auch die erste Winterbesteigung des Mount McKinley im Jahr 1967 über die West Buttress Route war reich an dramatischen Ereignissen. Von acht gestarteten Expeditionsteilnehmern erreichten am 28. Februar nur Art Davidson, Dave Johnston und der Schweizer Ray Genet den Gipfel in der Dunkelheit und extremen Kälte der Polarnacht. Art Davidson (1969/2013) beschreibt diese Expedition in »Minus 148°, The Winter Ascent of Mt. McKinley«.

Mount Hunter (4442 m)
Im Gipfelsammelsurium der Alaska Range bildet der Mount McKinley zusammen mit dem Mount Hunter und dem 5304 m hohen Mount Foraker eine Gruppe für sich. Gemessen am 6194 m hohen Mount McKinley erscheint der 4442 m hohe Mount Hunter fast zweitrangig. Doch über den Mount Hunter ist im Buch »High Alaska« (1988) von Jonathan Waterman nachzulesen: »Er ist der steilste und spektakulärste der drei Gipfel in der Alaska Range.« Die beiden grimmigen Eisdome Mount Foraker und Mount Hunter werden auch als »Denali's wife« und »Denali's child« bezeichnet.

Nach der Eröffnung der West Buttress Route 1951 wuchs auch das Verlangen nach schwierigeren Routen. Am 29. Juni 1954 landeten der Österreicher Heinrich Harrer, Erstbegeher der Eiger-Nordwand, der deutschstämmige Amerikaner Henry Meybohm und sein Landsmann, der in Düsseldorf geborene Fred Beckey auf dem Kahiltna Glacier. Über den West Ridge gelangten sie am 5. Juli 1954 als erste Bergsteiger zum Gipfel des Mount Hunter.

In der Liste der Bezwinger des Mount Hunter tauchte in den 1970er-Jahren ein berühmter Name auf: John Mallon Waterman. Er war schon als Jugendlicher bergbesessen und trainierte fanatisch für das Bergsteigen. Das Handwerk lernte er von seinem Vater, einem ebenso erfahrenen Bergsteiger. Als 17-Jähriger bezwang er den Mount McKinley. Eine große Bergsteigerkarriere schien vor ihm zu liegen. Doch Waterman war auch eine sehr labile Persönlichkeit mit manisch-depressiven Zügen. Für Waterman war es nur schwer zu ertragen, dass im Laufe der Jahre einige seiner Bergkameraden umkamen. Im März 1978 brach Waterman zu seinem waghalsigsten Unternehmen auf. Nach der 145 Tage dauernden Solobegehung des Mount Hunter stand er plötzlich im Rampenlicht. Sein Name war überall zu lesen. Als Referent wurde er stürmisch gefeiert.

Waterman berichtete auch, dass Geist und Körper in den 145 Tagen am Berg oft der

Vernichtung nahe waren. In der Folgezeit fiel Waterman dann immer häufiger durch seltsames Verhalten auf. Mit seiner Aussage, für das Präsidentenamt der Vereinigten Staaten kandidieren zu wollen, überraschte er alle. Als sein Haus in Talkeetna samt seinen umfangreichen Tagebüchern einem Feuer zum Opfer fiel, schien für ihn alles zu einem unlösbaren Problem zu werden. Er begab sich freiwillig in psychiatrische Behandlung nach Anchorage. Im März 1981 kehrte er zum Mount McKinley zurück, um eine spektakuläre Route im Alleingang zu bewältigen – bei extremer Kälte. Die Tour endete tödlich. Nicht etwa in einer mörderischen Eiswand, sondern als er seinen Fuß in das flache Spaltenlabyrinth des Ruth Glacier setzte, in dessen Nähe die Sheldon Gebirgshütte liegt. Trotz intensiver Suchaktionen wurde der »Lone Wolf«, der »einsame Wolf«, nie gefunden.

Bradford Washburn (1910–2007)
Die Kenntnisse über Alaska wurden ganz entscheidend vorangebracht durch Bradford Washburn, der das Land auf 70 Reisen erkundete. Er war der große Erforscher dieser subpolaren Bergwelt, denn zu dieser Zeit waren immer noch viele Gipfel Alaskas und des Yukon Terra Incognita, weiße Flecken auf den Landkarten. Neben dem leidenschaftlichen Entdecker gab es noch einen anderen Washburn. Mehr und mehr widmete er sich seiner anderen Passion, der Kartografie und Luftbildfotografie. Seine Bergbilder wurden zum Mythos. Sie waren deswegen so imposant, weil er eine sehr leistungsstarke, 24 kg schwere Kamera einsetzte, die in einem Flugzeug installiert war. »Die Aufnahmen schoss Washburn aus einer zweimotorigen Lockheed Electra ohne Druckausgleich, wo er auf einem Benzinkanister in der Öffnung der herausgenommenen Kabinentür saß und zusätzlichen Sauerstoff einatmete. Ein Halteseil um seine Taille diente ihm als „Sicherheitsgurt", wenn er sich hinauslehnte, um Fotos zu machen« (National Geographic Deutschland, 2001).

Niemand hatte bisher vergleichbare Bilder gesehen. Er machte Anstiegsrouten, Grate

Der Mount Hunter hat wie der Mount McKinley einen Nord- und einen Südgipfel (rechts).
Dazwischen erstreckt sich das Summit Plateau.

und Wände sichtbar, die das Interesse für die Berge und das Bergsteigen erst recht weckten. Eines seiner größten Bergabenteuer war die Besteigung des Mount Lucania zusammen mit Robert Bates im Jahr 1937. Dem Unternehmen sollten neben Washburn und Bates noch die Bergsteiger Russell Dow und Norman Bright angehören. Bob Reeve, der in die Ahnengalerie legendärer alaskanischer Buschpiloten gehört, flog zuerst nur Washburn, Bates und einen großen Teil der Ausrüstung von Valdez am Prince William Sound zum Walsh Glacier im Gebiet des Mount Lucania in der südwestlichen Ecke des Yukon. Dow und Bright sollten unmittelbar nachfolgen. Anstatt auf harter Gletscherfläche zu landen, setzte Bob die »Fairchild 51« bis zum Bauch in einen Schneesumpf. Über die Wärme, die sie empfing, waren sie überrascht, später kamen Gewitter und Regen dazu. Washburn schrieb: »Vollkommen überraschend begann es zu regnen – es war so warm. Regen in über 8000 Fuß Höhe [ca. 2400 m] in Alaska!« (Washburn/Freedman, 2005).

Sie befanden sich in einer äußerst kritischen Lage! Was nun? Obwohl sämtliche Ausrüstung und Verpflegung entladen wurde, war es unmöglich, trotz größter Kraftanstrengungen aller drei Männer, die Maschine freizubekommen. Zum Glück fielen die Temperaturen und nach fünf zermürbenden Tagen, inmitten einer übermächtigen Landschaft von Tausenden Quadratkilometern Schnee und Eis, bekamen sie die Maschine wieder flott. Am Morgen des 22. Juni hob das Flugzeug endlich von der dicken Harschkruste ab. »Bob und ich brüllten und brüllten, ja wir kreischten geradezu vor Glück. Allerdings standen wir nun auf dem Walsh Glacier und mussten sehen, wie wir nach Hause kamen. Gott weiß, dass wir genügend Nahrungsmittel in unserem großen Vorratsspeicher im Basislager hatten« (Washburn/Freedman, 2005).

Washburn und Bates ahnten, was sie erwartete. Das Wetter war übel. Reeve konnte nicht noch einmal auf dem Gletscher landen, um die beiden Männer mitzunehmen. Sie mussten den größten Teil der Ausrüstung, darunter die schwere, teure Fairchild F-8 Kamera für Luftbildaufnahmen und auch Verpflegung zurücklassen. Die Besteigung des Mount Lucania und des Mount Steele in der Kluane Icefield Range wurde, trotz ihrer misslichen Lage, zu einem beglückenden Erlebnis. Sie waren erfahren, ausdauernd und willensstark genug, um auch die letzten Hürden am riesigen Donjek Glacier und am wilden Donjek River zu meistern. Am 19. Juli, fast einen Monat nachdem sie sich von Bob Reeve hatten verabschieden müssen, erreichten sie nach 160 km Fußmarsch ihr ersehntes Ziel: Burwash Landing am Kluane Lake im Yukon. Später erfuhr Washburn, dass Buschpilot Bob Reeve am 9. Juli einen Brief an seine Mutter gesandt hatte. Obwohl Reeve nicht wusste, ob Washburn und Bates überhaupt noch am Leben waren, schrieb er: »Bitte, machen Sie sich keine Sorgen um die Jungen, ich bin sicher, dass, trotz der Abgeschiedenheit ihres Aufenthaltsortes, alles in Ordnung ist« (Washburn/Freedman, 2005).

Im Jahr 1938 gelang ihm zusammen mit dem Buschpiloten und Bergsteiger Terris Moore die Erstbesteigung des Mount Sanford (4949 m) in den Wrangell Mountains auf Skiern.

1947 bestieg er mit seiner Frau Barbara über die Muldrow Glacier Route erneut den Mount McKinley. Barbara war somit die erste Frau auf dem höchsten Gipfel Nordamerikas. 1951 fand unter seiner Leitung die erste Begehung der West Buttress Route am Mount McKinley (vom Basecamp am Kahiltna Glacier) statt.

Washburns Leben als Wissenschaftler war nicht weniger aufregend. 1933 graduierte er an der Harvard University. Verschiedene amerikanische Universitäten zeichneten ihn neunmal mit der Ehrendoktorwürde aus. Von 1939 bis 1980 leitete er als Direktor das Bostoner Wissenschaftsmuseum. Glanzlichter der Kartografie setzte er mit seinen detaillierten Karten vom Herz des Grand Canyon, dem Mount Everest und dem Muldrow Glacier im Mount-McKinley-Massiv. Seine herausragende Laufbahn wurde mit dem Centennial Award der National Geographic Society gekrönt. Bradford Washburn starb am 11. Januar 2007.

Unterwegs

Auf dem Chilkoot Trail von Alaska nach Kanada

Der Lake Bennett am Ende des Chilkoot Trail.

Der Red Onion Saloon im Zentrum von Skagway.

Im Chilkoot Trail Center in Skagway.

Skagway, nördlichster Hafen der Inside Passage, schlägt auch heute noch Kapital aus seiner geschichtsträchtigen Vergangenheit. Noch immer zehrt der Ort vom kurzen Boom des Goldrauschzeitalters zu Beginn des 20. Jahrhunderts. Skagway und das 16 km entfernte Dyea am Taiya-Fjord entwickelten sich am Höhepunkt des Goldbooms von unbedeutenden Handelsposten zu den größten Städten in Alaska. Heute empfindet man nirgendwo sonst die Vergangenheit mehr als im National Historic District, im Zentrum des Ortes, wo Erinnerung und Tradition gepflegt werden. Skagways größter Schatz sind seine schönen Häuser wie das Arctic Brotherhood Gebäude, das Ben Moore House, der Red Onion Saloon oder der Mascot und Pantheon Saloon.

Skagway ist auch das Tor zum Chilkoot Trail. Diese Route wurde zu einem Symbol für Not und Elend: Zur Zeit des Goldrausches hatte bei der Ankunft in Skagway kaum jemand eine Ahnung von den Strapazen, die ihn nun erwarteten auf dem über 900 km langen Weg – erst zu Fuß auf dem Chilkoot Trail, dann auf dem Yukon River bis zu den Goldadern in Dawson City.

Heutzutage ist der 53 km lange Weg für erfahrene, gut ausgerüstete Wanderer überhaupt kein Problem. In drei bis fünf Tagen kann die Strecke vom Startpunkt in Dyea bis zum Bahnhof Bennett bewältigt werden.

Die Aufnahme von 1898 zeigt den Aufstieg zum Chilkoot Pass. Auch bei Schneestürmen und Lawinengefahr quälten sich die Goldsucher mit Tonnen an Ausrüstung über den gefährlichsten Abschnitt des Trails.
(Copyright: Alaska State Library, P21-44, Winter & Pond Trail of `98 Photograph Collection)

Dyea (Alaska)

Nur mehr Holzreste zeugen von den einstigen Schiffsanlegeplätzen der Goldsucher an der Mündung des Taiya River. Sonst gibt es hier nicht viel zu sehen, sieht man einmal ab von der Rangerstation und den prächtigen Steinpilzen, die hier in den Urwäldern gedeihen. Hier beginnt jener geschichtsträchtige Pfad, der bereits vor dem Einsetzen des Goldrausches für die Indianer eine wichtige Handelsroute zwischen der Küste und dem Landesinneren darstellte.

Finnegan's Point (Alaska)

Der ausgetretene Weg am Ufer des Taiya River windet sich in leichtem Bergauf und Bergab durch wild wuchernde Wälder. Überall liegt eine Unmenge modernden Holzes, überwachsen von Moosen, Flechten und Farnen. Freigelegte Baumwurzeln liegen durcheinander auf ausgewaschenen Böden. Aus alten, umgestürzten Stämmen wächst neues Leben. Vor dem ersten Zeltplatz in Finnegan's Point führen Bohlen über die von Bibern aufgestauten Feuchtgebiete. Steinpilze, Rotkappen, aber auch giftige Fliegenpilze stehen Spalier. Wir sind froh, bei sommerlichen Temperaturen im kühlen Schatten der riesigen Hemlocktannen und Sitkafichten wandern zu können.

Canyon City (Alaska)

Nach etwa 12 km rasten wir am Wilderniszeltplatz in Canyon City. Wo der Taiya River gischtend in reißenden Schnellen aus einer engen Schlucht hervorspringt, rodeten die Goldsucher ehemals Wälder, um hier eine weitere Zeltstadt aus dem Boden zu stampfen. An die turbulente Vergangenheit erinnert ein alter Dampfkessel, der 50 PS Leistung brachte und die Seilbahn antrieb, die 1898 zwischen den Scales am Fuß des Passes (hier wurde das Gepäck gewogen und die Beförderungsgebühren ausgehandelt) und dem Chilkoot Pass verlief. Damals verband eine über 11 km lange Stromleitung Canyon City mit den Scales. Eine geplante Schmalspurstrecke bis zum Fuß des Passes wurde nie realisiert. Auf einigen Abschnitten des Trails wurden zwar verschiedene Seilbahnen gebaut, die Tonnen von Material beförderten, aber der Bau der Eisenbahnlinie über den benachbarten White Pass von Skagway nach Whitehorse machte auch diese Transportsysteme überflüssig. Hinter Canyon City steigt der Pfad steil an. Dieser Abschnitt zwischen Canyon City und Pleasant Camp war seinerzeit schwierig zu begehen. Im Winter versuchten die Menschen, ihre Habseligkeiten auf dem zugefrorenen Fluss zu transportieren, der sich tief unter uns schluchtartig in das Gelände eingräbt.

Sheep Camp (Alaska)

Noch am gleichen Tag nimmt uns Sheep Camp auf, das sich zwischen Wäldern und schroff aufragenden Bergen grün zeigt. Die Zelte müssen auf vorgefertigten Holzplatten abgespannt werden, da das Unterholz hier dermaßen wuchert, dass sich ebene Plätze kaum anbieten. In Sheep Camp wurden 1898 Geschäfte aller Art abgewickelt. Es gab eine beträchtliche Zahl von Hotels, Saloons und Restaurants. Dazu kamen Kaufläden, Bäckereien, ein Kaffeehaus, eine

Der Schnee am Chilkoot Pass hält sich lange. Hier oben betritt man kanadischen Boden.

Apotheke, ein Hospital und eine Tanzhalle. Bekannt war vor allem das Palmer House Hotel, weil es seinen Gästen auch fließendes Wasser anbieten konnte.

Chilkoot Pass (Alaska/Kanada)
Die hohen Berge auf beiden Seiten rücken näher zusammen, das Tal verengt sich. Zum Chilkoot Pass sind es noch gute 6 km. Bereits eine halbe Stunde hinter Sheep Camp steht man oberhalb der Baumgrenze, die Landschaft wirkt öde. Nun beginnt der steile, lang gezogene Anstieg zum 1067 m hohen Chilkoot Pass.

Nach heftigen Schneefällen waren Lawinen die größte Gefahr am Trail. Am 3. April 1898, am Palmsonntag, lösten sich gleich mehrere Lawinen von den schroffen Bergzügen am Long Hill zwischen Sheep Camp und den Scales und brachten Tod und Verderben. Das Unglück forderte 70 Opfer. Die Indianer, die als bezahlte Packkulis arbeiteten und die örtlichen Wetterverhältnisse gut kannten, weigerten sich an diesem schneereichen, nebelverhangenen Tag oberhalb von Sheep Camp Material für die Goldsucher zu tragen. Die gefährlichste Passage am Chilkoot Trail waren die »Golden Stairs«, ein bis zu 35° steiler, vereister Berghang, in den man unzählige Stufen geschlagen hatte, um besser voranzukommen. Obwohl die Lawinengefahr dort bekannt war, quälten sich Männer, Frauen und Kinder unter großen Strapazen von den Scales über die Golden Stairs hinauf zum Pass. Das war jedoch nur der Beginn einer ungewissen Reise zu den Goldadern im Yukon.

Wer es sich leisten konnte, ließ sein ganzes Gepäck mittels der 730 m langen Materialseilbahn transportieren, die die steilste und schwierigste Passage des Chilkoot Trail zwischen den Scales und der Passhöhe überwand. Sie wurde am 14. März 1898 eröffnet. Doch für die Seilbahnbetreiber, die Dyea-Klondike Transportation Company (DKT), ging es schon bald darauf

Der Bare Loon Lake gehört zu den landschaftlichen Attraktionen.

Der One Mile River, kurz vor der Mündung in den Lake Bennett.

mer hat die erschöpften Menschen weitergetrieben.

Unsere Tour wird nicht zur Tortur, sondern zum einmaligen Erlebnis. Über grell glitzernde Schneefelder streben wir dem Pass zu. Und dann ist man auf einmal in Kanada. Die Kanadier unterhalten dort oben eine Warden (Ranger) Station, die nur im kurzen Sommer besetzt ist. Die Fahne mit dem Ahornblatt weht im Wind, aber es ist niemand da. Die nun vor uns liegende Wanderstrecke vom Pass über Lindeman bis nach Bennett liegt in der kanadischen Provinz British Columbia, die hier mit einem relativ schmalen Gebiets-»Streifen« Alaska und den Yukon trennt.

Crater Lake (Kanada)

Über Schnee rutschen wir hinab zum blau leuchtenden Crater Lake. Die Abstiegsroute ist mit roten Fähnchen markiert. Bei Nebel weiß man sie als Orientierungshilfen zu schätzen. Dominieren in den Tälern am Taiya River in Alaska hochstämmige Regenwälder mit üppigem Pflanzenwuchs, so ist nun die Strecke nach Happy Camp von hochalpiner Kargheit geprägt. Erst in den Niederungen am Deep Lake wachsen auf sandigen Böden Kiefern.

Lindeman (Kanada)

Tags darauf nimmt uns bei sengender Hitze Lindeman City auf, das am gleichnamigen See liegt. Das eiskalte, über 16 km lange

wirtschaftlich bergab. Der Betrieb wurde eingestellt, da der Warentransport auf dem Yukon River via St. Michael am Norton Sound/Alaska stromaufwärts Richtung Dawson City zunahm. Die dort verkehrenden Dampfschiffe konnten mehr Fracht und auch Passagiere befördern. Bei dieser Schiffsroute lag die Schwierigkeit jedoch in den großen Entfernungen.

Was die Seilbahn anbetrifft, so sieht der Chilkoot-Wanderer heutzutage nur mehr einzelne verrostete Stahlseilkabel zwischen den Felsbrocken herumliegen. Viele Goldsucher hatten nicht die finanziellen Mittel für eine lange Schiffsreise. Sie waren auf sich allein gestellt und mussten viele Male hinauf- und hinunterklettern, bis sie ihr Hab und Gut auf der Passhöhe hatten. Das konnte Wochen dauern. Was für eine knochenharte Arbeit! Den kanadischen Grenzübergang auf der Passhöhe durfte nur passieren, wer eine Tonne Ausrüstung für ein Jahr vorzeigen konnte. Am 13. Februar 1898 errichtete die North West Mounted Police (NWMP) am Chilkoot Pass erstmals eine kleine Diensthütte aus rauem Segeltuch mit zwei Schlafplätzen. Die NWMP sorgte an diesem Ort für Recht und Ordnung, während im alaskanischen Skagway skrupellose Diebesbanden den Alltag beherrschten.

Wie gut es uns dagegen geht. Gewiss, auch wir sind von den steilen Aufstiegen über grobe Blöcke beansprucht und vom Schweiß durchnässt. Unser Gepäck ist aber allein auf den Rucksack beschränkt, mit Proviant für ein paar Tage. Nur mangelhaft bekleidet, litten die Edelmetallsucher erbärmlich unter der Kälte. Allein der eiserne Wille, der Gedanke an potenzielle Reichtü-

Gewässer verlockt zu einem entspannenden Fußbad.

Im Spätsommer des Jahres 1897 erreichten zunächst etwa 400 Männer und Frauen den Lake Lindeman. Damals entstand aus dem Nichts ein Ort mit 200 Zelten. Doch den Winter über kamen immer mehr Menschen an und Lindeman wuchs und wuchs. Im Frühjahr 1898 hielten sich dort vorübergehend 4000 Menschen auf. Wälder mussten weichen, Sägewerke arbeiteten Tag und Nacht. Saloons, Restaurants, Bäckereien und Hotels, die meisten davon aus rauem Leinwandstoff erstellt, schossen aus dem hart gefrorenen Boden, der sich im Frühjahr in knietiefen Morast verwandelte. Überall türmte sich der Abfall. Im Mai 1898 gab es 778 Boote im Lake Lindeman, 850 in Bennett sowie weitere 198 in Caribou Crossing und am Tagish Lake. In den folgenden Wochen wurden in der Gegend weitere 1200 Boote gebaut. Als das meterdicke Eis der Seen (Lindeman, Bennett und Tagish Lake sind untereinander verbunden – die Wasserwege führen zum Yukon River) im Frühsommer barst, setzte sich eine unvorstellbare Armada selbst gebauter, primitiver Schiffe und Flöße (sogenannte scows) in Bewegung. Der zweite Teil des Abenteuers begann. Auch auf den folgenden 880 Flusskilometern zu den ersehnten Goldfeldern bei Dawson City spielten sich Tragödien ab. Im Miles Canyon und in den gefährlichen Whitehorse Rapids verloren viele Menschen ihr Leben. Manche scheiterten gleich zu Beginn im blockreichen, schwer navigierbaren One Mile River, der den Lake Lindeman mit dem Lake Bennett verbindet. Von dem damaligen Raubbau ist kaum mehr etwas zu sehen. Die borealen Wälder mit herrlichen Beständen an Drehkiefern sind erneut herangewachsen.

Bare Loon Lake / Bennett (Kanada)

Auf der letzten Etappe treffen wir auf den kleinen Bare Loon Lake. Dort ist die Natur besonders schön. Und hier sein Zelt in der Nebensaison aufzustellen, ist immer ein Vergnügen. Dementsprechend sind in der Hauptwandersaison die begehrten Zeltplätze meistens belegt.

In Bennett, das nur aus einem Bahnhof, der 1898/1899 erbauten Holzkirche St. Andrew's Presbyterian Church und einem Wildniszeltplatz besteht, ist unsere Tour zu Ende.

Zurück nach Skagway (Alaska)

Mit dem Zug geht es über den White Pass an der Grenze Kanada/Alaska zurück nach

Die Fahrt von Bennett nach Skagway – von den Höhen des wilden Küstengebirges hinab zum Meer – begeistert nicht nur Eisenbahnfans.

Skagway. Die Fahrt über diesen Pass, durch Tunnels, vorbei an herrlichen Bergseen, senkrecht abfallenden Felswänden und tiefen Abgründen, über die sich abenteuerliche Eisenbahnbrücken spannen, ist atemberaubend. Der Bau der White-Pass-Strecke in der Pionierzeit des Eisenbahnbaus war eine technische Meisterleistung. Die Idee, eine Bahn über den White Pass – Luftlinie nur 10 km südöstlich des Chilkoot Pass – durch die Coast Mountains zu bauen, wurde 1898 geboren. Die Goldsucher fürchteten die Route über den White Pass, war sie doch meistens völlig verschlammt und für die Lastenpferde kaum zu bewältigen. Auch hier spielten sich Tragödien ab, wovon der Name Dead Horse Gulch, »die Schlucht der toten Pferde« zeugt. 1897/1898 starben dort über 3000 Pferde.

Trotz der zu erwartenden technischen Schwierigkeiten ließen sich die Initiatoren Sir Thomas Tancrede, britischer Unternehmer, und Michael J. Henry, kanadischer Eisenbahnbauer, der auch die Canadian Pacific Eisenbahnlinie mitbaute, nicht beirren. Zuerst ließ man in mühevoller Arbeit auf einer alten Indianerroute eine kühne Trasse durch die steilen Berghänge treiben. Ab April 1898 arbeiteten dann bis zu 2000 Mann an der Verlegung der Schienen. Der White Pass Summit (873 m) wurde im Februar 1899 bei Temperaturen um –50 °C erreicht. Am 6. Juli 1899 kam der erste Zug am Lake Bennett an. Der Chilkoot Trail, auch »the poor man's route« (»der Weg des armen Mannes«) genannt, geriet schnell in Vergessenheit. Im gleichen Jahr begannen die Kanadier von Whitehorse aus, den Schienenstrang voranzutreiben. Nach 27 Monaten Bauzeit dampfte am 29. Juli 1900 der erste Zug von Skagway nach Whitehorse. Der Höhepunkt des Goldrausches im Yukonland war aber bereits überschritten. Die Bahnstrecke zwischen Skagway, Bennett und Carcross wird heutzutage im kurzen Sommer noch als Touristenattraktion beibehalten.

Info Chilkoot Trail

Gut ausgetretener Trail, 53 km, 3–5 Tage, Zelt; führt von Alaska nach Kanada und ist Teil des Klondike Gold Rush International Historical Park, der vom US National Park Service und von Parks Canada beaufsichtigt wird.

Die Begehung ist gebührenpflichtig von Anfang Juni bis Anfang September. Maximal dürfen pro Tag nur 50 Personen über den Chilkoot Pass nach Kanada. Grenzübertritt, Pässe nicht vergessen! Die Hütten

bzw. Shelter an den Zeltplätzen dienen nur zum Kochen. Reservierung Monate im Voraus empfehlenswert; Permit-Ausgabe im Skagway Trail Center.
www.parkscanada.gc.ca/chilkoot,
www.nps.gov/klgo/planyourvisit/chilkoot-trail.htm.

Route: Startpunkt Dyea, 16 km von Skagway entfernt, Taxiservice (z. B. Frontier Excursions & Adventures, Tel. 907 983-2512), Zeltplatz, Ranger Station – Finnegan's Point (km 7,7; 61 m) – Canyon City (km 12,1; 76 m) – Pleasant Camp (km 16,9; 244 m) – Sheep Camp (km 20,3; 305 m, Ranger Station) – Chilkoot Pass (km 26,6; 1067 m, kanadische Warden Station) – Happy Camp (km 33; 899 m) – Deep Lake (km 37; 884 m) – Lindeman City (km 41,8; 670 m, Warden Station) – Bare Loon Lake (km 46,7; 747 m) – Endpunkt Bennett (km 53,1; 670 m). Der Bare Loon Cut Off Trail Richtung Log Cabin darf nicht mehr begangen werden.

Rückreise: Ab Bennett mit dem Zug (www.wpyr.com); wer nach Whitehorse muss, kann ab der Bahnstation Carcross oder Fraser mit dem Bus weiterreisen. Alternativ kann man sich in Bennett auch von einem Wasserflugzeug abholen lassen (Alpine Aviation, www.alpineaviationyukon.com, Tel. 867 668-7725, vor der Tour arrangieren).

Karten: Chilkoot Trail Klondike Gold Rush von National Geographic Nr. 254; Chilkoot Trail Map von Parks Canada.

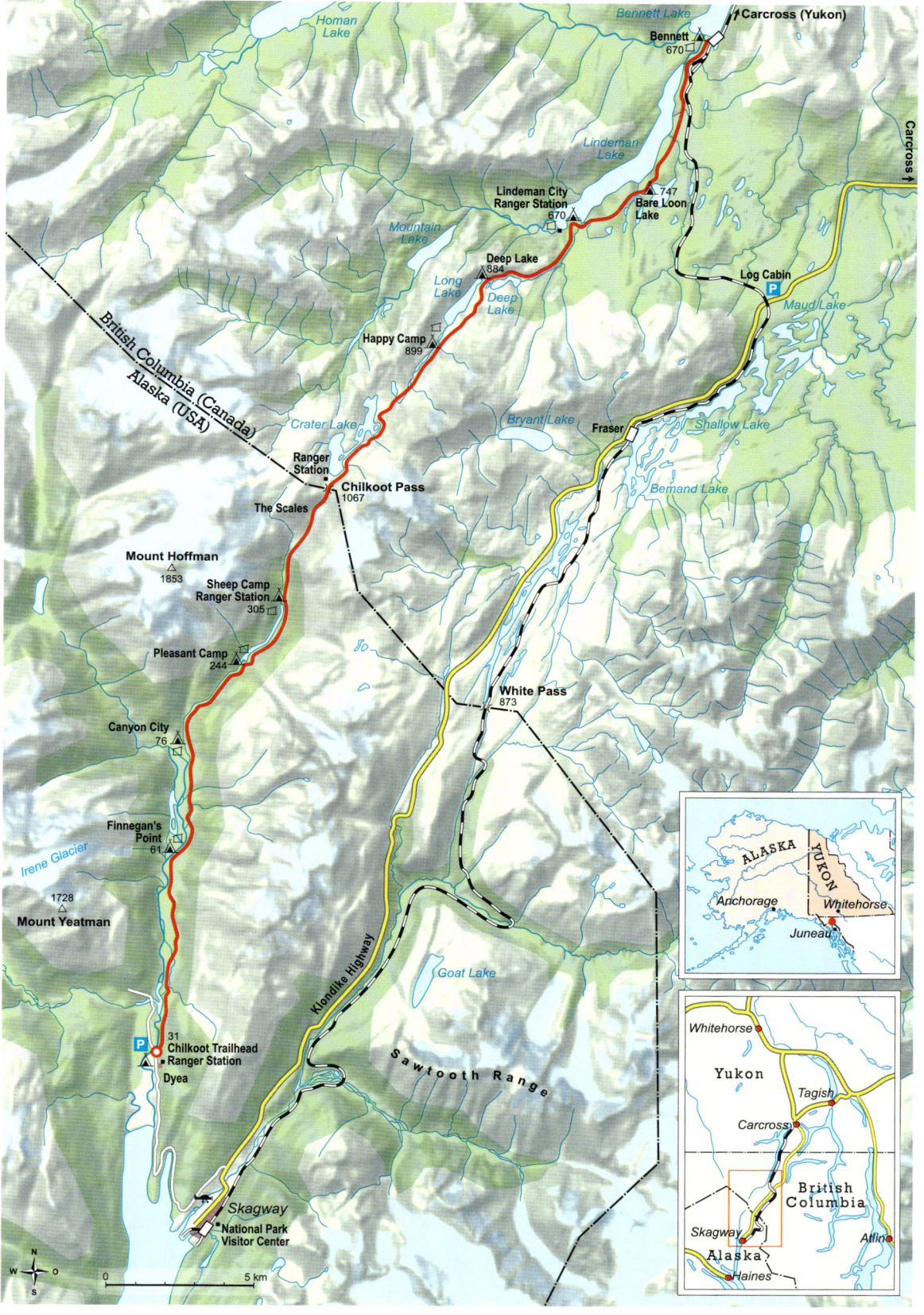

Glacier Bay – wo die Gletscher ins Meer kalben

Eine dramatische Szenerie aus Wasser, Fels und Eis bietet sich dem Besucher im Johns Hopkins Inlet. Im Hintergrund Mount Wilbur (rechts) und Mount Orville.

Der McBride Glacier ist ein immer noch sehr aktiver Gezeitengletscher.

Endlich, nach siebenstündigem Zwangsaufenthalt in Juneau wegen Dauerregens und schlechter Sicht, bringt unser junger Pilot die kleine viersitzige Maschine in die Luft. Sicherheit ist eben die oberste Devise der wagemutigen Buschpiloten. Er steuert an der Nordspitze von Admirality Island vorbei. Über der Icy Strait wird das Wetter wieder schlechter. Vom Flugzeug aus scheint das Wasser aufgewühlt, wie Zungen lecken die Wellen die felsige, bewaldete Küste. Überall treiben große Eisbrocken, die sich von den Gletschern gelöst haben. Bleigraue Wolken liegen schwer über den höheren Berggipfeln. Die Maschine kämpft bockend gegen den Wind. Unentwegt peitscht Regen gegen die Scheiben. Wenn man hier notlanden müsste … und ohne Schwimmer am Flugzeug! Als die kleine Maschine auf der Jet-tauglichen Betonpiste in Gustavus, dem Tor zur Glacier Bay, sicher zur Landung ansetzt, bin ich erleichtert. Auch auf der Fahrt vom Flugplatz über die Straße nach Bartlett Cove hänge ich nur einem Gedanken nach: Hoffentlich spielt das Wetter einigermaßen mit! Denn was für die temperierten Regenwälder an der Küste ein Segen ist, lässt manchen Touristen verzweifeln. Auch die Region um die Glacier Bay, die im nordwestlichen Teil des Panhandle liegt – dieser reicht von Yakutat im Nordwesten über 850 km bis zum Dixon Entrance im Südosten –, erweist sich als Wetterküche. Hier brauen sich oft Tiefdruckgebiete zusammen. Dann verschwindet die großartige Natur der Glacier Bay hinter einem Regen- und Nebelschleier. Trotzdem gehört dieser Landstrich zu den meistbesuchten Attraktionen Alaskas. Als wir unser Zelt im Wald von Bartlett Cove aufstellen, denke ich schon gar nicht mehr über das Wetter nach. Was soll's auch. Aufgrund des maritim geprägten Klimas gehört dort Regen eben zum Alltag.

Man kann sich nur schwer vorstellen, dass die Waldlandschaft, die wir bei Bartlett Cove überblicken, vor gut 200 Jahren noch von einem Gletscher bedeckt war. Auf den ersten Blick erinnert nichts mehr an den einstigen gewaltigen Eispanzer, unter dem dieses Gebiet damals lag.

Unser Bergsteigerzelt duckt sich unter den säulenförmig emporstrebenden Stämmen der Sitkafichten, die mit den Hemlocktannen ein dichtes Kronendach bilden. Es ist eine Schattenwelt. Nur gedämpftes Licht erreicht den Waldboden. Dicke Moospolster und verschiedene Flechten, die nur in reiner Luft so prächtig gedeihen, besiedeln Stämme und Äste der hochaufgeschossenen Bäume. Ein Pfad führt uns zum Bartlett River, an dem sich der grüne, undurchdringliche, dschungelhaft verwachsene Verhau aus dicken, dünnen, umgestürzten, kreuz und quer liegenden oder hoch aufragenden Bäumen besonders gut beobachten lässt. Bäume fallen hier nicht durch Axt und Säge, sondern aufgrund von Altersschwäche. Dadurch bieten vermoderte Baumriesen sowohl neuen Pflanzen die Grundlage zum Keimen als auch Vögeln ideale Nisthöhlen. Stachelbewehrte Devil's Club-Sträucher beschatten den moosgepolsterten Boden mit ihren großen Blättern. Sie kommen mit wenig Sonnenlicht zurecht. Ihre roten Beeren gehören zum Speiseplan der Bären.

Erfahrene Seekajakfahrer fühlen sich angesichts dieser eisigen Kulisse so richtig in ihrem Element.

Baumeister dieser wunderschönen Bucht mit den dümpelnden Eisschollen ist der McBride Glacier. Mit der Zeltplatzwahl am Eingang zur Bucht hat man möglicherweise eine gute Wahl getroffen, um von hier aus zu Erkundungstouren aufzubrechen.

Salzwasserpaddeln

Nach Nächten, in denen man öfter wach liegt und seltsamen Geräuschen lauscht, fällt einem das Aufstehen besonders schwer. Doch nicht an diesem Morgen! Ich glaube es kaum, der Wolkenvorhang gibt die Traumkulisse der über 4600 m hohen Fairweather Range frei! Die nordpazifische Meeresströmung sorgt heute nicht für Feuchtigkeit. Stattdessen bringt die Sonne Leben ins Land. Wellen plätschern sanft gegen die steinige, von tiefen, unwegsamen Wäldern begrenzte Küste; Schwalben zwitschern darüber hin. Am sonnigen Waldrand wurzeln buschige, übermannshohe Erlen. Weidenröschen, Lupinen und Bärenklau schmücken den Küstensaum.

Der Großteil der jährlich 400.000 Besucher bestaunt die Naturwunder des Nationalparks vom Deck der Kreuzfahrtschiffe aus oder bucht in der Glacier Bay Lodge eine Bootstour. Doch wer auf eigene Faust mit dem Seekajak eine Reise in die Welt der Inseln, Fjorde und Gletscher wagt, wird mit tollen Naturerlebnissen belohnt. Wer sich das zutraut, muss allerdings über eine dementsprechende Seekajakausrüstung verfügen, die in Bartlett Cove gemietet werden kann. Wetterschutzbekleidung, Verpflegung, Zelt, Kocher, Sprit, Kompass/GPS, nautische (topografische) Karten und andere wichtige Ausrüstungsgegenstände gehören unbedingt ins Gepäck. Wenn das Kajak seetüchtig, die Ausrüstung in wasserdichte Säcke verpackt und nicht zuletzt das »Tide Book Southeast Alaska« (Gezeitenbuch) mit an Bord ist, kann das Abenteuer beginnen.

Gleich vorweg: Die Strecke bis zu den ersten gletschergesäumten Fjorden beträgt 70 km, sie mit eigener Kraft zurückzulegen, kostet viel Schweiß. Daher lassen sich fast alle Kajakfahrer von einem Transportboot samt Kajak in einem der weitentfernten Fjorde absetzen.

East Arm mit Muir Inlet, Wachusett Inlet und Adams Inlet

Aus der Luft betrachtet gleicht die Glacier Bay einem Ypsilon, das im Osten von der Chilkat Range und im Westen von der Fairweather Range in die Zange genommen wird. Durch die Sitakaday Narrows gelangt man in die etwa 40 km lange untere Bucht. Eine weithin sichtbare, nicht zu verfehlende Landmarke ist der Mount Wright, der die Einfahrt zum breiten East Arm anzeigt. Diese Paddelstrecke besitzt historische Wurzeln. Sie folgt den Spuren John Muirs. Das lang gezogene Muir Inlet mit seinen unzähligen kleineren und größeren Buchten, wie etwa Sandy Cove, dem verschwiegenen Adams Inlet, wo vielleicht ein Bär, Wolf oder Elch bis ans Wasser kommt, Goose Cove und Nunatak Cove, vermittelt ein Gefühl von Abgeschiedenheit und Weite.

Doch es hat noch Besseres zu bieten. Im Wasser dümpelnde Eisschollen kommen in Sicht; Eisschollen, die vom kalbenden McBride Glacier stammen, dem einzigen, noch immer sehr aktiven Gezeitengletscher im East Arm. Der Riggs Glacier, der nur mehr ein sogenannter High Tide - Tidewater Glacier ist, und der 18 km lange Muir-Talgletscher bilden den Abschluss des East Arm. Von der Zivilisation ist man in dieser Region abgenabelt, denn größere Schiffe verkehren dort nicht. Auf vielen Touren im Hinterland ist »bushwhacking« durch Erlen- und Weidengestrüpp angesagt, durch das man sich hindurchschlagen muss.

Im West Arm: Der kalbende Lamplugh Glacier wird vom Brady Icefield genährt.

Die riesigen Schneemengen in den Höhenlagen bilden die Grundlage für die mächtigen Gletscher der Glacier Bay.

Der Mount Crillon in der Fairweather Range wurde 1934 von Bradford Washburn zum ersten Mal bestiegen.

Ein Klippen-Austernfischer. Auffällig die leuchtend gelbe, von einem roten Augenring umgebene Iris..

Spektakulärer Höhepunkt: der West Arm

Der West Arm, der sich 60 km weit in die Bergwelt eingeschnitten hat, schmückt sich mit Superlativen. Diese Strecke ist deshalb so eindrucksvoll, weil hier die Gletscher, die der Glacier Bay ihren Namen gaben, trotz Klimaerwärmung immer noch Parade stehen. Dieses Landschaftsbild wird durch eine Kette eisgekrönter Gipfel, Felsenküsten und Inseln vervollständigt. Auf einer Rundreise durch den West Arm passiert man zunächst das Hugh Miller Inlet, eine verwinkelte, buchtenreiche Fjordlandschaft, zu der die landschaftlich schöne Bucht Blue Mouse Cove gehört, die unter Seekajakfahrern bekannt ist. Die inneren Fjorde und Buchten des Hugh Miller Inlet sind eine Oase der Einsamkeit geblieben. Hier ist die Bucht Sundew Cove zu nennen, ein attraktiver Stützpunkt für Paddeltouren. Nach Westen hin entfalten sich die Gletscherflächen des 590 km² großen Brady Icefield mit dem imposanten, 3269 m hohen Mount La Perouse. Am Lamplugh Glacier, der vom Brady Icefield genährt wird, stürzen von der zerklüfteten Abbruchkante unter lautem Krachen tonnenschwere Eistürme und zahllose Eisbrocken in die eisigen Fluten. Den kalbenden Gletschern mit dem Seekajak zu nahe zu rücken, ist ein gefährliches, unberechenbares Wagnis. Man könnte meinen, dass man das Schönste schon gesehen hat, aber das Johns Hopkins Inlet, das vom Jaw Point bis zum Johns Hopkins Glacier gerade einmal 10 km misst, lässt die Kajakfahrerherzen noch höher schlagen. Felsbastionen, Eisdome, über steile Bergflanken abbrechende Gletscher, dazu treibendes Eis übernehmen hier das Regiment. Eine außergewöhnliche, eiskalte Schönheit ist diesem Fjord beschieden, einer der attraktivsten Landschaften Südost-Alaskas. Diese Abenteuertour ist aber nur Leuten mit Seekajakerfahrung zu empfehlen. Im benachbarten Tarr Inlet ist es mit der Unberührtheit vorbei. Alle Touristenschiffe nehmen Kurs auf die großartigen Gezeitengletscher Margerie und Grand Pacific.

Auch auf der anderen Seite des West Arm, im Rendu, Queen und Tidal Inlet gibt es lohnende Routen für Seekajakfahrer.

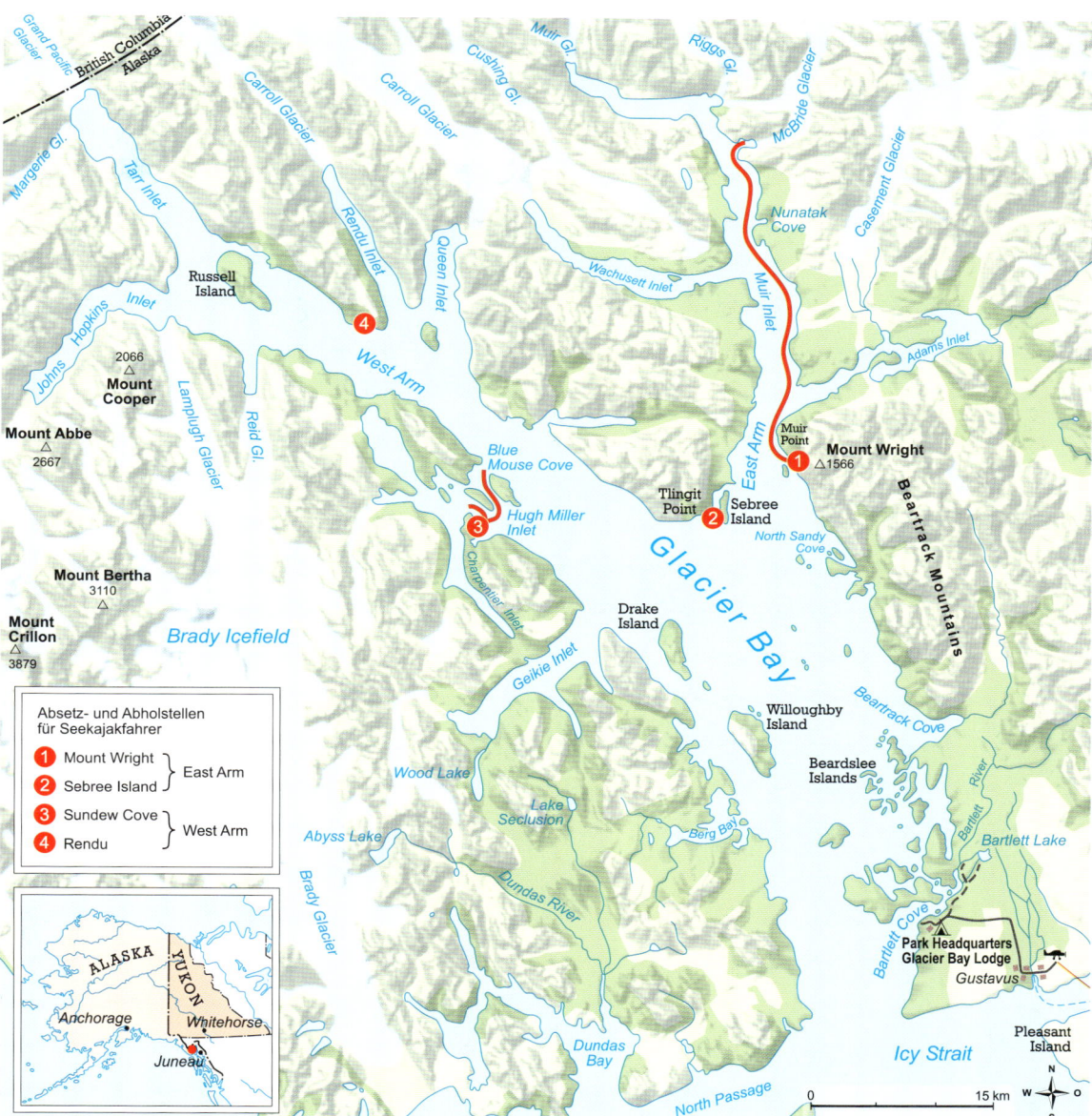

Info Glacier Bay

Die Glacier Bay ist nur per Flugzeug bzw. mit Fähren des Alaska Marine Highway System (AMHS) zu erreichen. Regelmäßige Flugverbindungen gibt es zwischen Juneau und Gustavus. Von dort aus erreicht man Bartlett Cove, Ausgangspunkt für Touren in die Glacier Bay, mit dem Taxi (Tel. 907 697-2239). In Bartlett Cove erhält man nach der Anmeldung in der Visitor Information Station (Backcountry Office) ein Permit. Bartlett Cove Camping, 33 Plätze, Reservierung nicht notwendig (»first come first serve«).

2014 gab es 4 Drop-off- und Pick-up-Punkte für Seekajaktouren: Mount Wright (East Arm), Sebree Island (East Arm), Sundew Cove (West Arm), Rendu Inlet (West Arm). Die Absetz- bzw. Abholpunkte können sich aufgrund von Bären- und Walaktivitäten und/oder gezeitenbedingter Schwankungen des Meeresspegels an der Küstenlinie ändern.
www.nps.gov/glba
www.glacierbayseakayaks.com
www.visitglacierbay.com
www.dot.state.ak.us/amhs/index.shtml
Route 1: Start- und Endpunkt Mount Wright – Muir Point – Nunatak Cove – McBride Glacier, ca. 6–7 Tage, Zelt.
Route 2: Start- und Endpunkt Sundew Cove – Hugh Miller Inlet – Blue Mouse Cove, je nach Streckenwahl ca. 7 Tage, Zelt.
Karte: Glacier Bay National Park Trail Map, Nr. 255 von National Geographic (Überblick).

Kluane – im Schatten der Eisriesen

Ein schönes Stück Erde: Der Kathleen Lake mit dem King's Throne im Hintergrund.

Amerikanische Zitterpappeln.

Der Kluane National Park und der sich übergangslos westwärts anschließende Wrangell-St. Elias National Park in Alaska wurden 1979 von der UNESCO als World Heritage Site ausgezeichnet; eine einzigartige, länderübergreifende, über 74.000 km² große Urlandschaft von globaler Bedeutung, die vor jeder Ausbeutung durch den Menschen geschützt werden soll. Die beiden Nationalparks sind insofern ungewöhnlich, als riesige Flächen mit einem Eispanzer überzogen sind.

Der 21.980 km² große kanadische Kluane National Park & Reserve umschließt weiträumige, vergletscherte Bergmassive in der südwestlichsten Ecke des Yukon. Im Nationalpark bestimmt die Gebirgskette der St. Elias Mountains mit mehr als 20 Gipfeln über 4200 m die Hochgebirgsszenerie. Die St. Elias Mountains sind die höchste Gebirgskette Kanadas. Und die jüngste: Die wichtigste Periode intensiver Gebirgsbildung fand vor rund acht Millionen Jahren statt. Der König unter den Eisgipfeln ist mit 5959 m der Mount Logan, Kanadas höchster Berg, der nach Sir William Logan, dem Gründer des Geological Survey of Canada, benannt wurde. Mehr noch als die absolute Höhe sagen die Abgeschiedenheit und die extremen Witterungsbedingungen etwas über Schwierigkeiten und Dauer von Bergbesteigungen in der Icefield Range aus. Dies ist eine unberührte, arktische Landschaft ohne Wege und Hütten. Der mit 800 Einwohnern größte Ort der Region, Haines Junction, liegt 205 km nordöstlich des Mount Logan, der ein begehrtes, aber schwieriges Ziel von Expeditionsbergsteigern aus aller Welt ist. Am 23. Juni 1925 gelang nach einer fast zwei Monate dauernden, abenteuerlichen Expedition unter der Führung des Alpine Club of Canada erstmals die Gipfelbesteigung.

Die 750 km lange St.-Elias-Kette bildet die Wetterscheide. Die vom nahen Pazifik heranziehenden Wolkenmassen bleiben an den Gipfeln hängen und geben enorme Niederschlagsmengen, vorwiegend als Schnee, ab. Die tief in die breiten Täler hinabdrängenden Gletscherströme sind die eigentlichen Wahrzeichen des Nationalparks. Den Großteil der mehr als 2000 Gletscher im Kluane bekommt man nicht ohne Weiteres zu sehen, denn sie verstecken sich im Hinterland.

Im Kluane National Park unterwegs zu sein, heißt auch, überall Wasser zu erleben – wo das Eis endet, beginnen die großen Flüsse. Der Lowell ist der erste große Gletscher, der den Alsek, den Fluss der Flüsse, speist. Mit ungeheurer Wasserwucht stürmt er, vorbei an berstenden Eiswänden und durch enge Canyons, dem Pazifik entgegen. Selbst bei Niedrigwasser bleibt die Befahrung ein riskantes Unternehmen und nur Extrem-Kajakfahrern vorbehalten. 1986 wurde der Alsek zum Canadian Heritage River proklamiert, ein Naturerbe, das sich selbst überlassen werden soll.

Auch am Donjek und Tatshenshini kann man die ungebändigte Kraft der Flüsse beobachten, die riesige Schmelzwassermengen aufnehmen. Rastlos befördert das fließende Eis tonnenschweren Gesteinsschutt, der von tosenden Bächen und Flüssen mitgerissen, zerkleinert und zu feinem Sand zermahlen wird. Er verleiht dem Wasser seine milchige Färbung. Der Slims River, der sein sandfarbenes Wasser in den türkisblauen Kluane Lake entlässt, zeugt am besten davon.

Der St. Elias Lake im Kluane National Park, nahe dem Haines Highway.

Einen ausgeprägten eigenen Charakter weist die am Alaska Highway und am Haines Highway emporsteigende Kluane Front Range auf. Sie ist der »grüne Gürtel« des Nationalparks. Nirgendwo im Yukon gibt es so viele gebahnte Wege und Pfade wie dort. Die Berge der Front Range zwischen Donjek River und Tatshenshini River sind aber alles andere als eine sanfte, romantische Hügellandschaft. Die schroffen, allerdings teilweise zugänglichen Gipfel vor den Eisriesen sind ausgesprochen alpin geprägt. Aber neben den eigentlichen Gipfelzielen gibt es noch andere beeindruckende Routen entlang von Flüssen, durch Wälder, Täler und über hoch gelegene Pässe. Da ist für jeden Geschmack etwas dabei, aber auch hier darf keine Tour unterschätzt werden.

Auf allen Strecken ist Ausdauer und Orientierungssinn gefragt. Und noch etwas: Es gibt nirgends Unterkunftshütten.

King's Throne
Heute steht der 1990 m hohe King's Throne auf unserer Berg-Wunschliste. Wir freuen uns, Höhenluft schnuppern zu dürfen. Der wuchtige Gipfelaufbau ähnelt in seinem Aussehen tatsächlich einem Königsthron. Seine unteren Flanken sind dicht bewaldet. Im grellen Sonnenlicht mühen wir uns auf einem Steig zuerst einen Geröllhang hinauf. Dann geht es auf der Ostseite über einen lang gezogenen, teilweise steilen Gratrücken in Richtung Gipfel. Die 1260 Höhenmeter Aufstieg lohnen sich, denn der King's Throne ist ein grandioser Aussichtsberg. Wir kommen aus dem Staunen nicht mehr heraus, als sich tief unten Kathleen und Louise Lake ins Blickfeld schieben und die azurblauen Wasserflächen im Sonnenlicht glänzen wie die Lagunen eines Südseeparadieses. Vom deutlich zu erkennenden Cottonwood Trail wandert unser Blick hinüber zum Sockeye Lake, der wie ein smaragdgrüner Edelstein aus den Wäldern herüberblitzt. Weite, aber auch tief eingekerbte, üppige Täler werden sichtbar, über denen die Berge der Front Range emporsteigen. Sie nehmen sich aber gegenüber den in der Ferne hintereinander aufgereihten Eisgiganten eher bescheiden aus. Das nach Westen stetig an Höhe zunehmende,

Auf dem Gipfel des King's Throne.

Die Auriol Range spiegelt sich im stillen Wasser des Kathleen Lake. Der Cottonwood-Trail-Wanderer kommt nah an den See heran.

eisgekrönte Gipfelgewoge ragt fast 6000 m in den Himmel. Tief unten im Shakwak Valley haben Balsampappeln und Espen ihr buntes Herbstkleid angezogen. Wasser hat tiefe Rinnen in das weiche, geologisch junge Gestein der Berghänge gegraben. Die Sonne entlockt den mineralreichen, steilwandigen Ausläufern der Auriol Range im Westen leuchtende Farben. Übergangslos brechen sie dann zum Kathleen und Louise Lake hin ab.

Cottonwood Trail, Sockeye Lake
Als möglichen Auftakt für einen längeren Backpacking-Urlaub im Nationalpark könnte man den Cottonwood Trail wählen. Der am besten markierte Pfad im Kluane National Park folgt zeitweise alten Bergwerkswegen. Die Bereiche nach den Cottonwood Flats zwischen Virgin Creek und Dalton Creek sind etwas alpin geprägt. Die meiste Zeit aber schlängelt sich der Weg durch Wälder und verläuft in Einsenkungen, die dem Wanderer die Sicht nehmen. Mehrmals quert er Bäche, die durchwatet werden müssen. Die Etappe auf der 16 km langen, eintönigen Mush Lake Road hinaus zum Haines Highway, dem Endpunkt der Tour, fordert nur eins: Durchhaltevermögen. Wem die ganze Tour zu lang ist, kann eine kürzere Variante zum Sockeye Lake wählen, der wegen seines Fischreichtums bekannt ist. Aber hier gilt: Angeln verboten.

Alsek Trail

Ein Blick auf die Karte genügt, um zu erkennen, dass die gesamte Marschroute zum Alsek River ziemlich flach durch das weite Tal des Dezadeash River verläuft. Weite Strecken führen über Schotterterrassen, unser Wanderweg wird aber auch von dichten Nadel- und schönen Pappelwäldern gesäumt. Die Neugierde treibt uns bis zum Alsek River, den Fluss der Flüsse, dem allerlei Geschichten über extreme Kajakabenteuer anhaften. Doch dort, wo er die Wassermassen der Flüsse Dezadeash, Kaskawulsh und Dusty aufnimmt, entpuppt er sich noch als ganz harmlos.

Decoeli, Kimberley Meadow

Eine weitere Tour führt zum Mount Decoeli. Seiner freien Lage am Rand der Shakwak Trench verdankt er die großartige Rundsicht. Der weglose Aufstieg bietet immer schönere Eindrücke, stellt aber auch stetig zunehmende konditionelle Anforderungen. Er beginnt am 1004 m hoch gelegenen Bear Creek Summit am Alaska Highway. Vom Gipfel aus ist in der Ferne die gewaltige Icefield Range zu sehen. Doch zu entdecken gibt es noch mehr! Von hier aus haben wir die nicht allzu weit entfernte Kimberley Meadow im Blickfeld, ein weites alpines Tundragelände, das eine melancholische Ruhe ausstrahlt. Ein stimmungsvoller, fast idyllischer Kontrast zur steilen Welt der Berge.

Kombinationstour: Erweitert man die Decoeli-Runde über Kimberley Meadow und kehrt dann zum Alaska Highway zurück, kann man auf dieser Mehrtages-Zelttour ein wunderschönes, einsames Stück Kluane Front Range kennenlernen. Nur auf der Schlussetappe muss man den Einstieg in eine alte Mining Road finden, die sicher aus der bisher weglosen Berg- und Waldwildnis hinaus bis zum Alaska Highway leitet.

Slims River West mit Observation Mountain

Unsere Wanderreise setzen wir 74 km nordwestlich von Haines Junction am Alaska Highway fort. Beliebt ist die Slims-River-West-Tour wegen des großartigen Panoramablicks vom Observation Mountain auf den Kaskawulsh Glacier. Für manche ist es die attraktivste Tour im Kluane. Als Ausgangspunkt dient das Sheep Mountain Visitor Center. Drei Tage Zeit müssen sein. Mindestens!

Der mit einzelnen Holzpfosten markierte Weg verläuft auf den ersten 22 km überwiegend flach. Geübte Wanderer werden bei der Querung des Bullion Creek keine Probleme haben. Im Frühsommer, nach der Schneeschmelze, ist hier trotzdem Vorsicht geboten. Der Weg ist inzwischen zum Pfad geworden; zwar immer deutlich sichtbar, aber doch wesentlich schmaler als am Anfang der Tour. Die Sonne brennt; für Kühlung sorgt der Gletscherwind. Das tut gut!

Noch versperren aber die Berge der Front Range die Sicht auf den Kaskawulsh. Blickfang auf dem breiten Talboden sind Sanddünen, Sumpfwiesen, Schuttkegel und der schlammbeladene Slims River, der eher einem See als einem Fluss gleicht. Der Slims River kann tödlich sein, ihm fielen schon Pferde zum Opfer, die im Schlamm versanken. Also nicht zu nahe herantreten!

Apropos Gefahr: Wie überall sind Begegnungen mit Grizzlybären auch hier immer möglich. Auf unserem Waldpfad haben sie den Boden auf der Suche nach Wurzeln regelrecht umgepflügt. Ich werde das Gefühl nicht los, dass sie ständig in der Nähe sind. Mit lautem Reden signalisieren wir jedenfalls unsere Position. Die 200 bis 300 Kluane Grizzlys bilden die größte Population in einem kanadischen Nationalpark.

Die erste Tagesetappe endet mit einem kurzen, steilen Anstieg. Statt einer Berghütte wartet ein primitiver Wildniszeltplatz. Viele Backpacker sind zum Kaskawulsh nicht unterwegs. Gerade einmal vier Zelte stehen hier am Slims River. Eine Quelle spendet reines Trinkwasser; das Wasser des Flusses ist kaum vom feinen Sand zu reinigen.

Am nächsten Tag müssen 1200 Höhenmeter im weglosen Gelände überwunden werden. Das ist schon mehr als eine beschauliche Wanderung. Vier Deutsche, zwei Franzosen und ein Japaner haben nur einen Wunsch: vom Gipfel des Observation Mountain auf den Kaskawulsh Glacier

Der South Arm Kaskawulsh Glacier fließt durch die Berge am Rand der Icefield Range. Im Vordergrund ein Ausläufer des Observation Mountain.

zu blicken, der Teil eines riesigen Gletschersystems ist. Wir können auf einer Hängebrücke das tosende Wasser des Canada Creek überqueren. Diese Brücke wurde aber längst vom Frühjahrshochwasser mitgerissen und auch nicht wieder aufgebaut. Über Sand und Geröll geht es vom Canada Creek weiter aufwärts zum Columbia Creek. Gelegentlich markieren Steinmänner als Wegweiser die Route. Der Talgrund verengt sich. Nun führen Steigspuren weg vom Tal und über einen Rücken steil hinauf. Der Aufstieg zum Observation Mountain beginnt. Die Gruppe hat sich längst auseinandergezogen. Die Franzosen gehen allein. Der Japaner ist nicht zu sehen. Abends, am Wildniszeltplatz, erfahren wir von ihm, dass er wegen eines Grizzlybären umgekehrt ist. Die verlockenden, seiner Kleidung anhaftenden Gerüche zogen den Bären in seine Nähe. Auf seine Vorliebe für deftige Speckgerichte hätte der Japaner in der Wildnis verzichten sollen! Wir haben uns mit Markus und Andreas aus dem Allgäu zusammengeschlossen, die wir im Yukon kennengelernt haben. Sie kommen gerade von einer Kanubefahrung des Peel River und wollen nun die Paddel mit den Bergschuhen tauschen. Die Höhe macht sich positiv bemerkbar: Zum ersten Mal sehen wir mehr von den Bergen der Donjek Range im Nordwesten. Dort ist niemand unterwegs. Zu brüchig ist das Gestein. Schluchtartig graben sich die Bäche ein und erschweren den Zustieg. Wir

Der von den Schmelzwassern der Gletscher gespeiste, milchig-graue Slims River vermischt sich mit dem türkisfarbenen Kluane Lake.

Blick auf das Slims River Valley vom Sheep Mountain. Die Bergpfade dort haben nicht Bergwanderer, sondern Generationen von Dallschafen geschaffen.

haben es besser. Weite alpine Tundraböden erleichtern das Steigen. Das Gras wächst kaum mehr über die Schuhsohlen hinaus. Herrlich ist es hier. Mit jedem Schritt bergauf rücken im Süden die Gletscherberge der Icefield Range mehr und mehr aus der Deckung. Oben, auf 2114 m, sind wir vom Ausblick überwältigt. Bei Wetterglück eröffnet sich ein umwerfendes Landschaftsbild, das an gigantische, polare Eiswüsten erinnert. Kein Gletscherstrom im Kluane ist für Backpacker so gut erreichbar wie der 70 km lange Kaskawulsh.

Sheep Mountain (indianisch: Tachal Dhal), Bullion Plateau

Zurück zum Sheep-Mountain-Informationszentrum am Alaska Highway. Hier beginnen weitere klassische Routen. Gipfelstürmer steuern den Sheep Mountain selbst an. Der Name verweist auf die Dallschafe, die hier sehr zahlreich die steilen Bergflanken aufsuchen. Wer dort wandert, sieht ihre Steigspuren. Nähert man sich auf dem Alaska Highway dem Kluane Lake von Südosten, springt einem der von Rinnen durchzogene, wuchtige Berg mit dem lang gestreckten Gratrücken sofort ins Auge. Wer Orientierungssinn mitbringt, findet eine direkte, weglose, steile Anstiegsroute bis zum Gipfel, die in unmittelbarer Nähe des Visitor Center am Kluane Lake beginnt. Oben sind dann alle Anstrengungen vergessen. Es bietet sich ein faszinierender Tiefblick auf den türkisblauen Kluane Lake und das weitausladende Slims River Valley bis hinüber zum Observation Mountain.

Schaut man vom 1965 m hohen Sheep Mountain nach Westen, fällt unter den markanten Erhebungen des Red Castle Ridge besonders das auf etwa 1820 m ansteigende Bullion Plateau auf. Die weite, grasige Hochebene wirkt einladend, zumal auch der Zustieg dorthin über eine alte, aufgelassene Mining Road, einen Bergbauweg, völlig problemlos ist. Aber dieses Gebiet – das sei ausdrücklich vermerkt – ist wie der Cottonwood Trail vor allem wegen der Anwesenheit von Bärinnen mit Jungen gelegentlich gesperrt: »Closed, because of too much bear activity.« Einmal konnten wir die Tour in Angriff nehmen. Der Reiz der Wanderung nimmt zu, sobald man die Waldgrenze hinter sich lässt und in die pfadlose, alpine Tundra hineinwandert. Dann eröffnet sich der freie Ausblick bis zum Mount Maxwell im Süden. Dieser Berg liegt am Rand der Icefield Range, die den größten Teil des Nationalparks einnimmt.

Nun wird auch klar, warum der Red Castle Ridge diesen Namen bekam, aber wir bleiben auf Distanz zu den hohen, steil abstürzenden roten Felsen. Auch das Bullion Plateau verlangt Achtsamkeit: der schon erwähnten Bären wegen, die hier immer umherstreifen. Das Bullion Plateau und der sich westwärts anschließende Red Castle Ridge liegen Luftlinie nur etwa 8 km nordwestlich des Sheep Mountain Visitor Center. Wer Ausdauer mitbringt, kann die Tour vom Bullion Plateau aus weiter über den Congdon Creek bis zum Kluane Lake fortsetzen.

Um Fettpolster anzusetzen, müssen Grizzlys in den subarktischen und arktischen Regionen auf der Suche nach Fressbarem weite Wege zurücklegen. Ein Tier beansprucht dort rund 500 km².

Info Kluane

Für Übernachtungstouren ist ein Permit (Berechtigungsschein) notwendig. Das Mitführen einer Waffe ist im Kluane verboten. Auskünfte erteilt das Nationalpark-Büro, das im Kulturzentrum in Haines Junction untergebracht ist. Das Informationszentrum am Sheep Mountain, 74 km nordwestlich von Haines Junction, ist für diejenigen Trekker interessant, die im Bereich Slims River Touren planen.
www.pc.gc.ca/eng/pn-np/yt/kluane
www.pc.gc.ca/eng/pn-np/yt/kluane/activ/1.aspx
www.environmentyukon.gov.yk.ca

King's Throne (1990 m)
Berg-Tagestour, 16 km hin und zurück, Wald, Geröll, alpine Tundra, Pfad, Trittspuren.
Route: Start- und Endpunkt Parkplatz Nähe Kathleen Lake Day Use Area (ca. 730 m) über linke (ostseitig) Schulter zum Gipfel.
Karte: Kathleen Lake 115 A/11.

Cottonwood Trail
68,6 km zur Mush Lake Road, dann 16 km zum Haines Highway, 4–5 Tage, Zelt, Flussquerungen, Markierungspfosten, kann wegen hoher Bärendichte gesperrt werden.
Route: Startpunkt Parkplatz Nähe Kathleen Lake Day Use Area – Goat Creek – Victoria Creek – Johobo Lake – Cottonwood Flats – Dalton Creek – Alder Creek Flats – Endpunkt Beloud Post an der Haines Road/Dezadeash Lake.
Karten: Dezadeash 1:250.000 (115 A) oder Detailkarten Kathleen Lakes 115 A/11, Auriol Range 115 A/12, Mush Lake 115 A/6, Cottonwood Lakes 115 A/5.

Sockeye Lake Trail
56 km hin und zurück, 2–4 Tage, Zelt.
Route: Start- und Endpunkt Parkplatz Nähe Kathleen Lake Day Use Area – bis km 26 auf dem Cottonwood Trail – Abzweigung zum Sockeye Lake (km 28), Campsites am Victoria Creek.
Karten: Kathleen Lakes 115 A/11, Auriol Range 115 A/12.

Alsek Trail
42 km hin und zurück, 2–3 Tage, Zelt, weite Schotterterrassen.
Route: Start- und Endpunkt Parkplatz in der Nygren Subdivision, 11 km nordwestlich von Haines Junction – Markierungspfosten km 6,1, Nationalparkgrenze – Markierungspfosten km 11,6 – Markierungspfosten km 15,4, Ende des schottrigen Fahrweges, Schranke, Zeltmöglichkeiten – Markierungspfosten km 20,9, Zeltmöglichkeiten, Blick auf Profile Mountain – Abstecher Alsek.
Karten: Kloo Lake 115 A/13, Auriol Range 115 A/12.

Mount Decoeli (2332 m)
Berg-Tagestour, Zwergstrauchvegetation, alpine Tundra, Geröll, weglos.
Route: Start- und Endpunkt Bear Creek Summit (1004 m) am Alaska Highway (18 km nordwestlich von Haines Junction) – Decoeli Pass – Gipfel.
Karte: Kloo Lake 115 A/13.

Kimberley Meadow
35 km, 3 Tage, Zelt, weglos, Flussquerung.
Route: Startpunkt Bear Creek Summit am Alaska Highway – Decoeli Pass (ca. 1880 m) – Kimberley Meadow – alte Hütte an einem Mining-Trail (ca. 1000 m) – Jarvis River – Endpunkt Alaska Highway.
Karten: Kloo Lake 115 A/13, Jarvis River 115 B/16.

Slims River West Trail

Weglose Route zum Observation Mountain (2114 m), 60 km hin und zurück, 3–5 Tage, Zelt, ausgetretener Pfad mit Pfosten und Steinmarkierungen bis km 22,5, Flussquerungen, hohe Bärendichte im Slims River Valley.

Route: Start- und Endpunkt Warden's Cabin – Sheep Creek – Bullion Creek bei km 5,8 – primitiver Zeltplatz bei km 22,5 (ca. 920 m) – Canada Creek Querung – Observation Mountain-Gipfel bei km 30,4.

Karten: Slims River 115 B/15, Congdon Creek 115 G/2.

Sheep Mountain (1965 m)

Berg-Tagestour, alpine Tundra, Pfad, Trittspuren.

Route: Start- und Endpunkt Warden's Cabin (ca. 800 m, Nähe Sheep Mountain Visitor Center) – Sheep Mountain Abzweigung bei km 0,5 – Sheep Creek Abzweigung bei km 3,8 – Hoodoos (auffällige Gesteinsformationen) bei km 4,8 – ab hier Aufstieg zum lang gezogenen Kamm.

Variante für erfahrene Bergwanderer: Startpunkt Alaska Highway/Nähe Booteinlassstelle am Kluane Lake, direkter Aufstieg zum Sheep Mountain, weglos, keine Markierungen, wenig begangen, Abstieg über Normalroute (Hoodoos) – Endpunkt Warden's Cabin (ca. 800 m, Nähe Sheep Mountain Visitor Center).

Karte: Congdon Creek 115 G/2.

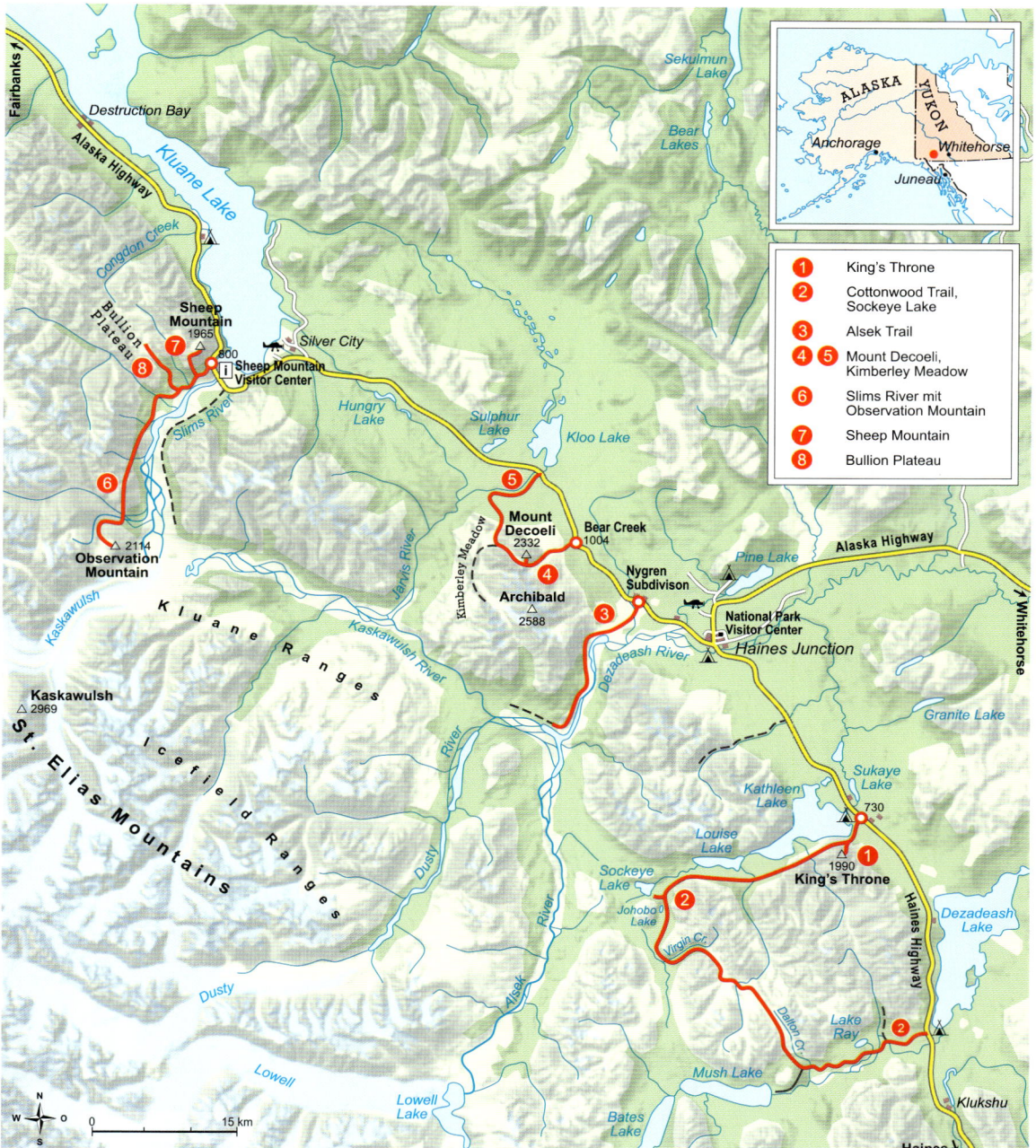

Bullion Plateau (ca. 1820 m)

Berg-Tagestour, 28 km hin und zurück bis zum Fuß des Red Castle Ridge, weite alpine Tundrafläche, Übernachten verboten, oft hohe Bärendichte.

Route: Start- und Endpunkt Warden's Cabin (ca. 800 m) – Slims River Trail – bei km 2,8 Abzweigung nordwärts zu einer Mining Road – später Pfad – bei km 6,4 ein Wetteraufzeichnungsgerät – bei km 9,3 direkter wegloser Aufstieg in die Tundra oder bei Pfosten km 12.

Karten: Congdon Creek 115 G/2, Slims River 115 B/15.

Wrangell und St. Elias – mit den Eisströmen auf Tuchfühlung

Das prächtige Massiv der 3636 m hohen Grand Parapet lockt mit Eiswänden und messerscharfen Graten.

Schmelzwassersee auf dem Root Glacier.

Einige der höchsten Gipfel der USA, unter ihnen der 5489 m hohe Mount St. Elias, gewaltige Gletscher, unzählige Bäche, Flüsse und Ströme wie der Copper River, die in diesen Eiswüsten geboren werden, prägen diese ungebändigte, in weiten Teilen völlig unzugängliche, menschenleere Wildnis. Drei mächtige Gebirgsketten, die Chugach, die Wrangell und die St. Elias Range, die einen gewaltigen Sperr-Riegel zwischen der Golfküste und dem Inneren Alaskas darstellen, durchziehen von Nordwest nach Südost den Wrangell-St. Elias National Park and Preserve, den mit 52.600 km² größten Nationalpark in den Vereinigten Staaten. Er wurde von der UNESCO als Weltnaturerbe der Menschheit ausgezeichnet.

In einem weit ausholenden Bogen rücken die 400 km langen und bis zu 100 km breiten Chugach Mountains, die bei Anchorage ihren Anfang nehmen, in vielen Gebirgsketten und Massiven, durchbrochen von Senken und Hochebenen, nahe an den Golf von Alaska heran. Kein Gipfel des Chugach-Gebirges erreicht innerhalb des Nationalparks die Viertausendergrenze. Aber die Eisflächen der Chugach Mountains, aus denen unzählige Berginseln herausragen, sind mit 21600 km² die größten in Alaska. Der Bering Glacier und das bis zu 1000 m dicke Bagley Icefield (auch Bagley Ice Valley genannt) gehören zu diesem ausgedehnten Gebirgssystem, das sich nach Osten hin in den riesigen Dimensionen der 750 km langen und bis zu 180 km breiten St. Elias Mountains mit dem Malaspina Glacier fortsetzt. Die Gletscher strömen in breiten Zungen zerschrundeten Eises wie zähflüssige Lava von den Hochflächen hinunter in die Küstenebenen. Dies ist eine Welt für sich geblieben, voller Schönheit und Dramatik, die ihr Gesicht ständig verändert.

Nordöstlich von Icy Bay, wo die Grenze zwischen Alaska und Kanada fast einen rechten Winkel bildet, schwingt sich die imposante Kulisse der St.-Elias-Gebirgskette zu ihrer größten Höhe empor. Wenn das Haupt des mächtigen, 5489 m hohen Mount St. Elias nicht gerade von wogenden Wolken verhüllt ist, ist er vom 24 km entfernten Golf von Alaska zu sehen. Ein gewaltiges Stück Hochgebirgswildnis stellen die von vulkanischer Aktivität geprägten Wrangell Mountains dar, die den Nationalpark nach Norden hin abschirmen. Wie Perlen an einer Schnur reihen sich dort die massigen, eisgepanzerten Vulkanberge Drum (3661 m), Sanford (4949 m), Wrangell (4317 m), Jarvis (4091 m) und Blackburn (4996 m) auf. Alle diese Gletscherberge bilden eine ausgedehnte, 8300 km² große Eismasse, die vielerorts weit in die Täler hinabgleitet. Der 80 km lange Nabesna Glacier zählt zu den längsten Inlandgletschern Nordamerikas.

Der Wrangell-Gebirgszug liegt an einer sehr aktiven Nahtstelle der Erdkruste, die sich von Südamerika nach Alaska und weiter über Japan und Indonesien bis zu den Inseln im Südpazifik hinzieht. Daher mischt sich in die Freude über die Schönheit des unberührten Gebirges auch die Furcht, dass die Natur ihre Gewalt eines Tages wieder entfesseln könnte. Denn tief im Erdinneren ablaufende Vorgänge machen sich auch am Mount Wrangell bemerkbar, einem Schildvulkan mit einer 4 x 6 km großen und 1000 m tiefen, eisgefüllten Caldera. So registrieren Vulkanologen immer wieder

Vielfach verzweigt: der Nizina River in seinem breiten Schotterbett.

Naturschauspiel an einem Schmelzwassersee neben dem Russell Glacier in den St. Elias Mountains.

geothermische Aktivitäten am West- und Nordrand der Caldera. Zwischen 1965 und 1984 ließ eine Zunahme frei werdender Hitze insgesamt mehr als 100 Millionen Kubikmeter Schnee und Eis in Gipfelnähe abschmelzen. Geologen nehmen an, dass die Hitzeentwicklung auf das denkwürdige, verheerende Erdbeben vom März 1964 zurückzuführen ist. Seit 1986 baut sich das Eisvolumen wieder auf. Mehr als ein Dutzend Gletscher fließen in alle Richtungen vom Gipfel des Mount Wrangell.

McCarthy Road
Diese Straße führt von Chitina (120 Einwohner), einem abgeschiedenen Ort am Copper River, weiter im breiten, bewaldeten Tal des Chitina River ostwärts, passiert einsam gelegene Häuser und endet nach 100 km am Kennicott River. Hier muss jeder sein Auto abstellen, denn McCarthy ist nur zu Fuß erreichbar. Die McCarthy Road verdankt ihre Entstehung dem Bau der Copper River and Northwestern Railway (CR&NW). Nach Norden hin breiten sich die Wrangell Mountains, nach Süden hin die Chugach Mountains aus. Trotz der gewaltigen Ströme aus Schnee und Eis, die sich aus einer kalten Welt bis in die Täler erstrecken, bietet die grüne Wildnis entlang der McCarthy Road einiges, was auch gut ausgerüstete »Normalwanderer« genießen können. Schon ein Blick in die topografische Karte Wrangell - St. Elias National Park and Preserve von National Geographic genügt, um eine entsprechende Route von der Straße aus zu entdecken.

Mount Wrangell mit Mount Zanetti (links), gesehen vom Richardson Highway südlich von Glennallen.

Kennecott Mine mit Mount Blackburn im Hintergrund. Die alten Gebäude, die am Rand des Kennicott Glacier stehen, sind eine Touristenattraktion ersten Ranges.

Nugget Creek Trail / Cabin

Um zum Ausgangspunkt der Tour zu gelangen, verlässt man bei Meile 14,5 die McCarthy Road. Nun folgt man, nach Norden, der Kotsina Schotterstraße für 2,4 Meilen zum Nugget Creek Trailhead am Strelna Creek. Der Nugget Creek Trail weist nur mäßige Höhenunterschiede auf. Man folgt einem ehemaligen Mining-Trail, einem Bergwerksweg. Diese Tour bringt dem Wanderer den erhabenen Mount Blackburn auf Schritt und Tritt näher. Der Weg führt teils über sumpfiges Terrain, aber auch über trockene Böden, durch Fichtenurwälder und engstehende Erlenstauden. Mitunter sind, je nach Wasserstand, Bachquerungen nötig. Der National Park Service hat in den letzten Jahren in den Wrangell und in den St. Elias Mountains einige rustikale, zu mietende Schutzhütten mit viel Mühe restauriert oder neu gebaut. Auch die Nugget Creek Cabin am Ende der Wanderroute, in der Nähe des Kuskulana Glacier, ist viel zu schön, um sie zu ignorieren.

McCarthy – Zentrum für Berg- und Trekkingaktivitäten

Wir fahren 70 km weiter Richtung Osten nach McCarthy, einem 20-bis-30-Seelen-Ort, der noch immer für Abenteuer steht. McCarthy ist mit seiner geschichtlichen Bedeutung sowohl zum Touristenmagneten als auch zu einem Zentrum für Berg- und Trekkingaktivitäten geworden. Von McCarthy/Kennecott aus lassen sich einige Touren unternehmen.

Root Glacier Trail

Der Fußmarsch am Rand des Eises ist auch deshalb so lohnend, weil man richtig spürt, wie man sich langsam vom Trubel in McCarthy und Kennecott löst und nur noch wenigen Bergfreunden begegnet. Ich spüre ein leichtes Unbehagen, als nur 15 m von uns entfernt ein Schwarzbär aus dem Gebüsch tritt. Einen Moment lang blicken wir uns an, dann verschwindet das Tier im Unterholz. Bären halten sich häufig in diesem Gebiet auf, denn die roten Soapberries, die als Energielieferanten dienen, um die Fettreserven für den Winter aufzubauen, wachsen hier in großen Mengen. Der das Landschaftsbild bisher dominierende Kennicott Glacier, an dem wir entlanggewandert sind, weicht nach Nordwesten ab. Als mächtiger Eisstrom fließt er vom 4996 m hohen Mount Blackburn herunter, dem höchsten Gipfel der Wrangells.

Die Route zum Donoho Basin führt über den Root Glacier. Im Hintergrund der Donoho Peak.

Im Eislabyrinth des Root Glacier.

Beim Aufstieg zur Jumbo Mine eröffnet sich der Blick auf alte Förderanlagen und die mächtigen Moränen des Kennicott Glacier.

Das lange Tal des Root Glacier tritt nun immer mehr in den Vordergrund. Am Ende des spaltenreichen Gletschers kommt dann der Paukenschlag – der gigantische Stairway Icefall, der hier alles in den Schatten stellt. Über steile, verwitterte Schutthänge mogeln wir uns zum Root Glacier hinunter, der sich wie ein riesiger Highway durch das breite Tal wälzt. Doch angesichts geröllüberdeckter Spalten und dunkler Löcher, den sogenannten Gletschermühlen, in die sich oberirdische Schmelzwasser stürzen, ist äußerste Vorsicht geboten. Für gletscherunerfahrene Wanderer ohne entsprechende Ausrüstung sollte er tabu sein. Jetzt sehen wir den immer noch weit entfernten Stairway Icefall noch besser. Der optische Eindruck bestätigt die wörtliche Übersetzung genau: ein gewaltiger, wildzerrissener Eisfall. Kilometerlang stürzt er sich mit ungeheurer Wucht und donnerndem Getöse vom Regal Mountain über viele Stufen zum flachen Root Glacier hinunter. Diese weithin sichtbare, schier unüberwindliche Barriere aus zertrümmertem Eis, Spalten und Türmen wird von den enormen Schneemengen in über 4000 m Höhe am Wrangell-Hauptkamm gespeist.

Bonanza Mine, Jumbo Mine, Erie Mine Bunkhouse

Es müssen nicht immer Mehrtages- oder Gletschertouren sein. Das Bergland im Nordosten von Kennecott wurde einst mit verwegen angelegten Pfaden erschlossen. Nicht etwa zum Vergnügen, sondern um hoch oben in den Bergen unter unglaublichen Strapazen hochwertiges Kupfererz zu schürfen. Davon profitiert heute der Bergwanderer. Sobald man die Buschvegetation hinter sich hat, bieten sich von den aufgelassenen Minen weitreichende Panoramen.

Donoho Basin, Donoho Lakes, Donoho Peak

Die kleinräumige, aber waldreiche und häufig von Bären aufgesuchte Landzunge zu Füßen des Donoho Peak ist allseitig von gewaltigen Gletschern umfasst. Der schon erwähnte Root Glacier fließt im Osten vorbei. Von Norden drängt der Gates Glacier, der mit dem von Nordwesten kommenden Kennicott Glacier verschmilzt, der zugleich der längste dieser drei Eisströme ist. Wer Zeit mitbringt, sollte das Donoho Basin mit seinen beiden Seen erkunden, eine Tour durch Eis, Wald und Buschvegetation. Nur die Querung des Root Glacier mit seinen Moränenablagerungen in allen Größen, Spalten und Schmelzwasserbächen könnte für den Eisgeher Probleme bereiten. Es ist Ermessenssache, ob man mit Seil geht oder nicht. Steigeisen sind Pflicht! Am besten Auskünfte bei den in Kennecott ansässigen Bergführern einholen, denn Gletscher können ihr Gesicht durch Witterungseinflüsse schnell verändern. Die Bergtour zum Donoho Peak nimmt viel Zeit in Anspruch, denn zuerst muss man den Startpunkt finden, der zwischen den beiden Donoho Lakes (Höhe etwa 800 m) liegt. Auf der nordwärts führenden, über 2 km langen, schuttreichen, zum Schluss extrem steilen Anstiegsroute ist jeder Bergsteiger gefordert. Lohnenswert ist sie für Experten allemal, denn die Gipfelschau ist überwältigend.

Goat Trail mit Glacier Creek Cabin

Die bekannteste Backpacking-Route in den Wrangell Mountains führt vom Skolai Landing Strip zur Hochebene des Chitistone Pass und weiter über den Goat Trail zum Chitistone Canyon. Der 100 m hohe Wasserfall im eindrucksvollen Chitistone Canyon, der historische Goat Trail, die um-

Der über 2000 m hohe Stairway Icefall ist ein spektakulärer Augenschmaus.
Er ist mächtiger als der Khumbu-Eisbruch im Himalaya.

Am Chitistone Pass, über den der Goat Trail führt.

Vogelschau in den Canyon des Chitistone River mit seinem markanten Wasserfall. Der Goat Trail ist nur Backpackern mit viel Bergerfahrung zu empfehlen.

liegende Bergwelt mit Tausenden Quadratkilometern Schnee und Eis und tundragrüne Hochebenen sind Höhepunkte der nicht markierten Tour. Sie birgt aber auch ihre Probleme. Viele Gletscher sind die Wasserspender des Chitistone River und des Toby Creek. Heikle Bach- und Flussquerungen bestimmen dort den Tagesrhythmus mit. Spürsinn für die richtige Routenwahl ist ebenso gefragt, wenn es über steile Schuttfelder und geröllbedeckte Rinnen geht. Hier sind ein ausgeprägtes Gleichgewichtsgefühl, Schwindelfreiheit und dauernde Konzentration dringend notwendig. Diesen Abschnitt in der Nähe der Chitistone Falls sollte man nicht bei Nebel, sondern nur an einem klaren Tag bewältigen. Auch den Chitistone Glacier mit seinen Moränen und Schmelzwasserbächen passiert man mit Vorsicht. Schon in früheren Zeiten war diese Route zum White River und nach Chisana Indianern, Mineraliensuchern und Goldgräbern bekannt, dennoch gab es nie einen ausgetretenen Weg. Und obwohl auch heutzutage Backpacker dort unterwegs sind, finden sich menschliche Spuren nur vereinzelt. An einem sorgfältig ausgewählten Standort am Ende der Tour ließ der Park Service die Glacier Creek Cabin bauen. Hier darf man nun getrost aufatmen. Sicher ein angenehmer Ort, bevor das Buschflugzeug von der geschotterten Landebahn abhebt, die einst ein alter Prospektor namens Radovan der Wildnis abtrotzte.

Schutzhütten und Buschflieger
Wer in einer abgelegenen Bergwildnis nicht im Zelt campieren will, sondern die Vorzüge einer einfachen Hütte genießen möchte, sollte in den Wrangell-St. Elias National Park reisen. Alpinen Massenandrang braucht man nicht zu befürchten. Die wenigen Hütten verlieren sich in der Einsamkeit dieses imposanten, schwer zugänglichen, wasser- und gletscherreichen Berglandes. Wie hinkommen? Buschflieger gelten auch heute noch als Symbol für den Pioniergeist Alaskas. Wer das faszinierende Erlebnis von Stille und Einsamkeit auf einem abgeschiedenen Stück Erde erleben und dazu eine Hütte als Stützpunkt für seine Touren nutzen möchte, der muss auf das

Die mächtigen eis- und schneebedeckten Berge Mount Bona, Mount Churchill und Mount Sulzer nähren den Russell Glacier. Sein Schmelzwasser entlässt er in den White River.

Chelle Lake Cabin mit Blick auf die vergletscherten Berge Sanford (links) und Drum.

Buschflugzeug umsteigen. Bekannte Ziele sind die Schutzhütten am May Creek im Nizina River Valley, die Hütten Jake's Bar und Hubert's Landing am Chitina River. Doch besonders reizvoll wegen ihrer Lage sind die Peavine-Hütten, die Too Much Johnson Cabin und die Chelle Lake Cabin.

Peavine Cabin: Nur 22 km östlich von McCarthy liegen die Peavine-Hütten im engen Flusstal des Chitistone. »Chiti« bedeutet in der Sprache der Athabasken »Kupfer«. Der National Park Service hat dort zwei komfortable Hütten errichtet. In dem engen Flusstal sind die Tourenmöglichkeiten jedoch sehr begrenzt.

Too Much Johnson Cabin: Den Männern, die 1912 nach Chisana im Herzen der Wrangells aufbrachen, war die Natur nicht heilig. Sie hatten nur ein Ziel vor Augen – Gold! Heute noch träumen einige Glücksritter im alten Goldgräbernest Chisana vom plötzlichen Goldregen. Nur zwei Jahre lang schwangen ihre Vorfahren hier Schaufel und Hacke. Bereits 1913 war das goldhaltige Gestein abgebaut, ein Bachbett nach dem anderen durchwühlt worden und der Ansturm vorbei. Die Goldsucher hatten in Chisana Hütten und ein Netz von Wildnispfaden aus dem Nichts entstehen lassen. Von der Too Much Johnson Cabin aus lassen sich das Flusstal des Chisana River und der Historic Mining District erkunden. Wanderer aufgepasst: Zur Jagdzeit ist Chisana ein beliebter Stützpunkt!

Chelle Lake Cabin
Von McCarthy aus geht es nun 100 km weiter westwärts ins Massiv des Mount Drum. Die Chelle Lake Cabin auf knapp über 1000 m Höhe ist unser Ziel. Der kurze Flug von Glennallen über das Tal des mächtigen Copper River vermittelt einen imposanten Eindruck alaskanischer Waldwildnis – grüne Unendlichkeit bis zum Horizont. Kleine Seen und gewundene Bachläufe glänzen tief unten in der Abendsonne. Alaska aus der Luft – wie ist das doch schön! Und dann dem Mount Drum entgegen! Mit seinen 3661 m ist er, verglichen mit anderen Gipfeln in den Wrangells, eher ein Zwerg. Und trotzdem! Er ist ein allseitig von vielarmigen Eisfeldern umlagerter Koloss, der 1954 von Heinrich Harrer erstbestiegen wurde.

Dann, wie ein in Schnee und Eis gehauener, erstarrter Wächter, der 4949 m hohe Mount Sanford. Der erloschene Vulkanberg mit seinen geradezu einladenden, weißen, weiten Flanken ist eines der begehrtesten Skitourenziele in den Vereinigten Staaten. 1938 gelang Bradford Washburn die erste Besteigung. Zwischen den dominierenden Bergstöcken Sanford und Drum, den westlichsten Eckpfeilern der Wrangell Mountains, recken sich bizarre, namenlose Felsnadeln in den Himmel. Einfach großartig, wie sie über fernen Tundrabergen, Gletscherzungen und Schuttfeldern emporragen.

Auf der Nordwestseite des Mount Drum, am Chelle Lake, steht die Hütte. Doch eine Landepiste kann ich nirgends entdecken. Dave, unser Buschpilot, dreht eine Steilkurve über dem See, dann braust er elegant auf eine Hochfläche oberhalb des Sees zu. Wenige Meter unter uns ziehen kleingewachsene Fichten- und Erlenstauden dahin. Die Maschine schießt auf eine Steinpiste zu, die Räder krachen auf den Boden, sie schlingert hin und her, ein Ruck, dann steht sie urplötzlich. Bewundernswert, wie Dave auf diesem holprigen, kurzen Stück Erde starten und landen kann. Nervenkitzel sucht er bestimmt keinen, denn jeder Buschpilot ist auf die Sicherheit seiner Kunden bedacht. Nun haben wir wieder festen Boden unter den Füßen. Die geräumige Chelle Lake Hütte könnte nicht schöner liegen. Oberhalb des dichten Erlengürtels, der den See umrahmt, riecht es geradezu nach Tourenmöglichkeiten. Die Routen auf den weiten, alpinen Tundraflächen legen wir uns selber zurecht, denn Pfade existieren nicht.

Ausgesetzt am Skolai Pass, dem Startpunkt des Goat Trail.

Info Wrangell – St. Elias

www.nps.gov/wrst/index.htm
www.wrangellmountainair.com

Nugget Creek Trail

47 km hin und zurück, 3–4 Tage, Zelt, 1 Hütte.
Route: Start- und Endpunkt Strelna Creek – Sheep Creek, Halfway Camp, Zeltmöglichkeit – Nugget Creek Cabin, Meile 14,6 = km 23,5.
Karten: USGS Valdez C-1, McCarthy C-8.

Root Glacier Trail

Tagestour, 13 km hin und zurück bis zur Abzweigung Erie Mine, dort bärensicherer Behälter zur Lebensmittel-Aufbewahrung.
Route: Start- und Endpunkt Kennecott (von McCarthy aus mit Shuttle-Bus erreichbar) – Jumbo Creek – Schild Root Glacier Trail folgen bis auf Höhe Erie Mine.
Karte: USGS McCarthy (Überblick).

Bonanza Mine, Jumbo Mine, Erie Mine Bunkhouse

(Berg-)Tagestouren, verfallene Minen, Wald, Buschvegetation, Geröll, überwiegend ausgetretene Wege.
Routen: Start- und Endpunkt für alle 3 Bergtouren ist Kennecott (ca. 620 m).
Bonanza Mine (ca. 1780 m), 14,5 km hin und zurück, oft begangene Wanderung.
Jumbo Mine (ca. 1750 m), anfangs identisch mit Bonanza Mine Trail, Abzweigung auf ca. 920 m Höhe (Wegweiser), ca. 16 km hin und zurück.
Erie Mine, die ersten 6,5 km auf dem Root Glacier Trail, dann sehr steiler, luftiger, 1,3 km langer Anstieg zur Mine.
Karten: USGS McCarthy B-5, C-6.

Donoho Lakes mit Donoho Peak

25–30 km je nach Routenwahl bei der Gletscherquerung, 3–5 Tage, Zelt, nur für erfahrene Bergsteiger, an den Donoho Lakes Wald, Buschvegetation, weglos.
Route: Start- und Endpunkt Kennecott – Root Glacier Trail bis Jumbo Creek (Foodstorage, Zeltmöglichkeiten) – Abstieg zum Root Glacier – Gletscherquerung – Donoho Basin (anpeilen, wo es am flachsten ausläuft) – Donoho Lakes; Abstecher Donoho Peak (2040 m), 2,4 km langer, schuttreicher, sehr steiler Anstieg, Höhenunterschied ca. 1240 m.
Karte: USGS McCarthy C-6.

Goat Trail

40 km, 6 Tage, Zelt, weglos, Trittspuren, Querung von Gletscherflüssen und steilen, schuttreichen Berghängen, nur für bergerfahrene Wildniswanderer, Buschflieger ab/nach McCarthy.
Route: Startpunkt Skolai Landing Strip (ca. 1350 m), nahe des verlandeten Lower Skolai Lake – Chitistone Pass (5822 ft, 1774 m) – Chitistone River – Endpunkt Glacier Creek Cabin (ab hier Rückflug nach McCarthy).
Karten: USGS McCarthy B-4, C-3, C-4.

Schutzhütten

Einfache NPS-Selbstversorgerhütten (»First come, first serve«) in wilden, kaum zugänglichen Gebirgsregionen, die größtenteils nur mit Buschfliegern erreichbar sind. Die Übersichtskarte (1:375.000) Wrangell - St. Elias N.P. and Preserve (249) von National Geographic zeigt die Lage einiger Hütten.
Von **McCarthy** aus werden angeflogen:
Nugget Creek Cabin, Nähe Kuskulana Glacier, auch zu Fuß erreichbar, Reservierung notwendig zwischen April und September (Karte: USGS McCarthy C-8).
Too Much Johnson Cabin in Chisana (Karte: USGS Nabesna A-3).
Peavine Cabins, 2 Hütten am Chitistone River (Karte: USGS McCarthy B-4).

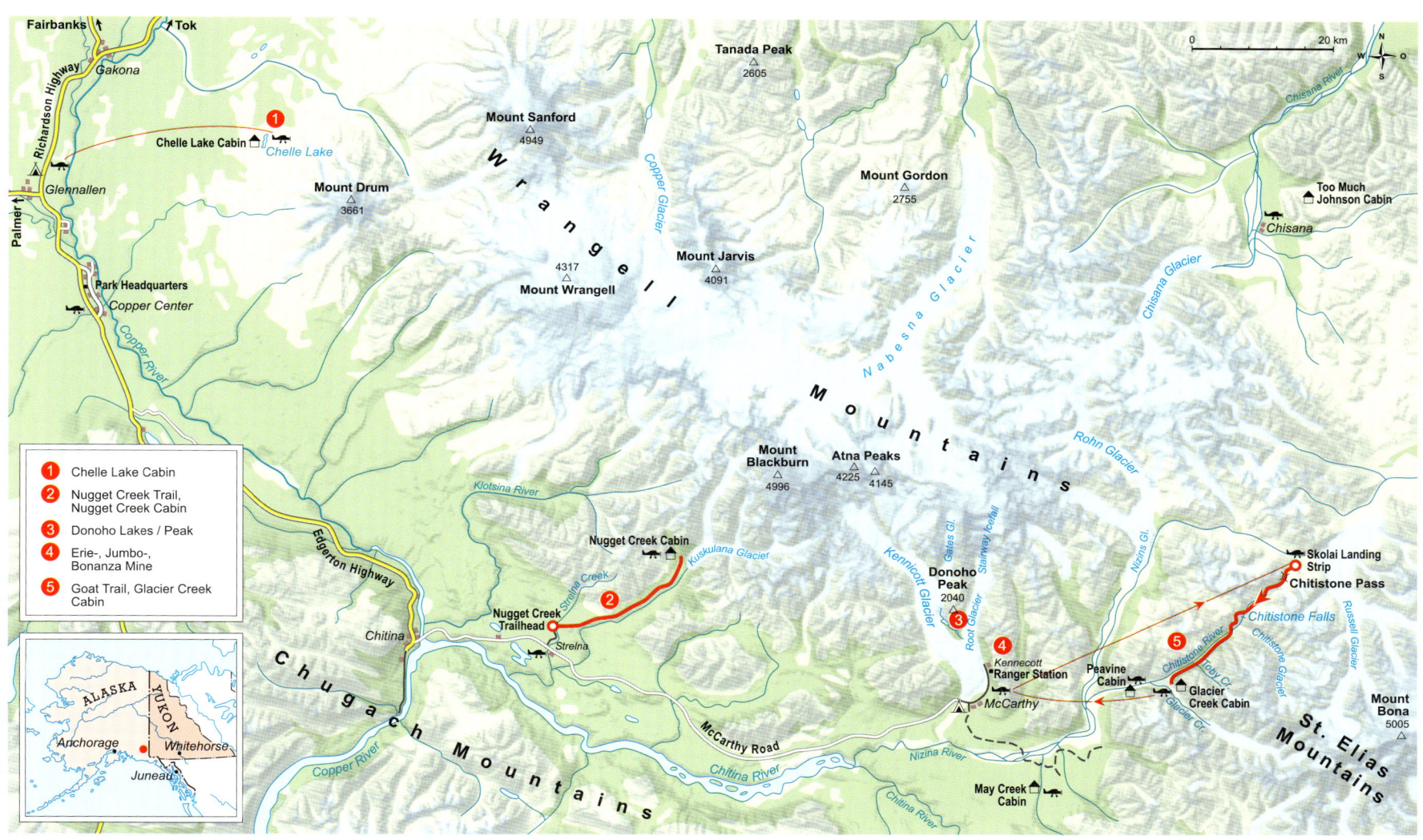

Glacier Creek Cabin, am Ende des Goat Trail, Chitistone River Valley, Reservierung notwendig zwischen April und September (Karte: USGS McCarthy B-4).

May Creek Cabin, Nizina River Valley (Karte: USGS McCarthy B-5).

Jake's Bar Cabins, zwei Hütten im Chitina River Valley (Karte: USGS McCarthy A-6).

Hubert's Landing Cabin, im oberen Chitina River Valley (Karte: USGS McCarthy A-2).

Von **Glennallen** aus wird angeflogen:

Chelle Lake Cabin, auf der Westseite des Mount Drum (Karte: USGS Gulkana A-2).

Kenai – zwischen eisbedeckten Fjorden und grünen Bergen

Beeindruckend sind im Kenai Fjords National Park die eisgepanzerten Küstenabschnitte, wie hier am Ailak Glacier.

See bei Portage.

Gerade einmal 23.000 km² groß ist die Kenai-Halbinsel, die Berge ragen kaum über 2000 m hinaus. Zwei belebte Verkehrsadern, der Seward Highway und der Sterling Highway, die zur Ferienzeit gelegentlich ein Gefühl der Hektik aufkommen lassen, außerdem die Eisenbahn zwischen Seward und Portage/Whittier sowie einige quirlige Orte wie Seward, Kenai City, Soldotna und das sympathische Homer mit zusammen rund 51.000 Einwohnern, hauchen dieser Region mehr Leben ein, als den meisten anderen Gegenden Alaskas. Und doch ist die Halbinsel kein lautes, dafür aber ein besonderes Land. Mit seinen gegensätzlichen Landschaften wird Kenai oft als Mini-Alaska oder als Mikrokosmos Alaskas bezeichnet. In kaum einer Ecke Kenais zeigt sich die Natur so eindrucksvoll wie in dem 1980 gegründeten Kenai Fjords National Park. Seward an der Resurrection Bay ist Ausgangspunkt für einen Ausflug in diese dramatisch anmutende Küstenlandschaft mit ihren Fjorden, Küstenregenwäldern und den bis ans Meer drängenden Gletschern. Den Großteil des Nationalparks nehmen nicht das Meer und die Fjorde ein, sondern das mächtige Harding Icefield. Naturfans begeistert aber auch die Vielzahl mariner Säugetiere und Scharen von Seevögeln.

Kenai ist aber auch Wanderland mit einem breiten Spektrum an Tourenmöglichkeiten. Aber welch ein Unterschied zum anderen – dem weg- und hüttenlosen Alaska, wo man sich in der schieren Unendlichkeit des Raumes manchmal verloren vorkommt. Mehr als 300 km markierter, ausgetretener Wanderwege stoßen in die grüne Wald- und Bergwildnis Kenais vor, und auch die 40 Übernachtungshütten, die man auf Inseln, an Meeresküsten sowie in den Bergen und Wäldern des Chugach National Forest errichtet hat, ändern kaum etwas an der Bergeinsamkeit.

Resurrection Pass Trail, Russian Lakes Trail und Resurrection River Trail
Von Hope nach Seward – das bedeutet auf der längsten Wanderroute auf Kenai unterwegs zu sein. Die reservierungspflichtigen Hütten entlang der Strecke bieten keinen Luxus, sondern nur Schutz gegen Regen und Kälte. Der Sterling Highway teilt die Wanderroute in zwei Abschnitte. Beliebter ist der nördliche Teil, der Resurrection Pass

Schneeziege am Exit Glacier. Die Kletterakrobaten lieferten die Wolle für die wertvollen Chilkat-Decken der Küstenindianer.

Exit Glacier, Harding Icefield Trail

Der Trekker steht nun auf der Exit Glacier Road. Hier endet der 115 km lange Weitwanderweg. Der nahe gelegene Exit Glacier zieht im Sommer unaufhörlich Touristen an. Auf geteerten Wegen strömen sie vom Parkplatz aus in wenigen Minuten bequem zur Gletscherzunge. Auch wenn der Rummel am Exit Glacier (Zeltplatz vorhanden) bisweilen extreme Ausmaße annimmt, auf der Bergtour zum Unterstand am spektakulären Harding Icefield ist es schon wieder ruhiger. Auf der gesamten Tour wird man mit schönen Landschaftsbildern belohnt. Oben angekommen bietet sich dann ein prächtiger Blick auf einen Teil des 1800 km² großen Eispanzer des Harding Icefield, das bereits im Kenai Fjords National Park liegt.

Primrose Creek Trail zum Lost Lake

Ortswechsel! Heute ist die Psyche gefordert. Nicht etwa das Terrain macht uns zu schaffen, sondern vielmehr das Wetter. Seit Tagen folgt ein Tief dem anderen. Aus der Vielzahl der Tourenmöglichkeiten, die man vom Seward Highway aus in Angriff nehmen kann, haben wir uns für den Lost Lake entschieden. »Schon der Anmarsch ist schön, führt er doch auf einem gut begehbaren Trail durch einen mit Flechten behangenen, moosreichen, verfilzten Märchenwald. Der Ausblick wird umso gewaltiger, je höher man kommt. Wälder, Berge, Seen – und dann der Lost Lake! Seine malerische

Trail. Man wandert über den Resurrection Pass, der vielfältige Ausblicke bietet, durch sanfte, grüne Berge, über Blumenwiesen, durch hochgewachsenes Gras, vorbei an lieblichen Seen und schließlich durch Wälder hinunter zum Sterling Highway. Die Fortsetzung der Tour südlich der Straße auf dem Russian Lakes und Resurrection River Trail hat auch ihren Reiz. Es fehlt nicht an landschaftlicher Vielfalt, aber hier könnte die Begegnung mit einem Bären das beeindruckendste Erlebnis darstellen. Der Russian River, aber auch der Resurrection River sind exzellente Lachsflüsse, die die Grizzlybären nur so anziehen. Auf dem Resurrection Pass Trail und Russian Lakes Trail findet der Langstreckenwanderer gut ausgetretene Wege vor. Der Resurrection River Trail wird nicht so oft begangen, er ist einsamer. Einige Bachquerungen stehen hier dem Wanderer bevor – mit oder ohne Brücke, vielleicht auch auf einem umgestürzten Baumstamm. Und der Boden unter den Füßen ist nach Regen, der sich in dieser Region unendlich lange und ausdauernd hinziehen kann, tief und morastig. Ein Platz zum Pausieren bietet sich an der Resurrection River Hütte. Der dort dominierende, düstere Regenwald scheint einen bisweilen zu erdrücken. Jetzt kann es sein, dass man vielleicht Tagesausflüglern begegnet. Sie kommen von der Exit Glacier Road, die noch etwa 2–3 Stunden von der Hütte entfernt ist.

Der Exit Glacier lockt viele Touristen an, denn in unmittelbarer Nähe endet die Glacier Road, die von Seward heranführt.

Über den Devil's Pass erreicht man den Resurrection Pass Trail, die Hauptwanderroute auf Kenai.

Lage zwischen sanft rollenden Hügeln, auf denen Lupinen, Margeriten und Enziane als bunte Farbflecken leuchten, machen ihn so attraktiv. Jeder Zeltwanderer rühmt hier die idyllischen Lagerplätze.« Es erfordert viel Fantasie, sich das alles, was in unserer Wanderbroschüre mit »most fotogenic tour« umschrieben wird, vorzustellen. Heute können wir von dieser Landschaft nur träumen. Unsere Anstiegsroute hat sich in Schlamm, Dreck und Wasserlöcher aufgelöst. Dort, wo sich der in der Nähe des Sees liegende 1740 m hohe Mount Ascension, eine viel gepriesene Aussichtswarte, erheben soll, zieht graues Nichts vorbei. Nebel liegt wie ein Leichentuch über dem aufgewühlten Lost Lake. Auch die jungen, amerikanischen Backpacker, die urplötzlich aus dem feuchten Nebelbrei auftauchen und ebenso schnell wieder verschwinden, haben sich von dieser Tour sicher mehr versprochen. Durchnässt, durchfroren, vielleicht auch überfordert scheinen sie ihr straßennahes Backpacking-Abenteuer beenden zu wollen. Auch das ist Outdoorleben – nicht nur wärmende Sonnenstrahlen zu fühlen oder einen blauen Himmel zu erblicken.

Der Primrose Creek Trail, den wir als Aufstiegsroute wählen, lässt sich mit dem Lost Lake Trail kombinieren, der auch am Seward Highway endet. Man kann diese Tour in einem Tag schaffen, die meisten Wanderer verteilen die Strecke auf zwei Tage mit einer Zeltübernachtung am Lost Lake.

Devil's Creek (Pass) Trail, Johnson Pass Trail, Mystery Hills

Auf der Suche nach schönen Touren im Chugach Staatsforst kommt man am Devil's Creek Trail nicht vorbei. Ein Klassiker, ein vorzüglicher Trail, und trotzdem nur wenig begangen. Angesprochen sind vor allem Wanderer, die vom Seward Highway einen schnellen Aufstieg zum Resurrection Pass Trail suchen. Schon der Weg dorthin ist ein Erlebnis, da man sich dem bekanntesten Kenai-Wanderweg über eine besonders schöne Seite nähert. Ein Schmuckstück ist der 732 m hohe Devil's Pass. Zwischen steil aufragenden, namenlosen Bergflanken verbirgt sich dort der dunkel schimmernde Devil's Pass Lake; ein wilder, aber schöner Rastplatz. Von der reservierungspflichtigen Devil's Pass Cabin am Resurrection Pass Trail trennen uns nicht einmal 1000 Meter.

Der benachbarte, 37 km lange Johnson Pass Trail folgt in einigen Abschnitten dem Iditarod National Historic Trail. Allerdings muss man nicht unbedingt die ganze Tour zurücklegen, die zwei Tage in Anspruch nimmt. Dafür gibt es einen Grund. Der Wanderer folgt immer dem flachen Weg, der aus dem breiten, lang gestreckten Tal nie herauskommt. Die Aussicht von der untersten Etage aus bleibt immer eingeschränkt. Wer dennoch Lust hat, zum Johnson Pass zwischen Bench Lake und Johnson Lake zu wandern, der sollte eher den North Trailhead am Seward Highway als Ausgangspunkt wählen.

Auf dem einsamen, steilen Alpine Ridge Trail in der Kachemak Bay.

Auf unserer Reise durch Kenai folgen wir dem Sterling Highway nach Süden. Von der Straße aus beginnen viele Routen, auch markierte Wege. Eine Zweitagestour zu den bereits im Kenai National Wildlife Refuge and Wilderness liegenden Mystery Hills bietet fantastische Ausblicke nach allen Seiten. Alles was Kenai ausmacht, ist zu sehen: Skilak Lake und Hidden Lake schimmern tiefblau inmitten ihrer Waldumrahmung, im Norden und Westen gleiten sanfte Hügel und wasserreiche Ebenen bis an den Horizont, grüne Berge und glitzernde Eiskappen ziehen im Süden die Blicke auf sich. Als Einstieg zu dieser lohnenden Bergtour dient der Fuller Lakes Pfad. Er wird noch viel begangen. Doch gleich hinter den Seen wird es still. Jetzt geht die Tour über die leicht zugänglichen Mystery Hills, die einsam über dem Sterling Highway stehen. Die pfadlose, über mehrere Tundragipfel führende Route ist immer gut einsehbar und die Höhenunterschiede bewegen sich in einem gemäßigten Rahmen. Der Abstieg von den Mystery Hills über nahezu 800 Höhenmeter erfolgt auf dem steilen, aber gut sichtbaren Skyline Trail. Auffallend ist der rasche Übergang von alpiner Tundra in eine dichte Gras-, Busch- und Waldvegetation, die sich bis zum Sterling Highway hinunterzieht. Wer den Einstieg zum Pfad verfehlt und zu früh absteigt, findet im wuchernden Unterholz kein Durchkommen.

Kachemak Bay

Ein Sprung noch weiter südwärts. Von Homer gelangt man per Boot oder Buschflugzeug in die Berg- und Gletscherwelt des Kachemak Bay State Park. Rusty Lagoon ist ein möglicher Einstieg in dieses Naturparadies. Der dort beginnende Grewingk Glacier Lake Trail ist für den Tageswanderer geeignet, der ein leichtes, flaches Terrain sucht. Wer dagegen hoch hinaus will, nimmt den »Stairway to Heaven«, wie der Alpine Ridge Trail unter Einheimischen auch genannt wird. Ein steil angelegter, bei Nässe schlüpfriger Pfad windet sich durch einen undurchdringlichen, schweigsamen Urwald, wie man ihn dort in Küstennähe überall findet. Weiter oben versperrt üppiges Gras, das uns fast über den Kopf wächst, den Weg und dann tauchen wir in ein Erlendickicht ein, das jegliches Licht schluckt. Hinzu kommt, dass sich der Nebel an den steilen Bergflanken erst spät aufgelöst hat und sich immer noch dicke Wolken zusammenballen, die die Sonne verdecken. Ein Himmel ist jedenfalls nicht zu sehen. Es ist unheimlich still in diesem Dickicht, in dem sich nichts regt und welches man ohne den Pfad nur mit Hilfe einer Axt durchdringen könnte. Wo der Erlenwald allmählich in die alpine Tundra ausläuft, quert direkt vor uns plötzlich ein Schwarzbär den Waldweg. Unser Auftauchen erschreckt ihn so sehr, dass er – gottlob – eilig im Unterholz verschwindet. Die Vegetation wird immer spärlicher, je höher wir uns auf dem Alpine Ridge Trail hinaufarbeiten. Die weiten Flächen des Grewingk Glacier und die Kachemak Bay beherrschen nach der Nebelauflösung die Fernsicht.

Beim Abstieg vom Hope Point geht der Blick hinunter zum Turnagain Arm, einem Seitenarm des Cook Inlet.

Der Diademhäher (Cyanocitta stelleri) ist nach dem deutschen Naturforscher Georg Wilhelm Steller benannt, der den Vogel 1741 bei seinem Landgang auf Kayak Island im Golf von Alaska entdeckte.

Zur Laichzeit kehren Blaurückenlachse mit knallroten Körpern und olivgrünen Köpfen vom Meer zurück ins Süßwasser.

Hoch über dem Turnagain Arm

Vor der Rückreise in die Großstadt Anchorage lohnen noch zwei Bergtouren am Süd- bzw. Nordrand des lang gestreckten, tief eingeschnittenen Turnagain-Meeresarm. Vom Hope Point und Bird Ridge öffnen sich grandiose Aussichten. Ein kurzes Erlebnis, das im Gedächtnis bleibt. Beim Aufstieg zum Bird Ridge im Chugach State Park läuft wenige Meter vor uns ein Schwarzbär über den Pfad und später begegnen uns in der weglosen, alpinen Tundra zwei Kojoten, untrügliche Zeichen für ein wildes Land, nur wenige Kilometer entfernt von Alaskas Metropole.

Info Kenai

www.fs.usda.gov/chugach/
www.nps.gov/kefj/index.htm
www.dnr.alaska.gov/parks/

Resurrection Pass Trail

61 km, 3 Tage, als Hüttentour möglich, reservierungs- und gebührenpflichtig, 12 ausgewiesene Wildniszeltplätze am Trail.
Route: Startpunkt Resurrection Creek, Abzweigung bei Meile 16,2 vom Hope Highway, südwärts auf die Resurrection Creek Road, 4 Meilen bis zum Startpunkt – Caribou Creek Cabin – Fox Creek Cabin – East Creek Cabin – Resurrection Pass (792 m) – Devil's Pass Cabin – Swan Lake Cabin – Juneau Lake Cabin – Romig Cabin – Trout Lake Cabin, etwas abseits des Trail – Juneau Creek Falls, Zeltplatz – Endpunkt Sterling Highway, Meile 53,2, Nähe Kenai River Brücke.
Karte: Nr. 760 Kenai National Wildlife Refuge von National Geographic.

Russian Lakes Trail, Resurrection River Trail

54 km, davon 26 km auf dem Resurrection River Trail, 3 Tage, Zelt.
Route: Startpunkt Russian River Camp-

Die grandiose Welt des Kenai Fjords National Park lässt sich am besten von Seward aus mit dem Schiff erkunden.

ground am Sterling Highway – Barber Cabin am Lower Russian Lake (hier auch Wildniszeltplatz) – Aspen Flats Cabin – Upper Russian Lake Cabin (Wildniszeltplatz) – Abzweigung zum Resurrection River Trail – Resurrection River Cabin – Endpunkt Exit Glacier Road nach Seward.
Karte: Nr. 231 Kenai Fjords von National Geographic.

Verbindung der drei Trails Resurrection Pass, Russian Lakes und Resurrection River

Bekannt auch unter der Bezeichnung »Von Hope nach Seward«. Die Strecke ist 115 km lang und in etwa 6 Tagen zu bewältigen. Hüttenreservierung 180 Tage im Voraus bei Chugach National Forest, Seward Ranger District, P.O.B. 390, Seward AK 99664.

Exit Glacier, Harding Icefield Trail im Kenai Fjords National Park

Berg-Tagestour, 13,2 km hin und zurück, Wald, alpine Tundra, steinige Passagen, Pfad viel begangen.
Route: Start- und Endpunkt Ranger Station an der Exit Glacier Road (ca. 160 m) – Unterstand bei Meile 3,9 (1060 m) in Gletschernähe.
Karten: USGS Seward A-7, A-8.

Primrose Creek Trail, Lost Lake Trail

24 km, 2 Tage, Zelt.
Route: Startpunkt Primrose Campground (Abzweigung vom Seward Highway Meile 16,9) – 13 km bis Lost Lake – Abstieg über Lost Lake Trail (11km) zum Endpunkt Seward Highway Meile 5,2, Trail endet etwa 1 km vom Seward Highway entfernt, ab hier breite Straße zum Highway.
Karten: USGS Seward B-7, A-7.

Devil's Creek (Pass) Trail

33 km hin und zurück, 2 Tage, Zelt, Hütte am Resurrection Pass Trail (732 m), reservierungspflichtig, als stramme Tagestour machbar.
Route: Start- und Endpunkt Seward Highway Meile 39,5 (ca. 275 m).
Karten: USGS Seward C-7, C-8.

Johnson Pass Trail

37 km, 2 Tage, Zelt.
Route: Startpunkt North Trailhead, Seward Highway Meile 63,7, Parkplatz – Bench Creek Valley – Bench Lake – Pass – Johnson Lake – Endpunkt Seward Highway Meile 32,6.
Karte: USGS Seward C-6, C-7.

Mystery Hills

ca. 20 km, 2 Tage, Zelt, pfadlos über mehrere Tundragipfel, u. a. 3520 ft (1072 m), 2650 ft (807 m), 2912 ft (888 m), 3308 ft (1008 m), 3295 ft (1004 m), 3250 ft (990 m).
Route: Startpunkt Sterling Highway Meile 57,2 (ca. 90 m) – Fuller Lakes Trail – Lower Fuller Lake (Wildniszeltplatz) – Upper Fuller Lake (Wildniszeltplatz) – Mystery Hills – Abstieg über Skyline Trail – Endpunkt Sterling Highway Meile 61,4.
Karten: USGS Kenai B-1, C-1 oder Kenai National Wildlife Refuge von National Geographic.

Alpine Ridge Trail im Kachemak Bay State Park

Berg-Tagestour, beginnt auf Meeresniveau, Pfad bis 640 m, Wald, Buschvegetation, alpine Tundra.
Route: Startpunkt Rusty's Lagoon (Zufahrt mit Boot von Homer) – Grewingk Glacier Lake Trail (Abstecher zum spektakulären Grewingk Glacier Lake) – Saddle Trail – Alpine Ridge Trail – bei ca. 2100 ft (640 m) fantastische Rundsicht – Rückfahrt nach Homer

mit Boot vom Endpunkt Saddle Trailhead.
Karten: USGS Seldovia C-3, C-4.

Hope Point (1130 m)
Berg-Tagestour, beginnt knapp über Meeresniveau, Wald, Buschvegetation, alpine Tundra, Pfad, Trittspuren, weglos.
Route: Start- und Endpunkt Porcupine Campground – Porcupine Creek – bis zum Gipfel 3708 ft (1130 m) möglich, hoch über dem Turnagain Arm mit Blick auf Anchorage.
Karte: USGS Seward D-8.

Bird Ridge (1175 m)
Berg-Tagestour, beginnt auf Meeresniveau, Wald, Buschvegetation, alpine Tundra, Pfad, Trittspuren, weglos.
Route: Start- und Endpunkt Seward Highway Meile 102,1 – Kammtour über mehrere Gipfel 3505 ft (1068 m, ca. 4 km vom Startpunkt entfernt), 3855 ft (1175 m) bis auf 4650 ft (1417 m) möglich.
Karten: USGS Anchorage A-7, Seward D-7.

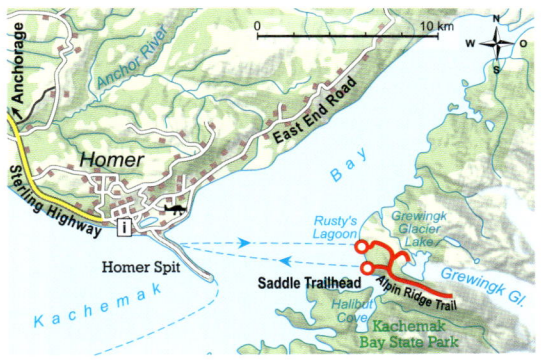

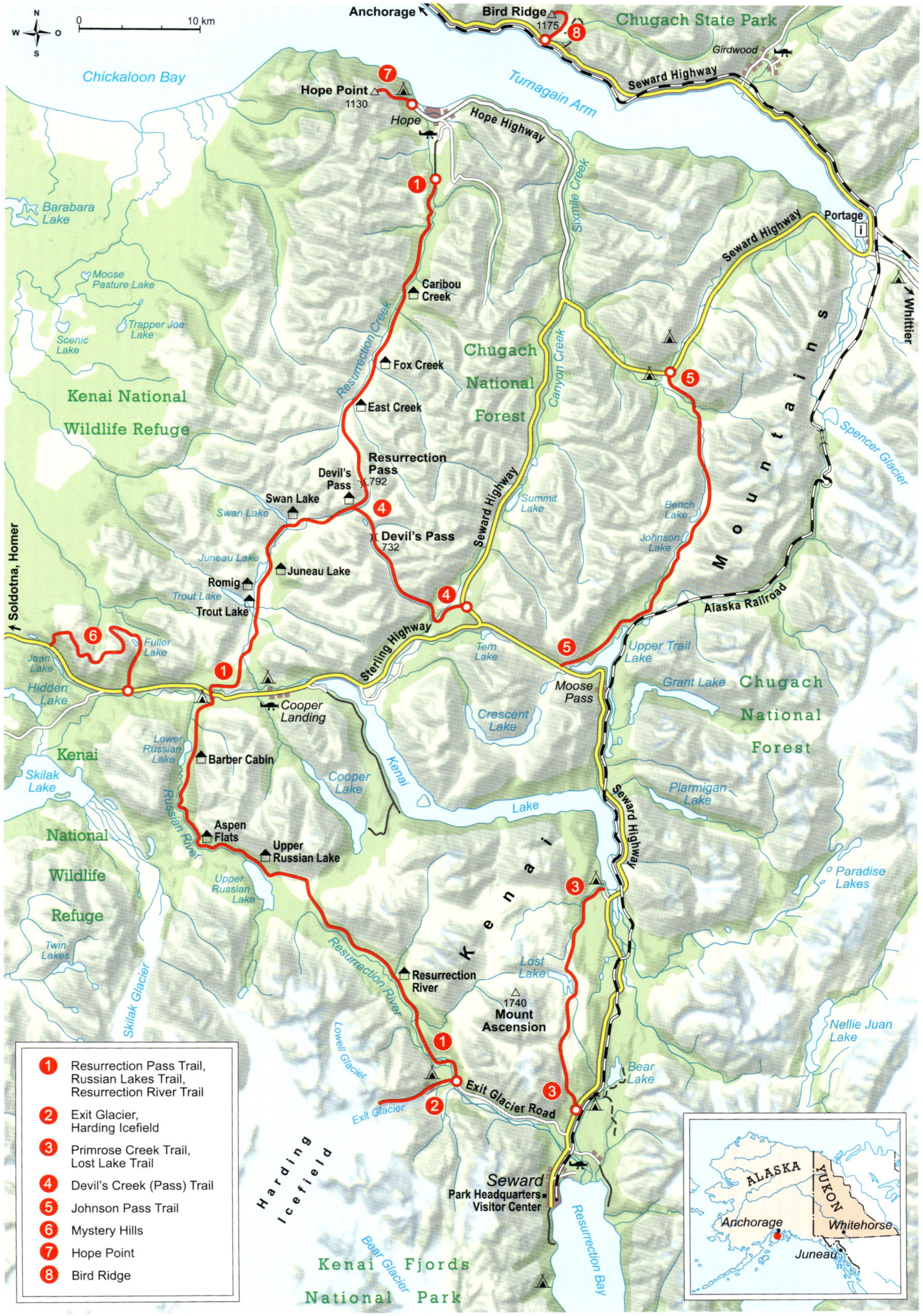

123

Katmai – im Griff der Naturgewalten

Eine wahrhaft außerirdische Landschaft: Als der Novarupta 1912 explodierte, deckten Asche und Bimsstein das Ukak Valley zu.

1912 geriet die bis dahin kaum bekannte Katmai-Region ins Blickfeld der Weltöffentlichkeit. Am 6. Juni erstickte ein verheerender Vulkanausbruch binnen weniger Sekunden alles Leben auf einer Fläche von 100 km². Das bis zu diesem Tag unbekannte Ukak-Tal mit seinen Tieren, Wäldern, Blumen, Sümpfen und alpiner Tundravegetation verbrannte unter einer Glutwolke aus Staub und Gasen. Innerhalb von 60 Stunden wurden 30–35 Kubikkilometer vulkanisches Material bis in die Stratosphäre geschleudert. Bis zu 200 m türmte sich die Asche auf. Die gewaltigen Explosionen waren zehnmal stärker als jene beim Ausbruch des Mount St. Helens 1980 im US-Bundesstaat Washington.

Angst und Verzweiflung werden in dem Brief spürbar, den der Fischer Ivan Orloff drei Tage nach dem Vulkanausbruch am 9. Juni 1912 an seine Frau Tania schrieb: »Ich weiß nicht, ob wir am Leben und gesund bleiben werden. Wir erwarten jeden Augenblick den Tod. Aber mach' Dir bitte keine Sorgen. Ein Berg in der Nähe ist in die Luft geflogen, sodass wir mit Asche bedeckt sind; an einigen Stellen liegt sie 2 und 3 Meter hoch. Am 6. Juni begann die Geschichte. Tag und Nacht müssen wir die Lampen brennen. Das Tageslicht können wir nicht sehen. Kurz, es ist schrecklich, wir erwarten jeden Augenblick den Tod und haben kein Wasser. Alle Flüsse sind mit Asche bedeckt, regelrecht Asche mit Wasser vermischt. Hier ist Finsternis und Hölle, Donnern und Getöse. Ich weiß nicht, ob es Tag oder Nacht ist. Vanka wird Dir alles ausführlich erzählen. Ich küsse und segne Euch beide, lebt wohl. Vergib mir. Vielleicht sehen wir uns wieder. Gott ist barmherzig. Betet für uns« (Griggs, 1928).

Katmai ist nicht zum Martinique Alaskas geworden, wo beim Ausbruch des Mt. Pelée am 8. Mai 1920 29.500 Menschen getötet wurden. Die Fischer überlebten dieses Höllenspektakel und Menschenopfer waren in dieser dünn besiedelten Region Alaskas nicht zu beklagen. Die winzigen Siedlungen Katmai Village an der Shelikof Strait und Savonovski im Zentrum Katmais wurden wegen des Ascheregens aufgegeben. Die Ureinwohner flüchteten nach Naknek an der Bristol Bay. Auch auf der südöstlich der Shelikof-Wasserstraße liegenden Nachbarinsel Kodiak bot sich ein Bild der Verwüstung. Dichte Staubwolken und giftige Schwefeldämpfe hüllten die »grüne« Insel ein, auf der 60 Stunden lang Finsternis herrschte. Die herausgeschleuderte Asche legte sich als 25 cm dicke, feste Schicht über die Stadt Kodiak und ließ Hausdächer einstürzen. Fürchterliche Gewitter tobten und die Funkstation wurde durch Blitzeinschlag ausgeschaltet. Menschen kamen aber auch hier nicht zu Schaden. Das infernalische Spiel der Naturgewalten bekam auch die Besatzung des Dampfers »Dora« in der Shelikof Strait zu spüren, die Katmai von Kodiak trennt. Der Postbeamte J. E. Thwaites, der auf dem Schiff war, schrieb: »Und nun begann der eigentliche Ascheregen; er fiel in Strömen; er umwirbelte und umkreiste uns ... helles elektrisches Licht war bloß wenige Schritte weit zu sehen ...

Zwischen 1915 und 1919 unterstützte die National Geographic Society fünf Expeditionen ins Katmai-Gebiet, davon leitete Griggs vier. 1915 streifte man dieses Gebiet nur. Das Bild aus demselben Jahr zeigt Robert Fiske Griggs im Treibsand des Katmai River. Erst 1916 wagte sich eine Expedition bis ins Zentrum des Vulkanausbruchs vor.
(Copyright: UAA-hmc-0186-volume1-3648, National Geographic Society, Katmai Expeditions, Photographs, Archives and Special Collections, Consortium Library, University of Alaska, Anchorage)

der Mann am Rad konnte nur mit größter Schwierigkeit den Kompass erkennen, derart dichter Staub erfüllte den Raum … Vögel taumelten kreischend durch die Luft und fielen hilflos an Deck« (Griggs, 1928). Doch damit nicht genug. Die gewaltigen Explosionen vom 6. bis 8. Juni 1912 waren angeblich noch im 1200 km entfernten Juneau zu hören und die Luftströmung verfrachtete die feine Vulkanasche bis in das 2400 km entfernte Seattle. Zwei Wochen später kam der Ascheschleier mit seinen giftigen Schwefelgasen, die in der Luft mit Wasserdampf Schwefelsäure bilden, auch in Europa und in Nordafrika an. Der gewaltige Vulkanausbruch beeinflusste länger als ein Jahr die Temperaturen der nördlichen Hemisphäre (Abkühlung um 1°C) und es gab sogar über Jahre hinweg Unregelmäßigkeiten beim Zug der Lachse, da viele Fische in den mit Vulkanasche gefüllten Bächen und Flüssen zu Tode kamen.

Vermutungen, nach denen die Eruptionen nicht am Mount Katmai selbst, sondern in 10 km Entfernung stattfanden, sind mittlerweile bestätigt. Der Ausbruch war die Geburtsstunde des Vulkans Novarupta. Die riesige Magmakammer unter dem Mount Katmai hatte sich dort den Weg durch die dünne Erdkruste gebahnt. Der Gipfel des Mount Katmai stürzte dann in die leere Magmakammer und es entstand ein eindrucksvoller Einsturzkrater, die sogenannte Katmai-Caldera.

Die Schilderungen von Robert Fiske Griggs (1881–1962)

Seit dem Vulkanausbruch erfreute sich die bis dahin kaum erforschte, abgelegene Katmai-Region größerer Beachtung. Bereits einen Monat nach der Eruption kam der US-Geologe George C. Martin bei Cape Douglas an die Küste Katmais. Er drang jedoch nicht weiter in das Landesinnere vor. Seine Reportage im Wissenschaftsmagazin National Geographic über meterhohe Ascheschichten weckte bei Wissenschaftlern Neugier, diesen Landstrich Alaskas näher zu erforschen. Robert Fiske Griggs, Professor für Botanik an der George-Washington-Universität und Leiter einer Expedition der National Geographic Society, stieß 1916 als erster Mensch in das Zentrum der Eruptionen vor. Am 19. Juli 1916 erreichte er die gigantische Katmai-Caldera. Griggs schrieb: »Endlich zog der Nebel weg; sprachlos starrten wir auf das, was sich uns in der Tiefe bot. Wir befanden uns über einem Abgrund von so ungeheuren Ausmaßen, dass wir völlig außerstande waren, seine Größe auch nur zu raten. Hinab, hinab, immer weiter hinab glitt unser Blick, bis der Abhang so schroff abfiel, dass wir ihn nicht länger verfolgen konnten. Im Grunde ruhte ein wundervoller See, von einem geisterhaften Grünblau wie das Ei einer Singdrossel, milchig wie ein Schweizer Gletschersee. In der Mitte lag eine hufeisenförmige Insel, der Rest eines offenbar bei den letzten Zuckungen des Ausbruchs aufgeworfenen Schlackenkegels. Dem Ufer entlang zischten Dampfsäulen auf … Als wir am nächsten Tage unsere Beobachtungen niederschrieben, stritten Folsom und ich über die Größe des Kraters. Er behauptete, er sei etwa 150 Meter tief, während ich dabei blieb, er müsse eher 450 Meter

Geologencamp am Fuß des Baked Mountain, nicht weit entfernt vom Vulkan Novarupta. 1919 stiegen immer noch Dampfsäulen aus Rissen und Spalten hervor. (Copyright: UAA-hmc-0186-volume5-5061, National Geographic Society, Katmai Expeditions, Photographs, Archives and Special Collections, Consortium Library, University of Alaska, Anchorage)

tief sein. Später sollten wir erfahren, wie lächerlich klein beide Schätzungen waren … Der Steilabfall vom höchsten Punkt des Randes zum See beträgt 1130 Meter« (Griggs, 1928).

Zwölf Tage später führte sie der beschwerliche Weg über den Katmai Pass nordwestwärts in ein Tal, das in seiner Vegetations- und Leblosigkeit ein geradezu außerirdisches Bild bot. Es wurde dominiert von Tausenden, aus Fumarolen bis zu 300 m emporsteigenden heißen Dampfsäulen. Griggs Aufzeichnungen mögen dies veranschaulichen: »Der Blick, der sich auf einmal unseren überraschten Augen bot, als wir den Hügel überschritten, war eins der erstaunlichsten Bilder, das je von Menschenaugen geschaut wurde. So weit wir blicken konnten, war das ganze Tal voll von Hunderten, ja Tausenden – nein, buchstäblich Zehntausenden von Rauchwolken, die sich von seinem spaltendurchzogenen Boden aufkräuselten … Mit dem ersten Blick war uns klar, dass wir in einen zweiten Yellowstone-Park geraten waren, von dessen Dasein Weiße und Eingeborene zu dieser Stunde keine Ahnung gehabt hatten … Es war, als seien alle Dampfmaschinen der Welt vereint, als seien plötzlich ihre Sicherheitsventile geplatzt und pufften nun den überschüssigen Dampf um die Wette in die Welt hinaus … Schon nach der flüchtigen Untersuchung, die wir am Tage der Entdeckung machen konnten, erkannten wir, dass die Öffnungen nach Zehntausenden zählen mussten. Nach diesem ersten Eindruck tauften wir das Tal ›Das Tal der Zehntausend Dämpfe‹« (Griggs, 1928)..

Die Gewissheit, dass ein neuer Vulkan entstanden war, spiegelt sich auch im Namen Novarupta wider. 1917 kehrte Griggs zu weiteren Erkundungen in das Tal zurück, das er mit keinem anderen Ort der Welt vergleichen wollte.

»Zur Zeit der Entdeckung hatte ich nicht lange genug bleiben können, um mehr als die ersten Empfindungen der Verwunderung und des Staunens zu verspüren. Ich hatte die Lage keineswegs genügend erfasst, um über sie genau zu berichten. Das Gebiet sollte besser den Namen »Das Tal der Millionen Dämpfe« erhalten haben; denn es gibt sicherlich, alles in allem, nicht nur Tausende, sondern Millionen« (Griggs, 1928).

Für Griggs war das Tal der Rauchsäulen ein Weltwunder mit Spitzentemperaturen bis zu 650°C. Seinen mehrmaligen, riskanten Expeditionen und Berichten gebühren Anerkennung und Bewunderung. Die eindrucksvollen Bilder, die sowohl im Buch »Das Tal der Zehntausend Dämpfe«, das 1928 bei Brockhaus in Leipzig erschienen ist, als auch im Expeditionsatlas der National Geographic Society – Die größten Abenteuer unserer Zeit (Deutsche Ausgabe 2001) – enthalten sind, unterstreichen die Einmaligkeit dieser Region. 1918 wurden diese Wunder der Natur von Präsident Woodrow Wilson zum National Monument erklärt. Schon wenige Jahre später versiegten die meisten Dampfsäulen, doch die durch gewaltsame Vorgänge im Erdinneren veränderte Landschaft und das spektakuläre Hinterland erhielten 1980 auf einer Fläche von 16.565 km² den Status eines National Park and Preserve.

Neuschnee und Wolken am 2317 m hohen Mount Griggs.

*Die Tiefdruckgebiete im nahen Pazifik sind meist von Stürmen begleitet,
die in den weiten, ebenen Flächen an Stärke gewinnen.*

Der beeindruckende Canyon des Lethe River.

Im Tal der 10.000 Rauchsäulen

Das Wetter ist angenehm, die Sicht gut. Ich bin hin- und hergerissen zwischen der Vorfreude auf unser Katmai-Abenteuer und der Sorge um das instabile Wetter Südwest-Alaskas, einer Region, die oft aus allen Himmelsrichtungen von den Elementen bestürmt wird.

In eleganten Schleifen kurvt Dave, unser sympathischer Buschpilot, über dichte Wälder sowie sanfte Tundra-Bergrücken und steuert an kristallklaren, mäandernden Flüssen entlang. Dort unten ist der Reichtum an Lachsen fast unermesslich. Alles scheint zum Greifen nah. Die niedrigen Ausläufer der Berge werden allmählich höher. Immer mehr Seen rücken in unser Blickfeld. Im Hintergrund wachsen weißgipfelige Vulkanberge in den Himmel. Weich setzt unser Buschpilot die Schwimmkörper der Maschine auf die glatte Wasserfläche des Naknek Lake. Nicht einmal 30 Minuten dauert der Flug von King Salmon nach Brooks Lodge. Direkt vor dem Holzschild »Katmai National Park« drosselt er den Motor und rollt an das sandige Ufer.

Wer das Valley of Ten Thousand Smokes sehen möchte, muss in Brooks Camp in einen Bus umsteigen. Eine enge Schotterstraße windet sich durch ursprüngliche Wälder. Ein einziges Stück Straße weit und breit in einer völlig unerschlossenen Wildnis. Und dann, nach 37 holprigen Kilometern, geht es nicht mehr weiter. Am Three Forks Overlook ist Endstation für alle. Da liegt es nun vor uns, das Tal der 10.000 Rauchsäulen. Wir sind die einzigen Rucksackwanderer. Die Mehrheit der Touristen begnügt sich mit einem Weitblick vom Aussichtspunkt.

Bald haben wir den Windy Creek erreicht und suchen eine günstige Furt durch den Wasserlauf. Der Himmel verspricht nichts Gutes. Tiefhängende Wolken verhüllen die Berge. Die Ostausläufer der Buttress Range geben die Richtung vor. Unentwegt fegt der Wind durch diese Sandwüste. Sturmböen reißen uns fast von den Beinen, Regen und feuchte Kälte setzen uns arg zu. Der Wind fährt in die Rucksack-Regenüberzüge und bläht sie auf wie Fallschirme. Sand klebt an den feuchten Trekkingschuhen, bei jedem Schritt versinken wir knöcheltief. Dann überqueren wir Gesteinskrusten, die so dünn sind, dass sie zerbrechen. Wir kommen bis dicht an den Canyon des Lethe River heran. Seit dem Vulkanausbruch hat er sich tief in die Ascheschichten hineingegraben. 50 m weiter unten tobt das lehmig-gelbe Wasser durch die enge Schlucht. Die Canyonränder sind aus derartig losem Material, dass sie beim Betasten mit unseren Trekkingstöcken sofort abbrechen und in die Tiefe stürzen. Also nicht zu nahe herantreten, ein Fall in die Tiefe hätte verheerende Folgen.

Nach der Windy-Creek-Flussquerung steht uns nun die zweite Passage am River Lethe bevor, der nach einem jener fünf Flüsse be-

Beschwerlich, aber lohnend: der Anmarsch zum Novarupta.

nannt ist, die in der griechischen Mythologie das düstere Reich des Hades durchfließen. Wir finden eine seichte Stelle, krempeln die Hosen hoch, ziehen Turnschuhe an, öffnen die Hüftgurte unserer Rucksäcke, damit wir uns bei einem Sturz notfalls schnell von der Last befreien können und waten, mit der Gewissheit alle Vorsichtsmaßnahmen getroffen zu haben und auf unsere Trekkingstöcke gestützt, vorsichtig durch den eiskalten Fluss. Mit den Stöcken lassen sich trügerische Vertiefungen im milchig-grauen Gletscherwasser besser abschätzen. Wir springen ans Ufer, reißen uns die Rucksäcke von den Schultern und rennen mit vor Kälte schmerzenden Füßen auf und ab.

Auch eine Rangerin vom National Park Service und zwei Parkranger kannten den Lethe River recht gut. Von der Harmlosigkeit der Watstelle, wie wir sie vorfanden, darf man sich jedoch nicht täuschen lassen. Flüsse verändern schnell ihr Gesicht. Heftiger Regen bedeutet bedrohliches Wasser. Die Rangerin konnte der unerbittlichen Wucht des Lethe River nicht widerstehen. Auch die beiden Parkranger konnten nicht helfen. Wie von Geisterhand wurde sie in den Canyon gezogen. Man hat sie nie mehr gefunden.

Wir sind nun in der Mitte des 20 km langen, wüstenähnlichen Tales mit seiner bis zu 200 m dicken Vulkanascheschicht. Das Rauschen des Lethe ist nicht mehr zu hören. Der Regen hat eine Pause eingelegt, doch Nebel hüllt die Landschaft ein. Der steile Aufstieg zum primitiven Unterstand am Baked Mountain (1123 m) wird zu einem letzten Konditionstest. Im sandigen Boden spuren wir angestrengt wie wühlende Maulwürfe, immer wieder rutschen wir zurück. Auch die Rucksäcke sind schwerer geworden. Seit der Flussquerung baumeln prall gefüllte Wasserflaschen daran, denn Wasser gibt es an der Geologenhütte, unserem ersten Tagesziel, weit und breit nicht. Im Dämmerlicht stoßen wir auf zwei primitive, eiskalte »Holzschachteln«, die von Geologen und Vulkanologen auf dieser windgepeitschten Anhöhe errichtet wurden. Jetzt noch schnell Tee kochen, Essen zubereiten, in die Schlafsäcke kriechen. Wir hören ein längst vertrautes Geräusch; Regen trommelt in der Nacht auf das Hüttendach und dringt durch die schlecht schließende Eingangstüre in den Vorraum. Doch das Dach hält und die Schlafsäcke bleiben trocken.

Zum Novarupta

Fremdartig wirken die riesigen, kahlen Flächen um uns herum. Kälte kriecht durch das weite, weglose Tal. Wir übersteigen Sand- und Geröllllawinen, queren Hunderte Rinnen und Gräben, die das Wasser in den weichen Boden gegraben hat. Wie ein weit verzweigtes Adernsystem durchziehen sie die bizarre Landschaft. Auch schmutzige Reste von Schnee gibt es. Für unser Teewasser kaum brauchbar.

Ein bis zwei Stunden später: Die Luft riecht nach Schwefel. Wir stehen am Fuß des Novarupta, jenes im Sommer 1912 geborenen Vulkans, der die Menschen das Fürchten lehrte. Während der Gipfel des benachbarten Mount Katmai in sich zusammenbrach und eine gewaltige, mit Wasser gefüllte Caldera zurückließ, zeigt der Novarupta ein völlig anderes, eigenartiges Aussehen. Sein Krater, der einen Durchmesser von etwa 400 m hat, ist mit

*Wo Lachse schwimmen, gehen Bären fischen.
Als besondere Delikatesse gelten
die Fischeier, der Rogen.*

einem 70 m hohen, leicht dampfenden Steinhaufen aufgefüllt, vergleichbar mit einem kochenden Wasserkessel, auf dem ein schlecht schließender Deckel sitzt. Aus Löchern an den Rändern des Vulkankegels dringt heißer Dampf. Trotzdem finden wir Anzeichen von Leben. Kräftiges Moosgrün und bunte Flechten überziehen den Boden. In windgeschützten Niederungen klammern sich zaghaft einige Grasbüschel an das Erdreich und die Schneeammern, die wir zu Gesicht bekommen, leben dort ein verborgenes Dasein.

Tags darauf. Ein blank gefegter Himmel befördert unsere Stimmung. Der permanent wehende Wind treibt den losen Sand über Täler, Hügel und Berge. Nichts hält ihn auf, kein Baum, kein Strauch. Sandstürme in Alaska und wir erleben sie! Der Wind jagt uns die letzte Wärme aus dem Körper. Die Kapuzen sitzen tief im Gesicht, unsere Sonnenbrillen schützen die Augen. Doch der Wind hat auch seine Vorzüge. Durchnässte Kleidung trocknet sehr schnell. Die frisch verschneiten Vulkanberge schimmern im Sonnenlicht und das stumme, im Wettergrau so öde wirkende Tal nimmt leuchtende Farben an. Von Rot, Gelb, Violett bis Schwarz reicht die Palette der farbgebenden Mineralien. Auch die mit Vulkanasche überzogenen Berghänge leuchten im Sonnenlicht. Geradezu paradox wirken in dieser nackten Landschaft die plötzlich auftauchenden, riesigen Fußabdrücke eines Grizzly. Dass es hier überhaupt solche Lebewesen gibt? Normalerweise sind auch Bären hier verloren. Sie leben von Fisch und den gibt es nur dies- und jenseits des Katmai Pass in den Flüssen und Bächen, die meerwärts ziehen. Stand unserem umherstreifenden Braunbären auch der Sinn danach, weit zu wandern? Wir sind wachsam, denn hier handelt es sich gewiss um einen ungeselligen, männlichen und wahrscheinlich auch ziemlich hungrigen Einzelgänger auf der Durchreise.

Wer besteigt schon diese Vulkanberge in dieser so beklemmend wirkenden, menschenleeren Gegend des Katmai National Park? Ein eisgekröntes Gebirge mit einem kochenden Untergrund. Mount Martin (1860 m), Mount Mageik (2165 m), Trident Volcanic Complex (1097 m bis 1864 m), Mount Katmai (2047 m), Novarupta (841 m), Mount Griggs (2317 m), Snowy Mountain (2161 m), Mount Denison (2318 m), Kukak Volcano (2040 m) und der Kaguyak Crater (901 m) schauen harmloser aus als sie sind. Alle spien schon Feuer und verbreiteten Angst und Schrecken. Und zwischen den Bergen Mageik und Trident liegt der Katmai Pass, ein Ort widriger Stürme, die ungehindert vom nahen Pazifik heranbrausen. Die einsame Backpackingtour durch das Valley of 10.000 Smokes liegt hinter uns. Ein Bus bringt uns vom Three Forks Overlook zurück nach Brooks Camp.

Brooks Camp ist für Bärenfans ein absolutes Traumziel, denn diese Gegend gehört zu den herausragenden Bärenbeobachtungsplätzen in Alaska. Wenn während der Lachszüge Abertausende geschwächte Fischleiber vom Naknek Lake zum Brooks River und zu den Brooks Falls drängen, dann gehen dort Dutzende Braunbären auf Fischfang. Und von der komfortablen Brooks Camp Lodge, der Hütten und ein Zeltplatz angeschlossen sind, gelangt man in wenigen Minuten zu den Beobachtungsplätzen. Wir sind enttäuscht, denn jetzt Ende August sind am Fluss und am Wasserfall noch keine Bären zu sehen. Wir können auch nicht länger Ausschau halten, denn unser Permit läuft ab. Im August halten sich die Tiere immer noch in den angrenzenden Wäldern auf. Erst Anfang September, wenn die Lachse vor den Brooks Falls buchstäblich im Stau stehen, kommen sie zurück. Dann hat man hier schon die Rekordzahl von 70 Bären auf wenigen Quadratkilometern registriert.

Geographic Harbor – Bucht der Bären in der Amalik Bay/Shelikof Strait

Tage später. Ein Wasserflugzeug bringt uns von Homer nach Geographic Harbor. Auch dieser zerklüftete Küstenstreifen an der Shelikof Strait mit seinen imposanten, hoch aufragenden Basaltfelsen ist ein Teil des Katmai National Park. Nun sind wir gerade einmal 40 km Luftlinie südöstlich vom Novarupta, unserem letzten Trekkingziel

entfernt. Geographic Harbor nimmt unter den Bärenbeobachtungsgebieten einen Spitzenplatz ein und ein Permit müssen wir auch nicht einholen. Geographic Harbor gehört ganz allein den Bären. Hier geht ein lang gehegter Traum in Erfüllung. In so großer Zahl und solch geringer Entfernung haben wir Braunbären noch nie erlebt. Sie kommen uns manchmal so nah, dass es uns schier den Atem verschlägt. Hier fischen diese Einzelgänger Seite an Seite. Nur sie interessieren sich für die Lachse. Nirgends stoßen sie auf die Konkurrenz des Menschen – Fischer gibt es hier keine. An die Besucher haben sie sich gewöhnt, auch daran, dass in der abgelegenen Bucht fast täglich ein Wasserflugzeug landet. Wir kauern uns auf einem sandigen Platz, ganz nah am Lachsfluss, eng zusammen. Was sofort auffällt: Die hierarchische Ordnung der Bären ist klar festgelegt. Im Kampf um die

Er braucht noch viele Fische, um ausreichende Fettreserven für den Winter anzulegen.

schmackhaften Fischeier und die besten Filets müssen sich die Jungbären den älteren, ausgewachsenen Artgenossen fügen. Trotz des Konkurrenzkampfes sind Auseinandersetzungen mit blutigen Wunden eher selten, meistens bleibt es bei Drohgebärden. Auch für die zahlreichen, ständig kreischenden Möwen fällt immer etwas ab. Überall liegen verwesende Fischkadaver.

Zwei dreijährige Jungtiere versuchen wahrscheinlich zum ersten Mal, ohne ihre Mutter frische Beute zu machen. Nur zögernd nähern sie sich den Lachsgewässern. Sie haben allen Grund, sich zu fürchten: Die ausgewachsenen, männlichen Bären sind ihre größten Feinde. Doch auch sie müssen ihre Energieversorgung sicherstellen, um den Winter zu überstehen. Noch verzehren sie die Essensreste der Großbären.

Plötzlich taucht aus dem nahen, dicht stehenden Erlengebüsch ein mächtiger Schädel auf. Kein Geräusch hat den Bären verraten. Einige Zentner geballter Kraft und Energie bauen sich vor uns auf. Unbeeindruckt von unserer Anwesenheit wuchtet er seinen massigen Körper blitzartig kopfüber in die Fluten. Glitzernde Gischtfontänen spritzen im weiten Umkreis in die Luft. Doch dieses Mal ist die Beute entwischt. Ein anderer Bär frisst als Zwischenmahlzeit Riedgras und ein weiterer Riese döst am Ufer vor sich hin. In den Vorderpranken hält er einen Lachs; Anstalten, ihn aufzufressen, macht er nicht. Lange bleibt er so liegen, hebt ab und zu

Geographic Harbor. Das Wasserflugzeug stört die Braunbären bei der Nahrungssuche nicht.

seinen Kopf, dann setzt er sich in Bewegung und verschwindet in den Erlensträuchern. Stundenlang beobachten wir mit großer Aufmerksamkeit die Raubtiere, wie sie im Fluss geduldig auf Beutefang gehen. Ein aufregenderes Tiererlebnis kann ein Urlaub nicht bieten.

Info Katmai

www.nps.gov/katm/index.htm
www.katmailand.com/air-services/index.html

Valley of 10.000 Smokes
40 km hin und zurück, 4 Tage, Zelt, weglos, wüstenhaft, Flussquerungen, nur für erfahrene Backpacker.
Flug Anchorage – King Salmon – Brooks Camp, Bus von Brooks Camp zum Startpunkt.

Route: Start- und Endpunkt Three Forks Overlook – Windy Creek – Ausläufer Buttress Range – Flussquerung Lethe River – Baked Mountain – Novarupta.
Karte: USGS Mount Katmai, zeigt einen Überblick.

Geographic Harbor – Bärenbeobachtung
Ausgangspunkt für Flüge nach Geographic Harbor ist der im Südwesten Kenais, an der Kachemak Bay liegende Ort Homer.
www.baldmountainair.com/index.html
www.discoverak.com

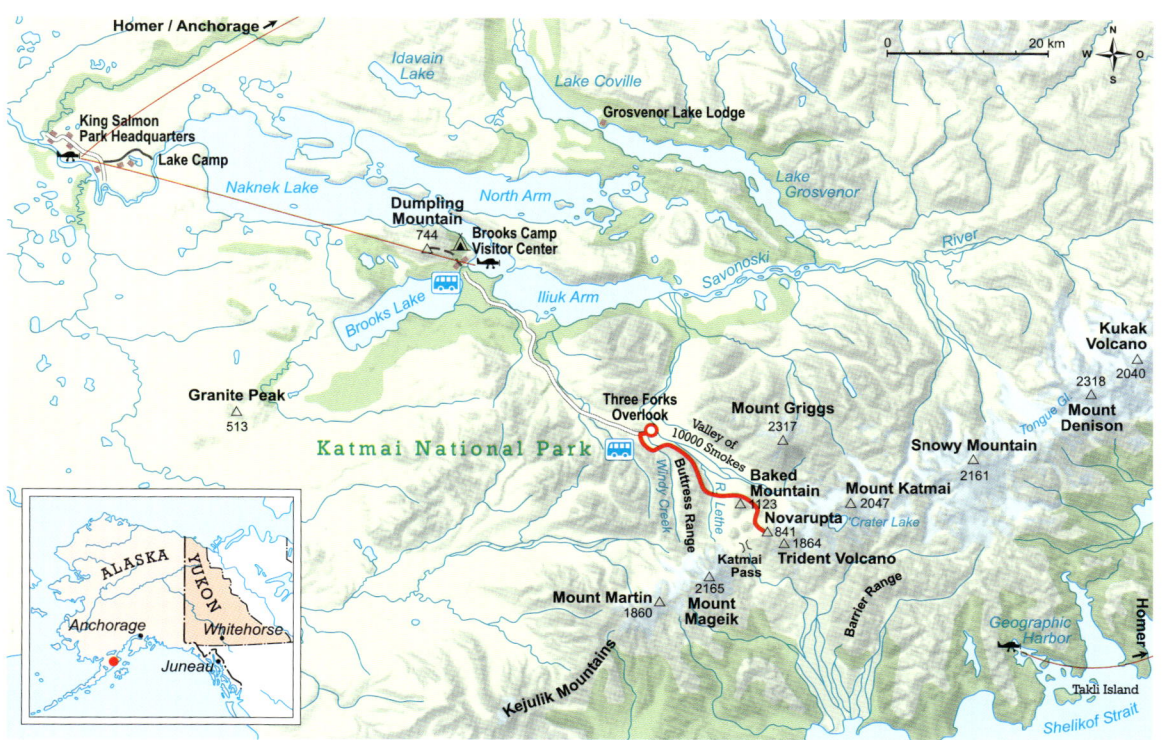

Denali – der Bär hat Vorfahrt

Der Mount McKinley mit der Route der Erstbesteiger über den Muldrow Glacier. Rechts hebt sich der Pioneer Ridge, links der Karstens Ridge ab. Im oberen Bereich ist der Harper Glacier erkennbar.

Dieser Grizzly hat uns längst wahrgenommen, wachsam beobachtet er sein Umfeld.

Große Stille liegt über dem Busia Mountain, der in den Kantishna Hills am nordwestlichen Rand des Denali National Park liegt. Hier sind die Berge nur sanfte Tundrahügel und Felskuppen. Unter uns liegt der von Weiden und Erlen umrahmte Wonder Lake. Die Taigawälder sind in den Ebenen zurückgeblieben. Im Süden verlieren sich die Wasser des McKinley River im Labyrinth der unzähligen Flussarme. Eine bizarre, ungehemmte Flusslandschaft mit Flach- und Steilufern, grauen Schotterbänken und Inseln, die ihr Erscheinungsbild ständig ändern; und dahinter der Hauptdarsteller dieser grandiosen subarktischen Landschaft – der 6194 m hohe Mount McKinley. Was für ein Berg! Heute zieht der Riese alle Register. Wir verstummen vor Ehrfurcht und starren auf dieses mächtige Gebirgsmassiv, das nicht nur bedrohlich aussieht. Wenn die Fels- und Eiswände im milden Sonnenlicht baden, wünscht man sich, dort oben zu sein. Ein seltenes Bild! Zwischen Mai und September ist im Durchschnitt nur an 18 Tagen der Blick vom Fuß des berges bis zum Gipfel frei.

Warum der Mount McKinley ein so gewaltiger Berg ist, wird einem klar, wenn man sich in der Gegend um den Wonder Lake aufhält. Der Übergang von der flachen Tundra- und Taigalandschaft in eine atemberaubende Gebirgskulisse vollzieht sich innerhalb weniger Kilometer. Da der Fuß des Massivs im Süden etwa 400 m, im Norden 600 m bis 700 m hoch liegt, überragt er sein Umland um atemberaubende 5500 m. Bei gutem Wetter ist dieser Riese sogar vom 300 km entfernten Anchorage aus zu sehen. Vor allem die Athabasken hat dieser isoliert stehende Eiskoloss in seinen Bann gezogen. Die Empfindungen, die sie bei seinem Anblick spürten, spiegeln sich in dem Namen, den sie ihm gaben. Sie nannten ihn Denali – den Großen.

Der Mount McKinley gehört zur Alaska Range, der gewaltigen Gebirgsbarriere, die sich in einem 750 km langen Bogen vom Merrill Pass im Südwesten (Cook Inlet) bis zum White River an der Grenze zum Yukon erstreckt. Durch den Nationalpark verläuft die Denali Fault, der größte Bruch in der Erdkruste Nordamerikas. Im McKinley-Massiv, am Mount Foraker und am Mount Hunter, an den Cathedral Spires, an der Ruth Gorge und am Moose's Tooth bildet Granit die bizarren Felsgestalten. Bunt gefärbtes, vulkanisches Gestein, 60 Millionen Jahre alt, gibt dem Polychrome Pass ein eigentümliches Aussehen. Wie im übrigen Alaska treffen auch im Denali National Park verschiedene Erdkrustenblöcke (sogenannte Terrane) unterschiedlichen Alters, unterschiedlicher Herkunft und unterschiedlicher Gesteinsarten zusammen. Das alles hat zu großer Formenvielfalt und zu besonders bewegten Landschaftsbildern beigetragen.

Eis und Wasser

Die magische 6000er-Grenze erreicht nur der Mount McKinley. Aber auch seine Nachbarn Silverthrone (4029 m), Koven (3722 m), Browne Tower (4450 m), Kahiltna Dome (3818 m), Crosson (3901 m), Foraker (5304 m), Hunter (4442 m) und Huntington (3737 m) sind keine gewöhnlichen Gipfel, sondern Bergkolosse mit kilometerlangen Graten, spektakulären Eisrinnen und

Mittendrin im Healy Massiv.

Der 3150 m hohe Moose's Tooth ist ein spektakulärer Granitklotz, der nur 24 km südöstlich des Mount McKinley an der Ruth Gorge liegt. Im Jahr 1964 gelang einem vierköpfigen deutschen Team (Walter Welsch, Klaus Bierl, Arnold Hasenkopf und Alfons Reichegger) die Erstbesteigung des Elchzahnes, wie die Übersetzung dieses Namens lautet.

schneebepackten Wänden, die mächtige, spaltige Gletscher in alle Himmelsrichtungen aussenden. Eis, Wasser, Frost und Wärme arbeiten unermüdlich am Relief dieses mannigfaltigen Hochgebirges. Der anfallende Schutt landet auf den Gletschern, die ihn wie Fließbänder weitertransportieren. Wir sehen Gletschereis, das unaufhörlich endlose Schuttmassen in die Täler befördert. Dall, Yentna, Lacuna, Kahiltna, Tokositna, Ruth, Buckskin und Eldridge sind große Eisströme, die wie gefrorene Finger vom Zentrum der Alaska Range in die Täler nach Süden greifen. Die bekanntesten Gletscher auf der Nordseite sind Foraker, Peters und der über 50 km lange Muldrow Glacier. Ein Gewirr von Bächen und Flüssen bildet die Lebensadern des Schutzgebietes, die den Charakter der Landschaft wesentlich mitbestimmen. Zu den nachhaltigsten Eindrücken gehören die steilen, v-förmigen Kerbtäler des Savage- und des Sanctuary River, die die Outer Range durchschneiden. Im Gegensatz dazu stehen die breiten, von Gletschern ausgehobelten Trog- oder U-Täler auf der Nordseite der Alaska Range: Teklanika, Toklat, Thorofare und McKinley River winden sich in breiten Tälern durch die Ebenen. Dabei laden sie ungeheure Mengen von Steinen, Sand und Schlamm am Talboden ab.

Charles Sheldon und Alaskas erster Nationalpark

Die Wildnis um den Mount McKinley gefiel dem Naturforscher und Jäger Charles Sheldon besonders gut; die Idee, eine so erhabene Natur in einem Schutzgebiet zu bewahren, stammt von ihm. Man schrieb das Jahr 1906, als er mit seinem Partner Harry Karstens das Land südlich des Kantishna River erforschte. Im Bann des Mount McKinley verbrachten sie einige Wochen in den Tälern und Bergen der Outer Range. Überall bekamen sie Wild zu Gesicht. Der tatendurstige Sheldon baute später am Toklat River eine Hütte, die als Stützpunkt für intensive Erkundungstouren diente. Am Ende des Winters kehrte er in die Zivilisation zurück und wies in Veröffentlichungen auf bedrohliche Entwicklungen hin. 1905 waren tausend Glücksritter in die Einöden am Glacier, Caribou, Eureka und Eldorado Creek in den Kantishna Hills eingefallen. Die Spuren der Goldgräber waren überall zu sehen: durchwühlte Bachbette, Abraumhalden, herumliegender Müll, abgeholzte Wälder. Außerdem gab es bald auch kein Wild mehr, um so viele Menschen zu ernähren, denn Wildschutz-Vorschriften existierten nicht. Charles Sheldon wollte nicht länger zusehen, wie diese Natur ruiniert wurde.

Besonders schön anzusehen sind Karibubullen im Herbst, wenn ihr braunes Fell im Sonnenschein glänzt.

Nahe des Savage River – die Zeit der schönsten Herbstfarben ist schon vorüber.

Der an sich scheue Pika oder Alaska Pfeifhase macht sich vor allem durch seinen quietschenden Warnruf bemerkbar.

Dallschafe leben fast das ganze Jahr über nach Geschlechtern getrennt in Rudeln. Nur in der Paarungszeit sind sie zusammen.

Sein Ruf nach Urnatur, nach Lebensräumen für Wildtiere, in die der Mensch nicht eingreift, fand fortan auch bei den Mitgliedern des New Yorker Boone and Crockett Club, einer einflussreichen Vereinigung von Jägern, Unterstützung. Sheldons unermüdlicher Einsatz hatte schließlich doch Erfolg. Präsident Woodrow Wilson unterzeichnete am 16. Februar 1917 den Vertrag über die Schaffung des Denali National Park, der zur Enttäuschung Sheldons den Namen »Mount McKinley National Park« bekam. Kein geringerer als Harry Karstens, erfolgreicher Mount-McKinley-Bezwinger, wurde 1921 oberster Parkwächter (Superintendent) des subarktischen Schutzgebietes, das heute insgesamt 24.584 km² (National Park and Preserve) umfasst. 1976 wurde es von der UNESCO zum Biosphärenreservat deklariert und 1980 erweitert.

Mit dem Shuttlebus unterwegs, Tierbeobachtungen an der Straße

Jeder Tourist sollte sich die längste Bustour vom Ausgangspunkt McKinley Village zum Wonder Lake (136 km) durch Taiga und Tundra entlang der Alaska Range nicht entgehen lassen. Sie lohnt sich auf jeden Fall. Die Hin- und Rückfahrt dauert 10 Stunden. Sie folgt der (noch) einzigen Straße, die in den Nationalpark führt. Aufgrund steigender Besucherzahlen ist zusätzlich der Ausbau der einstigen Bergwerkstraße »Petersville Road« geplant, die

Am Gipfel des Mount Healy ist ein weitreichender Ausblick der Lohn für den langen, einsamen Aufstieg. Tief unten das Tal des Nenana River.

von Süden her an das riesige Schutzgebiet heranführt.

September – die Sonne steht blendend über dem Horizont, noch einmal tankt die Natur Licht, bevor sie sich in wenigen Wochen zur Ruhe begibt. Das Touristenmekka McKinley Village lassen wir hinter uns. Dichte, boreale Wälder säumen anfangs die Straße zum Savage River. Ein wahrer Farbenrausch überzieht Taiga und Tundra. Plötzlich stauen sich die Autos. Unser Bus rollt langsam heran, die Warnlichter blinken. Da muss etwas sein! »We have a moose jam«, kommentiert der Busfahrer, der den Prachtbullen als Erster sieht, während er die Straße kreuzt. Die Begegnung kommt nicht überraschend, denn Elche halten sich in dieser Gegend häufig auf. Herbstzeit ist Brunftzeit. Es wird fotografiert, gefilmt und alles dreht sich nur mehr um den kapitalen Elch. Ab der Savage River-Brücke wird der Asphalt von Schotter, Sand und Schlaglöchern abgelöst. Bis hierher dürfen alle fahren, aber jetzt ist Schluss – für jeden Autofahrer. Ausnahmegenehmigungen gibt es nur für Berufsfotografen, Campingplatzbenutzer am Teklanika River und für Zelttouristen am Igloo Creek Campground. Die Straße zieht nun hinauf zum Primrose Turnout bei Meile 17. Ein Rotfuchs läuft auf der Straße, er ist lieber hier als im angrenzenden Dickicht unterwegs. Unser Augenmerk gilt in jedem Fall den Karibus, die dort gerne über die mit Zwergbirken, hüfthohen Weiden und Rauschbeersträuchern bewachsene Feuchttundra streifen. Heute gehören rund 1800 Tiere zum Landschaftsbild des Denali National Park and Preserve. In den 1930er Jahren zählte man noch über 20.000 Karibus. Gründe für diesen Rückgang sind unbekannt. Die Straße leitet zum Sanctuary River hinunter und weiter in das breite Flusstal des Teklanika hinein. Der Name bedeutet in der Sprache der Athabasken »kleiner Fluss mit vielen Steinen«, der jetzt im Herbst seinen Tiefststand erreicht hat. Dichte Wälder aus Schwarzfichten, Erlen und Weiden erschweren die Beobachtung von Tieren. Doch gelegentlich trottet ein schwergewichtiger Bär oder ein stattlicher Elch über die Schotterbänke. Wenig später zieht der vorübergehend gesperrte Igloo Campground vorüber. Lange Zeit hatten hier nicht Menschen das Sagen, sondern Wölfe. Die Nationalpark-Verwaltung möchte die Zukunft der Wölfe im Denali sichern.

Ein bedeutender Anwalt der Wölfe war der Naturforscher Adolph Murie, der sich besonders mit ihnen beschäftigte. Zwei Jahre lang, von 1939 bis 1941, legte er sich am East Fork des Toklat River auf die Lauer, um ihre Lebensgewohnheiten zu erforschen. In seinem 1944 erschienenen Buch »The Wolves of Mount McKinley« vertrat er die Auffassung, dass sich die Anwesenheit von Wölfen positiv auf den Naturkreislauf auswirke, da Wölfe vor allem kranke und schwache Dallschafe, Karibus und Elche erbeuten würden. Seine Studien widerlegten auch die verbreitete, fantasievolle Mär vom blutrünstigen Räuber.

Wir lassen die Baumgrenze hinter uns, die im Schutzgebiet bei etwa 850 m liegt. In 1189 m Höhe, am Sable Pass, sieht die Welt anders aus: Dort ist Grizzly-Land, seit 1952 für Menschen gesperrt. Die Hauptakteure dieser Landschaft lassen sich heute nicht blicken, und das, obwohl ständig von ihnen die Rede ist. Die schneefreien Zeiträume sind hier oben so kurz, dass die Vegetation nur wenig Zeit hat, sich zu entwickeln. Trotzdem ist die alpine Tundra unglaublich farbenfroh. Doch inzwischen sind die leuchtenden Blüten des Roten Steinbrechs, des Stengellosen Leimkrauts, der Arktischen Lupine, der Lappenrose und des Wolligen Läusekrauts verschwunden. Beerentragende Zwergsträucher wie Preiselbeere, Rauschbeere, Krähenbeere und Alpenbärentraube zeigen den Herbst an.

Die Straße windet sich vom Polychrome Pass (1128 m) durch steile, brüchige Hänge. Schreckenerregende Tiefen tun sich zur Talseite hin auf, aber auch hinreißende Ausblicke auf Tundraebenen, Bergkämme und Flusstäler. Der Respekt des Arktischen Erdhörnchens vor dem Menschen ist nicht allzu groß. Die Tiere scheuen sich nicht, vor ihren Tunnelbauten, die ganz nahe an der Straße liegen, um Nahrung zu betteln.

Mit einem Schlag kommt Leben in den Bus. Irgendjemand schreit »Bear«. Ohne ein Zeichen von Erregung, den Kopf zu Boden gerichtet, trottet der »Herr der Wildnis« auf der Straße entlang. Er genießt absolute Vorfahrt vor den sich allmählich stauenden Bussen. Was für ein kraftstrotzendes, schönes Geschöpf. Am Hals ist die auffallend blonde Färbung des sonst braunen Pelzes gut zu erkennen. Der Grizzly würdigt uns keines Blickes. Minutenlang versetzt er die Businsassen in Staunen und Verwunderung, bis ihn die Tundraberge am Thorofare Pass verschlucken. 200 bis 300 Grizzlys leben im Nationalpark.

106 km vom Startpunkt entfernt liegt inmitten einer von Tundra geprägten Landschaft das Eielson Visitor Center. Der Platz dafür – vor dem Postkartenpanorama des Mount McKinley – ist vorzüglich gewählt und gerade hier sind die Braunbären häufiger zu sehen. Carl Ben Eielson vollbrachte 1924 mit der Landung eines Buschflugzeuges im Nationalpark eine Pioniertat.

Auf den letzten 30 km bis zum Wonder Lake verleihen Feuchttundra, Hügel und viele kleine Teiche der Landschaft ein anderes Gepräge. Hier siedeln die großen »Landschaftsarchitekten«, die bis zu 30 kg schweren Biber. Die Feuchtgebiete ziehen auch Wasservögel an. Die Landschaft bringt im Herbst auch viele essbare Beeren hervor. Rot und saftig, so kennen wir die Johannisbeere, die in diesem subarktischen Klima gut gedeiht.

Tourengebiete – Backcountry Units

Im Denali National Park sind die Zeiten längst vorbei, in denen man seine Route ungehindert durch die Landschaft legen konnte. Der Nationalpark einschließlich des Preserve ist in 87 Backcountry Units (Sektionen) unterteilt. Für 41 Units braucht man ein Permit. Wer vom National Park Service eine solche Genehmigung haben will, muss zuerst einmal Geduld aufbringen, denn trotz der enormen Ausdehnungen des Gebietes ist für jede Sektion nur eine kleine Zahl von Wildniswanderern zugelassen. Mittels dieser konsequenten Beschränkung auf wenige Personen möchte man negative Einflüsse des Menschen auf Fauna und Flora möglichst klein halten. Wird die Höchstzahl von Besuchern für ein Tourengebiet (Unit) erreicht, muss man eventuell mehrere Tage warten, bis neue Permits ausgestellt werden. Demjenigen, der in der Hochsaison auf ein ganz bestimmtes Gebiet fixiert ist, sei eine rechtzeitige Anmeldung dringend empfohlen. Jeder Wanderer hat sich nach Beendigung seiner Mehrtagestour zurückzumelden. Für Tagestouren ist kein Permit notwendig. Im gesamten Nationalpark gibt es weder Hütten noch Pfade. Die besten Routen verlaufen in Flussnähe oder über Tundra. Das Mitführen einer Waffe ist nicht erlaubt. Wichtig: bärensicherer Foodkanister! Um zu den Startpunkten an der Straße, westlich des Savage River, zu gelangen, müssen Zeltwanderer den Camperbus (spezieller Bus des NPS für Backpacker mit Permit) benutzen.

Mount Healy

Wir nehmen Kurs auf den Mount Healy (1742 m) im Unit 24. Schon am Eingang zum Denali National Park, wo es ausnahmsweise einige kurze, ausgeschilderte Wanderwege gibt, zeigt sich die Schönheit der Natur. Ein ausgetretener Pfad führt aus einem borealen Wald steil hinauf in die

Savage River Canyon. Die Wandlungskunst der Natur ist faszinierend.

alpine Tundravegetation des Mount Healy Overlook (Aussichtspunkt). Die Lage, 500 m hoch über dem Tal des Nenana River, macht diesen Platz zu einer exzellenten Aussichtskanzel. Bis hierher begegnet man nicht wenigen Touristen, doch dann wird es schlagartig ruhig. Dabei wird die Bergtour jetzt erst richtig reizvoll. An manchen Stellen kommen schon mal die Hände zum Einsatz, wegloses Gehen hat immer etwas Abenteuerliches. Der lang gezogene, felsige Südgrat leitet zum östlichsten Gipfel des 16 km langen Healy-Massivs hinüber, das sich ostwestwärts vom Nenana River bis zum Canyon des Savage River erstreckt. Die Felsberge der Outer Range wirken keineswegs so unzugänglich wie die eisgewordene Welt der Alaska Range. Einen beherrschenden Gipfel gibt es hier nicht, vielmehr sind es beeindruckende geschwungene Grate mit erodierten Zacken und Türmen. Von der Kammlinie ziehen schuttbedeckte Steilhänge und Rinnen in tiefe Schluchten, die von Norden und Süden gegen das Healy-Massiv stoßen. Unsere Anstiegsroute ist gut sichtbar. Irgendwo dort unten, fast 1200 m tiefer, donnert das eisige Gletscherwasser des Nenana River durch den Healy Canyon.

Primrose Ridge

Primrose Ridge, auch bekannt als Mount Margaret im Unit 26, ist ein wahres Wanderparadies. In 1500 m Höhe dehnt sich

Die Alaska Range, in der Nähe des Eielson Visitor Center.

Am Oberlauf des Jenny Creek.

eine kilometerweite Tundrahochfläche aus. Ihre Steilhänge fallen im Osten zum Savage River und im Westen zum Sanctuary River ab. Jenseits der Schlucht steht der Mount Wright. Drüben, im Südwesten, entfaltet der Mount McKinley seine Schnee- und Eispracht. Im Norden bietet sich dagegen eine völlig andere Landschaft mit phänomenalen Ausmaßen: niedrige, sanft gerundete Tundraberge und grenzenlose Taiga in den zahllosen Flussniederungen. Bizarre Felsskulpturen auf dem Primrose Ridge sind Zeugnisse eines zähen Überlebenskampfes. Dem Frost, dem Regen und den Stürmen können sie auf Dauer nicht widerstehen. Im Osten werfen wir einen Blick hinunter in den Savage River Canyon. Man braucht Bergerfahrung und Spürsinn, bis man endlich den Talboden der Schlucht erreicht.

Sunday Creek
Ein lohnendes Ziel für Tageswanderer ist die Ranger Cabin am Sunday Creek. In Erinnerung bleibt uns vor allem die kurze, spannende Begegnung mit einem Vielfraß. Auch auf die Begegnung mit einem Bären muss man immer vorbereitet sein.

Jenny Creek
Mannshohe Weiden und Zwergbirken stellen sich uns bei der Durchquerung des breiten Tales südlich der Parkstraße, in der Sektion 3, in den Weg. Feuchttundra zwingt uns immer wieder zu Umwegen. Allmählich

Genussvolle Rast am harten Weg zum Mount Healy.

kommen wir aus dem Dickicht heraus und steigen dann hindernislos über karg bewachsene Bergrücken aufwärts, mit Blick auf den Jenny Creek, der nordwestwärts zum Savage River fließt. Diese nordischen Stimmungen! Kein aufblitzendes Sonnenlicht. Kein Glanz der Berge. Der Wind jagt finstere Wolken wie Gespenster über den endlosen Himmel. Auf dem in der Karte eingezeichneten Punkt 4930 ft (1502 m) liegt Neuschnee. Die weglose, selbst gewählte Route über diese aussichtsreichen Tundrakämme ist so überwältigend, dass wir vor Freude schreien. Spuren von Menschen sind nicht zu sehen und auch sonst kein Leben entlang unserer Route. Die Ödnis ist einfach zu groß, zu wild, gänzlich weglos. Die Parkverwaltung sperrt das Tal im Unit 3 südlich der Parkstraße immer wieder. Begründung: »Critical Wildlife Habitat« (Betretungsverbotszone, zum Beispiel bevorzugtes Elchbrunftgebiet oder Gebiet mit hoher Bärenkonzentration). Doch einige Kilometer weiter westwärts kann man vom Savage River Campground aus (liegt an der Parkstraße und ist mit dem Auto erreichbar, Permit notwendig) am gleichnamigen Fluss hinaufstapfen, dann erreicht man auch dieses Stück Einsamkeit und Unberührtheit.

Um den Mount Eielson

Es gibt unzählige Routen im Denali National Park. Manche werden links liegengelassen, andere stehen auf der Wunschliste der Rucksackwanderer ganz oben. Wer das Eielson Visitor Center hinter sich gelassen hat und nach Süden zum Thorofare River hinabsteigt, gelangt in eines der attraktivsten Trekking-Gebiete des Nationalparks. Deswegen gibt es eine nicht unbeträchtliche Zahl von Wanderern, die sich um einen Erlaubnisschein für den 24 km langen Trek um den Mount Eielson (1768 m) im Herzen des Schutzgebietes im Unit 12/13 bemühen.

Schon die ersten Schritte vor der nahen Kulisse der nicht allzu hohen, aber mit ewigem Schnee bedeckten Berge, über Decken von Zwergsträuchern, Moosen, Gräsern und Flechten, die den Permafrostboden verhüllen, geben einen Vorgeschmack auf die Glanzpunkte. Am Summit Pass (1432 m) ist das Urwelterlebnis dann nahezu perfekt und vom Gipfel des Mount Eielson eröffnen sich wahrhaft mitreißende Ausblicke auf den Mount McKinley, den Muldrow Glacier und die Bergeinsamkeit Alaskas.

Wonder Lake, Kantishna Hills

Die Lage des Wonder Lake am Fuß des Mount McKinley bietet Bilderbuch-Panoramen. Kein Wunder also, dass die Nachfrage nach den wenigen Wildniszeltplätzen am Südufer des Sees den ganzen Sommer über Hochkonjunktur hat – der Wonder Lake als ideales Basislager für erlebnisreiche Tageswanderungen.

Aber auch die von Wäldern, Bächen und Flüssen durchsetzten Kantishna Hills nördlich des Wonder Lake versprechen wunderbare Ausblicke. Die Rucksäcke bleiben dort zwar oft an den dicht stehenden Weiden und Erlen hängen, aber der Wechsel der Landschaftsbilder lässt die Strapazen vergessen. Der Mount McKinley ist allgegenwärtig. Vielleicht klappt es hier im

Kesugi Ridge. Im Sommer sind diese Zwergsträucher unauffällig, im Herbst bieten sie ein berauschendes Feuerwerk der Farben.

*Weit reicht der Blick vom 701 m hohen Broad Pass bei Cantwell.
Im Hintergrund die nördlichen Talkeetna Mountains.*

Auffällig geformte Granitfelsen prägen an verschiedenen Stellen den Kesugi Ridge im Denali State Park.

Backcountry Unit 15/43/42/36 mit einem Permit.

Im Denali State Park

Kennen Sie den Denali State Park? 260 km nördlich von Anchorage, aber noch südlich von Cantwell, zwischen den Talkeetna Mountains im Osten und der Alaska Range im Westen, erstreckt sich der 1316 km² große Denali State Park, der im Südwesten an den Denali National Park angrenzt. Im Gegensatz zum Nationalpark ist der State Park nur wenig bekannt, und das, obwohl sich in der Landschaft östlich des Parks Highway, in den nördlichen Talkeetna Mountains, eine der schönsten Weitwanderrouten Alaskas verbirgt.

Kesugi Ridge und Curry Ridge

Bei vielen Wanderern findet die Kesugi-Curry-Ridge-Tour wenig Beachtung. Sie reihen sich lieber in die Gruppe der Backpacker im Wilderness Access Center des Denali National Park ein, nur um ein Backcountry Permit für ein bestimmtes Gebiet zu bekommen. Dabei hat die Tour im Denali State Park viel Aufregendes zu bieten. Vom Little Coal Creek Trailhead (Startpunkt) ist die alpine Tundra auf einem gut begehbaren Pfad schnell erreicht. Dort oben, auf etwa 900 m, ist man sofort vom Ausblick überwältigt. Der Herbst schmückt die Tundra mit den Blättern der Alpenbärentraube, Rottöne sind über weite Flächen vorherrschend.

Im Herbst verfärben sich die Blätter der Alpenbärentraube blutrot. Blick über den Kesugi Ridge auf die Alaska Range.

Unnahbar, Ehrfurcht gebietend, hochgetürmt ragt in der Ferne der Mount McKinley in den Himmel. Nahezu während der gesamten Tour über die kahlen Bergkämme zieht er die Blicke auf sich. Die Gletscherströme Eldridge, Buckskin und Ruth, in etwa 30–40 km Entfernung, schwingen in großen Bögen von den Bergriesen der Alaska Range hinunter in das grüne, schwer zu durchquerende Tal des Chulitna River. Nichts verstellt den großartigen Ausblick. Nach sieben Stunden zielstrebigen Wanderns richten wir an einer übersichtlichen Stelle den nächtlichen Lagerplatz ein. Überall Stille und Einsamkeit. Mit dem Fernglas suche ich die Tundra in alle Richtungen ab. Das Einzige, was uns gelegentlich Sorgen bereitet, sind Bären. Um sie nicht anzulocken, halten wir uns strikt an die üblichen Vorsichtsmaßnahmen. Die beiden Schwarzbären, denen wir beim Aufstieg zum Kesugi Ridge im Erlengestrüpp verdammt nahe gekommen sind, spuken noch am Abend in unseren Köpfen herum. Aber auch diese endlos scheinende Nacht in der geisterhaft wirkenden Tundra geht vorüber, ohne dass ein Bär die Zeltwand eindrückt.

Doch ebenso wie die Bären interessiert uns nun die weitere großartige Routenführung über die alpine Tundra und mit Steinen übersäte Hochflächen, vorbei an Kiesrücken und sprudelnden Bächen. Wer nur wenig Zeit hat oder in sehr schlechtem Wetter unterwegs ist, kann den Kesugi Ridge über den Ermine Trail verlassen und zum Parks Highway absteigen. Insgesamt ziehen vom Parks Highway vier Routen ins Gebiet von Kesugi Ridge und Curry Ridge. Eine touristische Infrastruktur ist jedoch nicht vorhanden. Diese 27 km zwischen unserem Startpunkt am Little Coal Creek und der Abzweigung zum Ermine Trail bieten wahre Postkartenansichten. Doch nun müssen wir die aussichtsreichen, baumlosen Kämme verlassen. Der Pfad windet sich durch Weiden- und Erlengebüsch und über Stock und Stein steil hinunter in die Wälder am Susitna River.

Plötzlich dringt ein lauter Ton an unsere Ohren. Er stammt vom Zug der Alaska Railroad Corporation, der nur wenige Kilometer von uns entfernt im gemächlichen Tempo durch die Einsamkeit der Talkeetna Mountains rollt. Doch zwischen unserem Standort und Alaskas einziger Eisenbahnstrecke liegt wildes, kaum passierbares, wald- und wasserreiches Land. Am Skinny Lake haben wir dann die Wälder überwunden. Der Vorzug des von Erlen umrahmten Sees besteht in seiner geschützten Lage, doch gute Zeltplätze sind eher rar.

Das Gefühl grenzenloser Weite verspüren wir erst wieder auf den baumlosen Hochebenen am Golog (905 m). Sanft gewellte, namenlose Bergkämme und weite Täler stehen im strengen Kontrast zur stets allgegenwärtigen Fels- und Eismauer der Alaska Range. Aus der Ferne blitzt die Wasserfläche des Byers Lake auf. Doch bevor wir unser Ziel, den Byers Lake erreichen, erwartet uns noch ein langer, steiler Abstieg über aufgeweichte, wurzelreiche, rutschige Böden.

Info Denali

www.nps.gov/dena/planyourvisit/bcpermits.htm
www.dnr.alaska.gov/parks/units/denali1.htm

Mount Healy (1742 m)
Berg-Tagestour, Wald, Buschvegetation, alpine Tundra, bis Overlook (1066 m) Pfad, dann weglos.
Route: Start- und Endpunkt Denali National Park Visitor Center, Meile 1,5 Parkstraße (535 m) – Taiga Trail – Mount Healy Overlook Trail – Tundrawiesen – lang gezogener Kamm zum Gipfel.
Karte: USGS Healy C-4.

Primrose Ridge (1542 m)
Berg-Tagestour, bekannt auch als Mount Margaret, ist eine etwa 5 km lange, breite, weglose, überwiegend trockene Tundrahochfläche, die sich zwischen dem Savage River und dem Sanctuary River erstreckt, Camperbus-Ticket notwendig für Touren nach der Savage River Brücke.
Route: Start- und Endpunkt ist die Brücke über den Savage River (ca. 780 m); schwieriger Aufstieg durch Buschvegetation, oder leichter Aufstieg auf teils ausgetretenem Pfad vom Primrose Turnout (erster großer Parkplatz nach der Savage River Brücke, ca. 960 m), dann Endpunkt Primrose Turnout.
Karten: USGS Healy C-5, C-6, D-5, D-6.

Sunday Creek
Tagestour Ranger Cabin (Hütte der Parkwächter) am Sunday Creek mit wenig Höhenunterschied; teils Pfad, teils weglos.
Route: Start- und Endpunkt ist die Brücke über den Savage River, Meile 15 Parkstraße – Savage River Canyon – Mündung Sunday Creek in den Savage River – Cabin auf der anderen Bachseite.
Karten: USGS Healy C-5, D-5.

Jenny Creek
4–6 Tage, je nach selbstgewählter Route, Zelt, weglos, Flussquerungen, Buschvegetation, alpine Tundra.
Route: Start- und Endpunkt Savage River Campground – flussaufwärts Richtung Jenny Creek – Gipfel 4640 ft (1414 m) – Gipfel 4930 ft (1502 m).
Karten: USGS Healy C-4, C-5.

Mount Eielson
Rundtour, 24 km, 2 Tage, Zelt, weglos, Tundra, Flussquerungen, bevorzugtes Grizzly-Gebiet, Camperbus-Ticket notwendig.
Route: Start- und Endpunkt Eielson Visitor Center (Meile 66 Parkstraße, 1138 m) – Gorge Creek – Mündung Sunrise Creek in den Thorofare River – Contact Creek – Summit Pass (1432 m) – Abstecher Gipfeltour Mount Eielson (1768 m) – Intermittent Creek – Glacier Creek – Thorofare River – Eielson Visitor Center.
Karte: USGS Mount McKinley B-1.

Gebiet Wonder Lake und Kantishna Hills
3–4 Tage vor der Kulisse des Mount McKinley, je nach selbst gewählter Route, Zelt, weglos, viele niedrige Gipfel (über der Baumgrenze) lassen sich verbinden; in tieferen Lagen Erlen- und Weidendickicht, Privatbesitz achten, Camperbus-Ticket notwendig.
Route: Start- und Endpunkt Wonder Lake, Meile 85 Parkstraße (637 m).
Karten: USGS Mount McKinley C-2, C-3, B-2, B-3.

Kesugi Ridge und Curry Ridge
Tour im Denali State Park, Talkeetna Mountains. 44 km, 2–3 Tage bis Byers Lake State Campground; 58 km, 3–4 Tage bis Troublesome Creek Trailhead; Zelt, wegen hoher Bärenkonzentration an den Lachse führenden Bächen im Juli/August oft Sperrung der Gegend am Byers Lake (Campground) und am Troublesome Creek Trail.
Route: Startpunkt Little Coal Creek Trailhead (Meile 163,8 Parks Highway, Parkplatz im Wald) – Aufstieg Kesugi Ridge – 10 Mile Tam – später Abzweigung des Ermine Hill Trail (Abstieg zum Parks Highway möglich) – Skinny Lake – Golog – unbenannter See – Endpunkt Byers Lake State Campground am Parks Highway (Meile 147,0). Mögliche Fortsetzung der Tour über den Curry Ridge bis zum Endpunkt Troublesome Creek Trailhead (Meile 137,7 am Parks Highway).
Karten: USGS Talkeetna C-1, D-1, Talkeetna Mountains C-6, D-6.

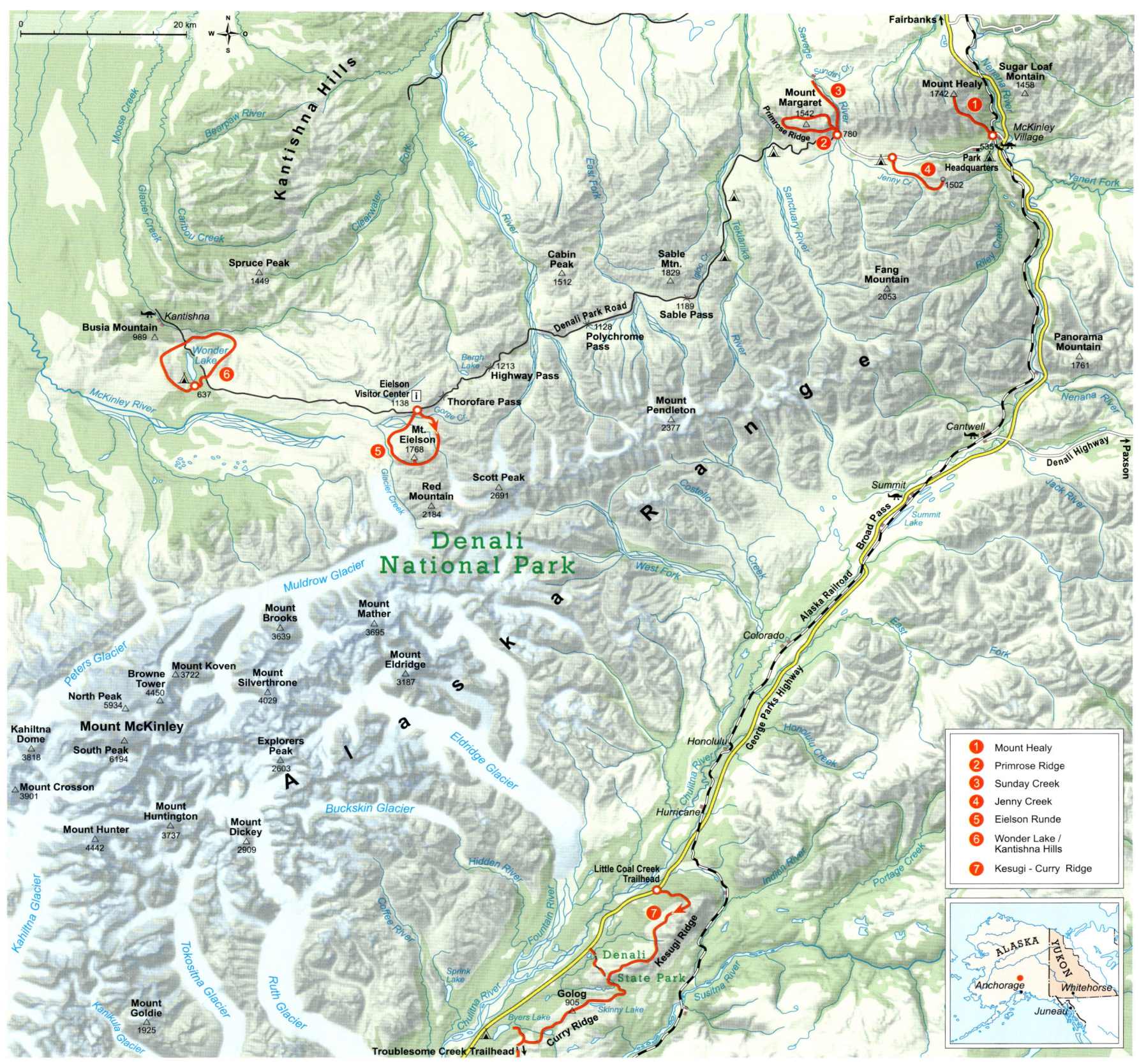

Fairbanks und sein Hinterland

Wer dem Pinnell Mountain Trail, einem aussichtsreichen Bergpfad folgt, erlebt in der Steese National Conservation Area eine subarktische Landschaft.

Am Granite Tors Trail.

1902 brach in den Tanana Hills das Goldfieber aus. Von den Goldfunden des Italieners Felix Pedro angezogen, drängten einige Tausend Goldsucher aus Dawson City, Circle City und Nome in die Berge am Chena River. Dort baute Eldridge Truman Barnette einen Handelsposten auf. Truman Barnette und Felix Pedro waren es, die die Entwicklung von Fairbanks vorzeichneten. Jedes Jahr am 22. Juli ehrt die Stadt Felix Pedro als einen ihrer Gründungsväter. Dass sich aus dem unbedeutenden, kleinen Handelsposten am Chena River die zweitgrößte Stadt im heutigen Alaska entwickeln würde, hätten wohl damals nur die wenigsten Menschen vermutet.

Die Stadt hat an Sehenswürdigkeiten unter anderem zu bieten: Creamer's Field, eines der interessantesten Vogelbeobachtungs-Reviere Alaskas, das Museum of the North, welches über die Kultur- und Naturgeschichte der verschiedenen Regionen Alaskas informiert und die Large Animal Research Station, wo zu Forschungszwecken Karibus, Moschusochsen und auch Rentiere gehalten werden. Im Geophysikalischen Institut kann man sich über Erdbeben, Vulkanismus und das Polarlicht informieren. Dank mehrerer Highways ist das Hinterland schnell erreichbar. Kaum aus dem Auto ausgestiegen, steht man schon mittendrin in einer wilden, unverdorbenen Natur. Von Fairbanks aus sind es gerade einmal 320 km zum Polarkreis und 195 km zum Denali National Park. Fairbanks ist auch ein Zentrum der Buschfliegerei. Für viel Geld bringen die Piloten die Wildnis-Enthusiasten in jeden Winkel Nord-Alaskas. Lohnend ist ein Besuch im Alaska Public Lands Information Center, in dem zahlreiche Broschüren und Topokarten für Zentral- und Nord-Alaska angeboten werden.

Granite Tors Trail

Das Bild der hügeligen Landschaft um Fairbanks wird von ausgedehnten borealen Wäldern mit Weiß- und Schwarzfichten, Birken, Espen und Balsampappeln geprägt. Doch wer sich auf Tour begibt, steht nicht nur zwischen lauter Baumstämmen. Am Chena, Steese und Elliott Highway erheben sich aus den Taigawäldern sanfte Tundraberge, die herrliche Aussichtslogen darstellen.

Bevor wir uns in den heißen Quellen der etwa 100 km östlich von Fairbanks liegenden Chena Hot Springs entspannen, lassen wir uns am Granite Tors Trail und später auch am Chena Dome Trail den Nordwind um die Ohren pfeifen. Der Startpunkt zum Granite Tors Trail liegt 27 km von den Hot Springs entfernt, der zum Chena Dome Trail 9,6 km. Wie eine Fata Morgana erscheinen die von Urgewalten glatt polierten, massigen Felsen auf 1000 m Höhe. Sie sind Wunderwerke der Natur, von aufregender Schönheit und die spektakulärste Attraktion am Granite Tors Trail. Weithin verstreut ragen sie wie Trutzburgen bis zu 60 m hoch aus der baumlosen, alpinen Tundra. Die Granitblöcke und Türme bieten kurze, aber anspruchsvolle Kletterrouten. Doch wer kommt schon hierher, um zu klettern? Hier wird einfach »nur« gewandert, mit oder ohne Zelt. Der Aufstieg in die alpine Tundra wird dafür auch mit einem Blick auf ein

*Die markanten Granitklötze an der höchsten Stelle des
Granite Tors Trail sind ein besonderer Blickfang.*

White Mountains, Elliott Highway. Die Farbenpracht des Polarlichtes entsteht, wenn elektrisch geladene Teilchen des Sonnenwindes die Luftmoleküle (Sauerstoff und Stickstoff) der oberen Erdatmosphäre zum Leuchten anregen.

Meer von Wäldern in weiten Tälern und auf den eisigen Saum der Alaska Range in der Ferne belohnt. Bald fällt der Weg ab. Je tiefer man kommt, desto mehr wachsen Bäume und Sträucher auf den Hängen des East Ridge zu einem dichten Mischwald zusammen.

Chena Dome

Auch die Route über den 1347 m hohen Chena Dome kann nur zu Fuß begangen werden. Von den Wäldern an der Chena Road bei Meile 50,5 aus geht es bald hinauf in die alpine Tundra der Berge, wo man wieder von endlosen Horizonten umgeben ist. Mindestens zwei Tage lang müssen erfahrene Hiker stramm wandern, um die Strecke mit ihren steilen Auf- und Abstiegen zurückzulegen.

Am Pinnell Mountain Trail

Bei den vielen Bächen, Flüssen und Seen in Alaska hätte ich nie an Trinkwasserprobleme gedacht. Wer sich aber im Spätsommer und Herbst vom Steese Highway aus auf den Pinnell Mountain Trail begibt, muss neben seiner kompletten Zeltausrüstung noch eine zusätzliche Last tragen: gefüllte Wasserflaschen. Die dringend notwendige Mitnahme von Wasser erschwert zwar das Wandern, aber umso leichter sind die Ausgangspunkte der Tour zu erreichen. Als Einstieg kann man entweder den auf 972 m liegenden Twelvemile Summit wählen, der 85,5 Straßenmeilen entfernt, nordöstlich von Fairbanks, am Steese Highway liegt, oder den Eagle Summit Trailhead bei Meile 107,1. Die meisten Wanderer begeben sich vom 1123 m hoch gelegenen Eagle Summit auf die attraktivste, weil herausforderndste Wanderroute in der Fairbanks-Region.

Wer urweltliche Landschaften mit schier unendlichen Tundraweiten liebt, kommt hier voll auf seine Kosten. Ein Hauch von Arktis ist auf der gesamten Tour zu spüren. Man blickt auf eine Kette scheinbar rollender Hügel und Berge, die nur von Flechten, Moosen und Gräsern bedeckt sind. Über diese dem Wind und Wetter ausgesetzten Kämme windet sich in ständigem Bergauf und Bergab, weit oberhalb der Baumgrenze, der Pinnell Mountain Trail. Nicht nur von den höchsten Gipfeln der Tour, dem Porcupine Dome (1498 m) und dem Pinnell Mountain (1503 m), lassen sich grandiose Panoramen auf die White Mountains, Alaska Range, Tanana Hills und das Tiefland des Yukon River genießen. Wer gut zu Fuß ist, schafft diesen Trail in zwei bis drei Tagen. Da aber die gesamte Strecke bleibende Eindrücke bietet und nirgendwo Langeweile aufkommt, ist es viel zu schade, hier zu hetzen. Auch die beiden einladenden Schutzhütten ändern nichts am wilden Charakter dieses Bergpfades. Sie stehen etwa 100 m abseits der Hauptroute. Bei Schlechtwetter bieten sich diese reservierungs- und gebührenfreien Hütten als für jedermann offenstehende Kochstellen an. In Notsituationen kann man hier auch einmal sein Nachtquartier aufschlagen. Ein Zelt ist auf dieser Tour trotzdem unentbehrlich, denn die auf allen Seiten geschlossenen Unterstände sind zwar sauber, aber klein und schon für zwei bis drei Personen mit Ausrüstung ziemlich eng. Das Wasser in den hier aufgestellten

Backpacker auf dem Pinnell Mountain Trail.
Ein Zelt gehört unbedingt mit ins Gepäck.

Die White Mountains im Abendlicht.

Regentonnen schmeckt scheußlich. Da hat man wirklich nur einen Wunsch: sauberes, frisches Trinkwasser.

Die Pinnell Mountain Route ist nicht weniger anstrengend als eine Tour im Hochgebirge. Wie schon erwähnt, fehlt es nicht an schweißtreibenden, kräftezehrenden Auf- und Abstiegen. Es fehlt auch nicht an prächtigen Tief- und Weitblicken, wie am Table Mountain, den wir am letzten Tag passieren. Bei Meile 25 haben wir schon Sichtverbindung mit dem Endpunkt der Tour am Steese Highway. Auf dem letzten Kilometer geht es über Feuchtwiesen mit Zwergsträuchern zum Twelvemile Summit hinunter. Der Pfad ist dort ausgezeichnet hergerichtet: ein Bohlenweg führt durch ein Sumpfgebiet.

White Mountains

50 km nördlich von Fairbanks erstreckt sich die White Mountains National Recreation Area, eine Berg- und Waldlandschaft mit Gipfeln knapp über 1000 m. Die meisten der zwölf kleinen, feinen, reservierungspflichtigen Schutzhütten, die sich auf die Region verteilen, lassen sich im Sommer nur über schwer passierbares, sumpfiges Terrain erreichen.

Die White Mountains sind ein Winter-Wanderland für Langläufer, Hundeschlitten- und Scooterfahrer. Das Bureau of Land Management unterhält 320 km markierter Skitrails. Trotzdem lohnt sich auch im Sommer ein Zwischenstopp am Elliott Highway, Milepost 27,6. Dort beginnt der White Mountain Summit Trail, der sowohl alpine Tundra, als auch Mischwald mit Schwarz- und Weißfichten, Birken und Pappeln durchläuft. Von den baumlosen Hochebenen aus bietet sich südwärts ein Ausblick auf die Gipfel der Alaska Range und im Norden beeindruckt der Verlauf der Trans-Alaska-Pipeline durch endlose, immergrüne Nadelwälder.

Wer es zeitlich einrichten kann, der sollte bis zur Borealis-LeFevre Cabin gehen, die über sechs Schlafplätze und einen Ofen verfügt. Sie steht auf der Nordseite des Beaver Creek (National Wild and Scenic River), dessen Querung bei normalem Wasserstand erfahrenen Wanderern keine Probleme bereitet.

Elchkühe haben kein Geweih. Auffällig die vom Hals herabhängende Wamme und die über den Unterkiefer hängende Oberlippe. Elche ernähren sich von Wasserpflanzen, Trieben, Blättern, Gräsern, Baumrinden und Flechten.

Info Fairbanks

www.travelalaska.com/destinations/communities/fairbanks.aspx
www.fairbanks-alaska.com
www.chenahotsprings.com
www.alaskacenters.gov/fairbanks.cfm
www.gi.alaska.edu

Granite Tors Trail (höchster Punkt 1020 m)
Berg-Tagestour, 24 km, Wald, Buschvegetation, alpine Tundra.
Route: Start- und Endpunkt Tors Trail State Campground (Meile 39,4 an der Chena Hot Springs Straße, ca. 245 m) – Aufstieg über West Trail – Plain of Monuments – Shelter – Abstieg über East Trail.
Alaska State Parks, www.dnr.alaska.gov/parks/aktrails/ats/int/ganitors.htm
Karte: USGS Big Delta D-5.

Chena Dome Trail
47 km, 2–4 Tage, Zelt, Steinmännermarkierungen; Infos: Alaska State Parks, www.dnr.alaska.gov/parks/aktrails/ats/int/chenadome.htm
Route: Startpunkt Upper Chena Dome Trailhead (Meile 50,5 an der Chena Hot Springs Straße) – Meile 10,25 Summit Chena Dome, 4421 ft (1347 m) – Meile 17 Trail Shelter – Meile 19,5 Summit, 3348 ft (1020 m) – Meile 22,5 Abzweigung zur reservierungspflichtigen Upper Angel Creek Cabin – von der Abzweigung noch 6,5 Meilen bis zum Endpunkt Lower Chena Dome Trailhead (Meile 49,1 an der Chena Hot Springs Straße).
Karten: USGS Big Delta D-5, Circle A-5, A-6.

Pinnell Mountain Trail
44 km, 2–3 Tage, Zelt, Steinmännermarkierungen, Mileposts, Trinkwasser im Spät-

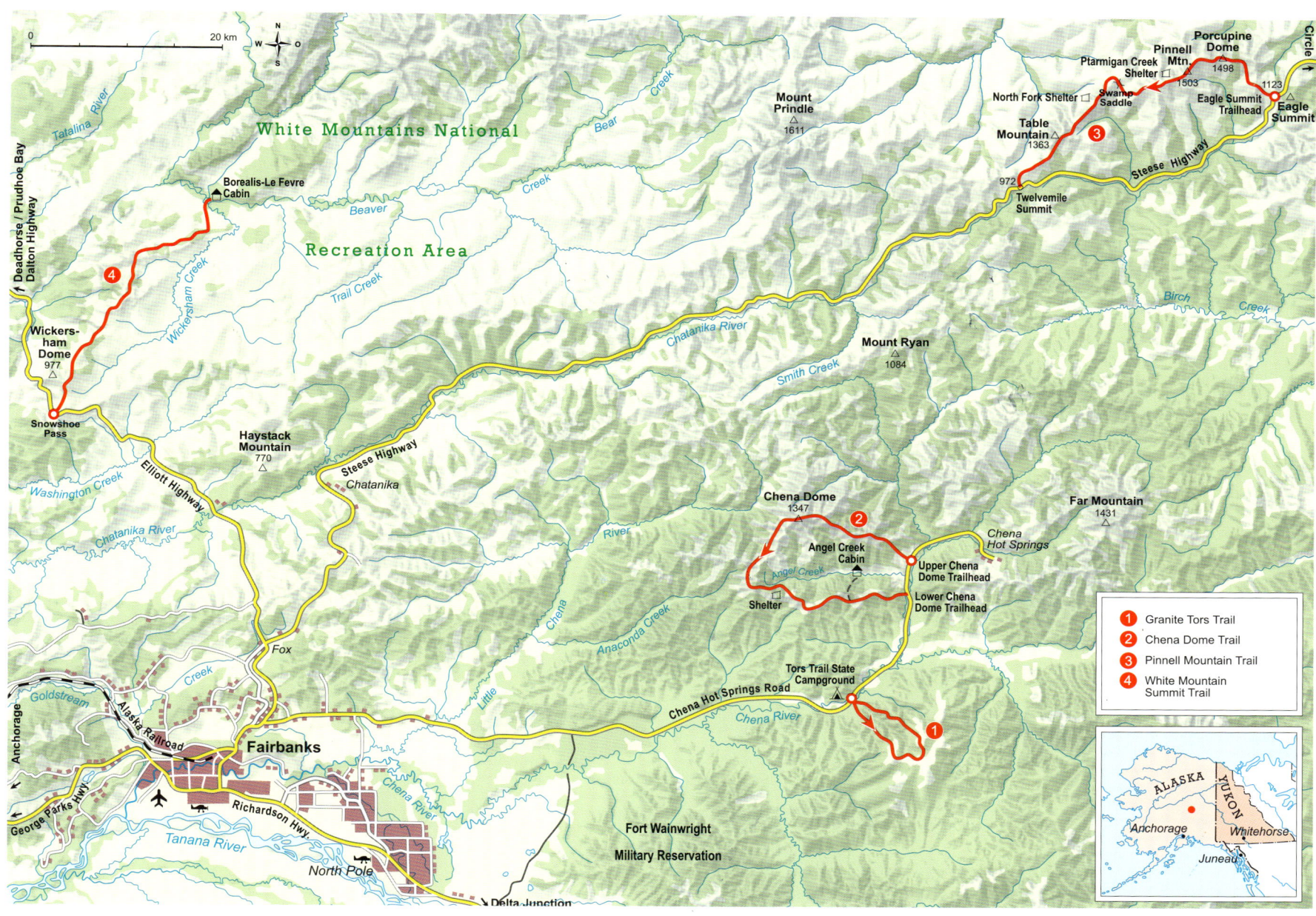

sommer knapp; Infos beim Bureau of Land Management (BLM), Fairbanks, www.blm.gov/ak/st/en/prog/recreation/pinnell_mtn_rec.html
Route: Startpunkt Eagle Summit (Meile 107,1 am Steese Highway) – Porcupine Dome (1498 m) – Pinnell Mountain (1503 m) – Ptarmigan Creek Shelter (10,2 Meilen vom Startpunkt entfernt) – Swamp Saddle – North Fork Shelter (17,7 Meilen vom Startpunkt entfernt) – Table Mountain (1363 m) – Endpunkt Twelvemile Summit (Meile 85,5 am Steese Highway).
Karten: USGS Circle B-3, B-4, C-3, C-4.

White Mountain Summit Trail

64 km hin und zurück, ca. 4 Tage, Zelt, Feuchtstrecken teils mit Bohlen ausgelegt, Flussquerung zur reservierungspflichtigen Borealis-LeFevre Cabin notwendig. Infos beim Bureau of Land Management (BLM), Fairbanks, www.blm.gov/ak/st/en/prog/nlcs/white_mtns/winter_recreation.html
Route: Start- und Endpunkt Elliott Highway (Meile 27,6) – Meile 10 (höchster Punkt 3100 ft, 945 m) – Beaver Creek – Cabin.
Karten: USGS Livengood A-3, B-2, B-3.

Dempster – ein Highway, der süchtig macht

Der Dempster Highway am 915 m hohen Wright Pass, der die Grenze zwischen dem Yukon und den Northwest Territories markiert.

Nord-Yukon, endlos weit.

Ab 1959, über 20 Jahre lang Stück für Stück in den Norden des Yukon vorangetrieben, ist der »Dempster« mehr als nur eine Straße, er vermittelt eine Fülle von Eindrücken, die jeden Reisenden in Staunen versetzen. Das Straßenschild des Dempster ziert ein Wolf, ein Sinnbild des einsamen, fast menschenleeren Nordens, denn schon nach wenigen Schritten beginnt links und rechts der Straße eine Wildnis mit phänomenalen Ausmaßen.

Namenspatron des Dempster Highway ist Korporal Dempster, ein Pionier des Nordens, der 1876 in Wales geboren wurde und später der legendären kanadischen Polizeitruppe des Nordwestens, der North West Mounted Police angehörte, die seit 1920 Royal Canadian Mounted Police (RCMP) heißt.

Richardson Mountains

Auf unserem selbst gewählten Zeltplatz in den Richardson Mountains gibt es kein Gedränge. Nur zwei neugierige Meisenhäher (Gray Jay, auch Whiskey-Jack und Camp Robber genannt, die letztere Bezeichnung erhielt er deswegen, weil er gerne Fressbares stibitzt), die uns durch ihr zutrauliches Verhalten auffallen, haben ihn als Spielwiese auserkoren. Die Landschaft, die uns umgibt, ist überwältigend. Hier gibt es keine Siedlungen, keine Bergbahnen, keine Hütten, keine Wege, keine Markierungen wie in den Alpen. Es ist eine andere Welt – eine Welt, in welcher der Mensch nur Zuschauer ist. Wir wandern unter einem stahlblauen Himmel über stille Berge. Der Indian Summer malt in kräftigen Farben! Wir streifen durch kniehohe, rotglühende Zwergbirkensträucher, steigen auf pfadlose, kahle Berghänge, suchen Abstiege und wandern erneut über höherliegende, sonnenbeschienene Tundrakämme, die eine grandiose Aussicht bieten – und dann, nach weiteren, stundenlangen Auf- und Abstiegen über breite, mit Moos und Flechten bestandene Bergrücken, stehen wir auf dem Mount Hare, dem zweithöchsten Berg der südlichen Richardson Mountains, der eine grandiose Rundsicht gewährt. Sir John Richardson, dem Arzt und Naturforscher, einem Weggefährten von John Franklin, der vergeblich die sagenhafte Nordwestpassage suchte, verdanken die Richardson Mountains ihren Namen.

Nur 1241 m misst der Mount Hare und trotzdem herrscht hier ein Klima wie bei uns im Hochgebirge. Es gibt weit und breit keinen Baum, der dem Dauerfrostboden gewachsen wäre. Die Anziehungskraft dieser Berge hat für uns nichts mit »Höhe« zu tun. Das Abenteuer liegt in anderen Dingen. Zehn Stunden Mount Hare – pfadlos, unmarkiert, Schritt für Schritt, auf und ab, Umwege, ein tiefblauer Himmel, ein bewegtes Spiel von Licht und Schatten, eine Herbstlandschaft, die im Licht- und Farbenrausch zu explodieren scheint; nirgendwo ein Mensch, dafür Tiere wie Bär, Luchs und Wolf, ein Natur-Berg-Erlebnis, das nur der Norden bietet, ein unglaubliches Gefühl der Zufriedenheit. Die Vegetation ist karg, Tundra bestimmt das Landschaftsbild der Berge und Plateaus. Die Nordamerikaner nennen solche Landschaften »rolling hills« (sanft geschwungene Hügel). Die Richardson

In den Richardson Mountains fehlen spektakuläre Bergformen. Aber die Wildheit macht dieses weg- und hüttenlose, arktische Bergland im Norden des Yukon so reizvoll und herausfordernd.

Das Moorschneehuhn (State Bird of Alaska) wird seine braunen Federn bald durch schneeweiße ersetzen. Dann ist es auch im Winter gut getarnt.

Mountains gleichen »Berg-Hügeln«, bescheiden an Höhe, mal sanft, dann wieder steil ansteigend, endlos aneinandergereiht, menschenleer, bestechend durch ihre weichen runden Linien und ihre herbe Schönheit. Der Aktionsradius für Wildniswanderer scheint unbegrenzt. Natürliche Hindernisse wie Wälder und Weidendickichte wachsen nur an Flussufern und in tief liegenden Senken. Wer bei Schneefällen, Nebel und schneidend kalten Winden im Hinterland unterwegs ist, sollte nicht gleich in Panik geraten, sondern in aller Ruhe sein Zelt aufstellen und abwarten. Jedem Tief folgt irgendwann ein Hoch.

Tombstone Range
300 km südlich der Richardson Mountains, nur eine Autostunde von Dawson City entfernt, zieht ein wilder Bergkamm mit eigenwillig gezacktem Profil vom dicht bewaldeten North Klondike River Valley in Richtung Westen. Die indianische Bezeichnung »Ddhal Ch'el« (zwischen den scharfen, gezackten, felsigen Bergen) trifft genau den eigentümlichen Charakter dieses Gebirges, denn der »Architekt« dieser Berggestalten hat mit Zinnen, Türmen, Wänden, scharfen Graten und steilen Karen nicht gegeizt.
Die bizarren Prunkstücke der kleinräumigen Tombstone Range sind der 2164 m hohe Mount Monolith und der 2192 m hohe Tombstone Mountain, die höchste Erhebung des gleichnamigen Gebirges.

Grizzly Lake
Die Tombstone Range zeigt eine Vielfalt prächtiger Landschaftsbilder. Die Schönheit dieser Region muss aber ohne Markierung und meistens pfadlos erwandert werden. Das Wolf Creek Valley, das Grizzly Creek Valley und das Upper North Klondike River Valley bieten Zugänge in das Herz der Tombstone Range. Die Startpunkte in diese, westlich des Dempster Highway liegenden Täler liegen bei km 53,5, km 58,5 und km 71,5. Die Tour zum Grizzly Lake am Fuß des Mount Monolith ist für uns der Auftakt zu einigen Touren im Bereich der südlichen Ogilvie Mountains. Dichte Waldgürtel und das entlang der Bäche und Flüsse hinaufziehende Weiden- und Erlengestrüpp bereiten beim Wandern oft Schwierigkeiten. Da aber gerade Bachläufe und Flusstäler von der Natur vorgegebene Wanderrouten sind, bedeutet dies oft stundenlanges, anstrengendes Gehen. Doch auf der Grizzly-Creek-Valley-Tour gibt ein sichtbarer Pfad, der direkt vom Dempster Highway bei

In der Tombstone Range. Am Horizont dominiert der spektakuläre Mount Monolith.

Das North Klondike River Valley ermöglicht Zustiege in das Herz der Tombstone Range. Markierte Pfade gibt es aber nirgends. Ganz im Hintergrund spitzt der markante Tombstone Mountain in den Himmel.

km 58,5 wegzieht, die Richtung vor. Der uns zunächst begleitende Cairnes-Wildbach wird nie müde zu gurgeln. Der Steig schlängelt sich durch hochstämmigen, verfilzten Fichtenurwald. Bald haben wir die Talsohle durchschritten. Der Pfad wird immer steiler. In etwa 1300 m stockt die dichte Strauchvegetation. Steinmarkierungen sind nun in Sicht. Hier sollte man sich eine Rast gönnen, denn der spektakuläre Mount Monolith rückt in das Blickfeld. Seine abenteuerliche Felsform über dem grünen Talgrund gehört zu den kontrastreichsten Anblicken, die der nördliche Yukon zu bieten hat. Die imponierende Wand wurde erst 1978 durchstiegen.

Die Sonne ist hinter Wolken verschwunden. Die Waldgrenze liegt hinter uns, doch die Lust treibt uns weiter über Blockfelder, festen Fels und alpine Tundra mit Gräsern, Flechten und Moosen bis auf fast 1800 m. Die kleine Erhebung im lang gestreckten, stets ansteigenden Kammverlauf vermittelt nicht nur eine großartige Sicht, sondern auch ein beglückendes Gipfelgefühl. Der mächtige Gipfelzacken des Mount Monolith, den man ständig im Blickfeld hat, wirkt wie ein Magnet.

Der Blick öffnet sich auf den tief unten liegenden Cairns Lake und das weite Tal des Klondike River, das sich 900 Höhenmeter weiter unten ausgesprochen herbstlich präsentiert. Balsampappeln und Espen flammen goldgelb auf grünem Grund.

Divide Lake und Talus Lake

Vom 1387 m hoch gelegenen Grizzly Lake Wildniszeltplatz setzt man dann die einzigartige Durchquerung der Tombstone Range fort. Die Tour nordwärts über den 1760 m hohen Glissade Pass führt über das obere, wegen seiner Buschvegetation berüchtigte North Klondike River Valley zurück zum Dempster Highway, oder aber zum Divide Lake und weiter südwestwärts über den Tombstone Pass (1537 m) zum Talus Lake. Beide Seen liegen fast 1400 m hoch. Die Routen sind steil und anstrengend, sie erklimmen Pässe auf gelegentlichen Steigspuren. Die Szenerie entschädigt für frustrierende Momente.

Weit schweift der Blick über den Talus Lake hinweg zum Tombstone Mountain, dessen herausfordernde Wände mächtig emporragen. Seinen Namen verdankt er seinem grabsteinähnlichen Aussehen. Schon in früheren Zeiten diente der Granitkoloss Indianern, Patrouillen der Royal Canadian Mounted Police und Buschfliegern als markantes Wegzeichen. Wer dieses Gebiet erwandern will, muss alles auf dem Rücken, in seinem Rucksack mit sich tragen. Die Touren erfordern wegen der Isoliertheit der Region ein hohes Maß an Wildniserfahrung. Mögen die Highlights der Tombstone-Berge einige Wildniswanderer anlocken, so bleibt das Hinterland doch ein einsames Wandergebiet. Woher sollen die Menschen auch kommen? Die 36.000 im Yukon lebenden Menschen verteilen sich in einem Gebiet, das der Größe Deutschlands, Österreichs und der Schweiz entspricht.

Mount Chester Henderson (2088 m), Mount Robert Henderson (2133 m)

Beide Gipfel gehören zu den prächtigsten Aussichtsplätzen in den südlichen Ogilvie Mountains östlich des Tombstone Mountain Government Campground, der bei km 71,5 am Dempster Highway liegt. Die über 1000 Höhenmeter im steilen, zeitaufwendigen, pfadlosen Aufstieg kosten Kraft. Stationen dieser Tour: Tombstone Mountain G. Campground, Charcoal Ridge, Gipfel des Mount Chester Henderson, weiter zum Gipfel des Mount Robert Henderson. Sie bieten eine grandiose Rundsicht auf die

Berge der südlichen Ogilvie Mountains, auf den Dempster Highway, das Hart River Valley und die weitentfernten Blackstone Uplands. Wir erfreuen uns an Bergsilhouetten, an langen Felsgraten, Tundrawiesen sowie Wandfluchten und an mit Flechten überzogenem, dunklem Blockgestein.

Mount Abraham, Mount Marth, Mount Distincta, Sapper Hill

Der Mount Abraham am südlichen Saum der Northern Ogilvie Mountains entsendet zwei lange, breite Kämme nach Südosten. Am Dempster Highway – bei km 130 – enden sie abrupt in steilen Hängen, die nur teilweise mit Geröll bedeckt sind. Schon bei der Fahrt durch die Blackstone Uplands, die sich vom North Fork Pass (1289 m) bis zum Chapman Lake erstrecken, erkennt man nordwärts am Horizont die grau schimmernden Berge Mount Abraham und Mount Marth. Man muss einfach einmal

Von mehreren Stellen, zwischen km 130 und km 153 am Dempster Highway, eröffnen sich aussichtsreiche, mehrtägige Routen über lang gezogene Rücken am Mount Abraham, Mount Marth und Mount Distincta. Ihre Begehung erfordert Ausdauer und Orientierungsgabe.

Aussichtsreicher Abstieg vom Mount Abraham in den Ogilvie Mountains.

Im Tal des Blackstone River.

Am Dempster Highway, Nord-Yukon. Von der Natur arrangiert.

auf den knapp über 1700 m hohen Gipfeln gesessen haben und den Blick über die mit Zwergbirken, Weiden, Moosen und Flechten bewachsenen, wasserreichen Ebenen der Blackstone Uplands schweifen lassen. Die wahren Dimensionen dieser Bergwelt lernt man auch auf einer mehrtägigen Tour kennen, die vom Windy Pass über den Mount Distincta und Mount Abraham zum Dempster Highway bei km 130 führt. Auf den oftmals lockeren, schuttbedeckten Bergflanken wird der Bewegungsapparat ordentlich gefordert.

Wer eine geradezu erholsame Tour für ein paar Stunden sucht, dem sei der Sapper Hill empfohlen, ein beliebtes Fotomotiv, das die meisten Reisenden bequem vom Dempster Highway aus schießen. Doch wer hinaufsteigt, genießt einen grandiosen Blick mit viel Weite über das Tal des Engineer Creek und es bieten sich vor allem im Herbst mit seinen dramatischen Farben und reinem Licht noch viel mehr Möglichkeiten, auf Motivjagd zu gehen.

Ein Abstecher nach Faro – auf dem Dena Cho Trail

Wer vom Dempster Highway Richtung Whitehorse unterwegs ist, sollte sich einen Abstecher nach Faro nicht entgehen lassen. Der Weg dorthin über den Klondike und Campbell Highway ist weit, aber die Gegend um Faro zeigt eine andere Landschaftsfacette als der Norden des Yukon:

Farbenrausch am Pelly River. Durch diese einsamen Wälder zieht der Dena Cho Trail von Faro nach Ross River.

Der Pelly River ist ein exzellenter Kanufluss.

riesige, zusammenhängende Wälder entlang des Pelly River.

Jahrhundertelang verfolgten die Kaska-Indianer dort auf verborgenen Pfaden in einer harten Natur das Wild. Später drängten Prospektoren in diese Gegend. Sie entdeckten die reichen Blei- und Zinkvorkommen. Bis Mitte der Neunzigerjahre florierte Faro, dann führte die Entwicklung der Weltmarktpreise zur Schließung der Mine. Die Einwohnerzahl ging drastisch von 3000 auf 350 Menschen zurück.

Wir sind hierher gekommen, um Faros größte Attraktion zu erleben, den Dena Cho Trail. Bis 1998 gab es kaum Informationen über den Trail, das Wissen darüber wurde wie ein Geheimnis gehütet. Den Gemeinden Faro und Ross River ist es zu verdanken, dass man nun in einem wilden Landstrich den Weg gut begehen kann. In einer gemeinsamen Aktion wurden vereinzelt Markierungen angebracht, eine Brücke gebaut, vier einfache Schutzhütten errichtet und dichtes Gebüsch ausgeholzt, das den Pfad an manchen Stellen unkenntlich machte. Trotzdem ist der Dena Cho Trail ein echter Wildnisweg geblieben. Lichtdurchflutete, offene Bestände von Zitterpappeln wechseln sich mit dunklen, dichten, fast beängstigenden Fichtenwäldern ab. Von den sandigen Höhenzügen aus kann man immer wieder über ein Wäldermeer hinweg den Pelly River und die Kulisse der Pelly Mountains erkennen. In Ross River ist die Wandertour, die drei bis vier Tage in Anspruch nimmt, zu Ende. Doch nein! Jetzt ist man wieder am Pelly River. Von hier aus mit dem Kanu zurück nach Faro! Das dauert mindestens zwei Tage und könnte der Abschluss einer wunderschönen, kombinierten Wander- und Flusstour sein.

Herbstliche Idylle an stillen Wassern.

Auf Permafrostboden zum Mount Hare. Er ist kaum 1300 m hoch, trotzdem herrschen hier Temperaturen wie in den Hochgebirgsregionen der Alpen.

bei km 71,5. Entfernung Divide Lake – Talus Lake 20 km hin und zurück, zusätzlich ca. 2 Tage einplanen.
Variante 2: Für die Tombstone Range Tour als Start- und Endpunkt km 58,5 West am Dempster Highway wählen, d. h. selbe Route zurück, dann erspart man sich das »bushwacking« im North Klondike River Valley, Route etwa 51 km.
Karten: 116 B/7, 116 B/8, 116 B/9, 116 B/10; Dawson 116 B, zeigt einen Überblick.

Mount Chester Henderson (2088 m), Mount Robert Henderson (2133 m)
Berg-Tagestour, Zwergstrauchvegetation, alpine Tundra, weglos.
Route: Start- und Endpunkt Dempster Highway, bei km 71,5 Ost (1032 m) – Aufstieg über Charcoal Ridge – Mount Chester Henderson – Mount Robert Henderson.
Karte: 116 B/9.

Mount Abraham (1740 m)
Berg-Tagestour, ca. 16 km, alpine Tundra, Geröll, weglos, Abstecher zum Mount Marth möglich.
Route: Startpunkt Dempster Highway, bei km 130,5 West (ca. 950 m) – Aufstieg über Infant Peak – Mount Abraham – Abstieg entweder über die Aufstiegsroute oder über den Bergkamm auf der Westseite bis zum Endpunkt bei km 130 am Dempster Highway.
Karte: Dawson 116 B/116 C.

Info Dempster

www.env.gov.yk.ca/camping-parks/tombstonepark.php
www.env.gov.yk.ca/publications-maps/documents/dempster_travelogue.pdf

Mount Hare (1241 m)
Berg-Tagestour, Länge der Tour je nach Route, mindestens 10 km hin und zurück, alpine Tundra, weglos, ausbaufähig zu mehrtägigen Backpackingtouren.
Route: Start- und Endpunkt Dempster Highway, bei km 412,3 Ost (ca. 670 m).
Karte: 116 I/9.

Tombstone Range
30 km, 3–4 Tage, Zelt, Permit notwendig zwischen 15.6. und 15.9., am Grizzly, Divide und Talus Lake zelten nur an je 10 ausgewiesenen Stellen.
Route: Startpunkt Dempster Highway, bei km 58,5 West – Grizzly Lake – Glissade Pass – North Klondike River Valley – Endpunkt Tombstone Mountain G. Campground bei km 71,5 am Dempster Highway.
Variante 1: Vom North Klondike River Valley aus Abstecher zum Divide Lake – Tombstone Pass – Talus Lake – und retour über das North Klondike River Valley zum Endpunkt Campground am Dempster Highway

Mount Distincta (1760 m)

Berg-Tagestour, alpine Tundra, Geröll, weglos.
Route: Start- und Endpunkt Dempster Highway, bei km 153 Süd am Windy Pass (1060 m); Fortsetzungsmöglichkeit (2–3 Tage, Zelt) über lange Kämme zum Mount Abraham und Abstieg bis km 130 am Dempster Highway.
Karte: 116 G/1.

Sapper Hill (940 m)

Bergtour, leicht, 4 km hin und zurück, Pfad, Trittspuren.
Route: Start- und Endpunkt Dempster Highway, bei km 194,5 Ost (ca. 610 m).
Karte: Nicht notwendig.

Dena Cho Trail von Faro nach Ross River

51 km, 3–4 Tage, Zelt, 4 Hütten, in Notfällen können die Hütten auch als Unterschlupf dienen, Wandertour mit Kanutour kombinierbar, vom Endpunkt Ross River auf dem Pelly River ca. 75 km zurück nach Faro; Infos: www.faroyukon.ca
Route: Startpunkt Blind Creek Road (16,8 km von Faro entfernt) – Excell Creek (Cabin 1 bei km 10,6) – Orchey Creek (Cabin 2 bei km 16,8) – Pelly River (Cabin 3 bei km 30,2, mit dem Kanu erreichbar) – Hochufer Pelly River (Cabin 4 bei km 39,7) – Endpunkt Ross River (Fähre, Fußgängerbrücke, km 50,8).
Karten: Faro 105 K/3, Swim Lakes 105 K/2.

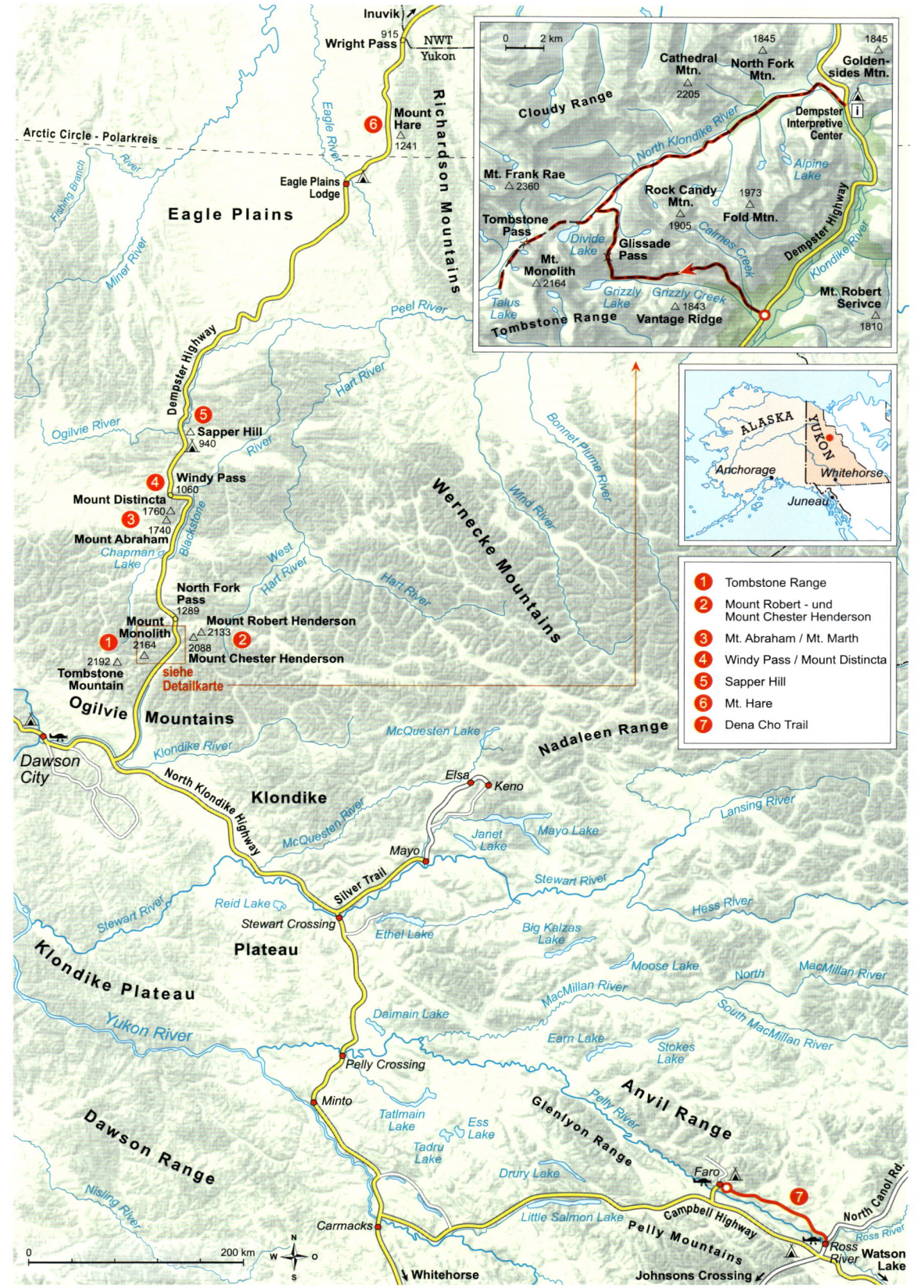

Herschel – geschichtsträchtige Insel im Polarmeer

In der Gegend um Herschel Island ziehen gelegentlich auch Eisbären umher.

Die Eskimos brachten das Nordlicht (Polarlicht) mit dem Tanz der Seelen toter Jungfrauen in Verbindung.

Die Natur meint es gut mit uns, Hochdruckwetter hat sich endgültig durchgesetzt. Der Himmel über Inuvik in den Northwest Territories ist seit Tagen wie leer gefegt: tiefblau und scheinbar unendlich. Für einen Flug nach Herschel Island könnte es keine besseren Bedingungen geben. Arnold, unser Pilot, sieht keineswegs aus wie einer der verwegenen, draufgängerischen, zähen Buschpiloten, die der Norden kennt. Die große Brille unterstreicht noch den sanftmütigen, freundlichen Gesichtsausdruck des hageren 23-Jährigen, der ursprünglich aus Alberta stammt. Für Arnold ist die Lizenz zum Fliegen so normal wie bei uns der Autoführerschein. Nachdem er uns über die Notfallausrüstung informiert hat, fordert er uns auf, die Sitzgurte festzuzurren. Der Motorenlärm erstickt ab jetzt jede Unterhaltung. Arnolds Augen wandern nochmals prüfend über die Instrumentenanzeigetafel, dann hebt das Wasserflugzeug vom Shell Lake ab.

Unter uns liegen wie verloren die Häuser von Inuvik inmitten ausgedehnter Birken-, Fichten- und Lärchenwälder, die das Landschaftsbild im Peel- und Mackenzie-Tiefland zwischen Fort McPherson und Inuvik prägen. Die Höhe der Bäume ist kein Anhaltspunkt für ihr Alter. Trotzdem sind wir überrascht, so weit nördlich des Polarkreises hochstämmigen Wald vorzufinden. Das Mackenzie Delta mildert das arktische Klima. Weit und unberührt dehnt sich das zwölftgrößte Flussdelta der Welt vor uns aus: Von Point Separation bei Tsiigehtchic (Arctic Red River) im Süden über mehr als 200 km bis Tuktoyaktuk am Nordpolarmeer. Wir fliegen über das Land der Gwich'in-Indianer und der Eskimos, die sich im Mackenzie Delta Inuvialuit nennen, was soviel wie »Mensch« bedeutet. Weiter in Richtung Herschel Island ... Wir lassen das 13.500 km² große Mackenzie Delta hinter uns und fliegen Richtung arktische Küste. Irgendwo dort unten verläuft die Provinzgrenze zwischen den Northwest Territories und dem Yukon. Ein Band von Gipfeln scheint aus der Ferne heranzuziehen. Im Südosten stehen die letzten Ausläufer der Richardson Mountains, die den Norden des Yukon beherrschen. Nach Westen hin reiht sich das schneebedeckte Gipfelmeer der Barn Mountains und der British Mountains. Von den fernen Gebirgszügen bis zur arktischen Küste erstrecken sich die baumlosen Barrengrounds, ein Feuchttundra-Gebiet von kolossalen Ausmaßen. Nur die Landkarte verrät die ungeheuren Ausdehnungen der Barrengrounds von Kanada über Alaska bis hin zur Tschuktschensee, die Alaska von Sibirien trennt. Vom Flugzeugfenster aus sind im Küstenbereich durch Permafrost bedingte geometrische Muster, wie Vielecke und Kreise zu erkennen.

Arnold steuert die einmotorige Maschine tief über arktische Tundraebenen, in denen Flüsse wie Blow River und Babbage River in silbernen Mäandern ihren Weg suchen. Nach fast zwei Stunden Flug verläuft die Landung in Pauline Cove, einer Bucht auf der Südostseite der Insel, problemlos. Das Thermometer schwankt um den Gefrierpunkt. Ununterbrochen pfeift ein eisiger Wind über Herschel hinweg, wo uns sofort die Vergangenheit einholt.

*Der Flug nach Herschel Island bietet imposante Blicke über das Mackenzie Delta.
John Franklin erreichte es auf seiner zweiten Arktisexpedition (1825-1827)
und kartierte dabei Abschnitte dieser Küstenregion. Franklin starb 1847
auf der Suche nach der Nordwestpassage.*

*Auf Herschel Island hinterließen Walfänger und Missionare ihre Spuren.
In der eingefallenen anglikanischen Missionshütte nisten trotz
der fortgeschrittenen Jahreszeit immer noch Gryllteisten.*

Schon lange nicht mehr seetauglich …

Jagd auf Wale

In der Mitte des 19. Jahrhunderts stand die Jagd auf Wale in der Beaufortsee im Mittelpunkt des Interesses. Die Nachfrage nach Walöl war kaum zu befriedigen und die Aussicht auf finanzielle Gewinne war das treibende Motiv. Ab 1852 operierten mehr als 200 Walfang-Segelschiffe in der Beaufortsee. Die Vorgehensweise war immer die gleiche: ausbeuten, reich werden, verschwinden.

Die Ankunft der Walfänger unterschiedlicher Nationalität hatte direkte, tief greifende Auswirkungen auf Herschel Island und seine Bewohner. Ab 1890 wurde die Insel der Überwinterungsort zahlreicher Walfängermannschaften. Die nur 700 m lange und 600 m breite Bucht von Pauline Cove erwies sich als bestgeschützter Hafen an der Nordpolarmeerküste zwischen dem Mackenzie-Delta und Barrow in Alaska. Die amerikanischen Walfänger bemächtigten sich als Erste der zu Kanada gehörenden Insel. Mit den Walfängern kamen auch neue, bisher unbekannte Krankheiten, wie Masern, Pocken, Grippe und Tuberkulose in diese Region – mit katastrophalen Auswirkungen auf die Urbevölkerung. Viele Ureinwohner an der Mackenzie Bay starben. Die Errichtung einer Missionsstation im Jahr 1897 verbesserte die Situation der auf Herschel lebenden Eskimos etwas, doch die schonungslosen, unverhüllten Berichte des anglikanischen Reverend C. E. Whittaker über die beispiellosen Ausschweifungen und den Lebensstil der Walfänger auf der Insel waren so erschütternd, dass die Regierung in Ottawa die Anwesenheit der North-West Mounted Police (NWMP) in diesem Gebiet forderte.

Kanadisches Hoheitsgebiet

Der Aufbau einer Polizeistation in diesem Landesteil sollte anzeigen, dass die kanadische Regierung von nun an die nationalen Interessen und die Kontrolle über die isoliert liegende Insel im Auge hatte. Die NWMP wurde ab dem Sommer 1903 zum Ordnungsfaktor, sie überwachte und kontrollierte die Gesetze in dem riesigen Gebiet zwischen Herschel Island, Fort McPherson und Dawson City. Um 1910 kam der Walfang in der gesamten kanadischen Arktis zum Erliegen. Petroleum und Kunststoffe eroberten die Weltmärkte. Die Walfänger kamen und gingen, die meisten Hütten verfielen – und die Brandung, die alles verwischt, nagt unentwegt am Eiland. Doch einige Spuren ihrer Anwesenheit sind in Pauline Cove auch heute noch zu sehen. Eine 1893 erbaute Hütte der Pacific Steam Whaling Company und andere Behausungen haben auf der schmalen Landzunge zwischen Meer und Bucht die Zeiten überdauert.

Roald Amundsen

Man kann nicht über Herschel Island schreiben, ohne Roald Amundsen (1872–1928) zu erwähnen. Bevor er 1911 als erster Mensch den Südpol erreichte, ging im Dezember 1905 die Meldung von der erfolgreichen Befahrung der Nordwestpassage um die Welt. Der norwegische Polarforscher durchsegelte von 1903 bis 1906 mit dem 47-Tonnen-Fischkutter »Gjøa«

An der Küste der Beaufortsee erstreckt sich eine von Permafrost geprägte Landschaft. Charakteristisch dafür sind Frostmusterböden mit polygonalen Strukturen. Diese entstehen durch die Wechselwirkung von Gefrieren und Auftauen. Die oberflächlichen Auftauschichten sind im Sommer von Wasser durchtränkt.

den lange gesuchten Seeweg im Nordpolarmeer vom Atlantik zum Pazifik. Schwierige Eisverhältnisse veranlassten Amundsen, sich im Herbst 1905 in King's Point für eine dritte Überwinterung einzurichten. Amundsen hielt es nicht auf dem vom Eis eingeschlossenen Schiff. Ab dem 24. Oktober 1905 kämpfte er sich mit drei Begleitern von King's Point aus durch das winterliche Alaska nach Süden bis zur nächstgelegenen Telegrafenstation in Eagle/Alaska, um der norwegischen Nation und der Weltöffentlichkeit seinen großartigen Triumph mitzuteilen, der allen früheren Expeditionen versagt geblieben war, die über 300 Jahre lang diesen Seeweg gesucht hatten. Amundsen blieb bis zum 3. Februar 1906 in Eagle. Dann machte er sich mit zahlreichen Glückwünschen im Gepäck auf den über 1000 km langen Rückweg. Am 12. März traf er mit seinem Hundeschlittenteam wieder auf Herschel Island ein. Seiner Besatzung erging es während seiner Abwesenheit im langen, arktischen Winter ausgezeichnet. Im Juli 1906 setzte man dann endlich die Segel. Die Gjøa verließ Herschel Island mit Kurs auf Point Barrow. Am 31. August 1906 lief die Gjøa unter dem Jubel der Menschen in den Hafen von Nome am Norton Sound ein. Amundsens Team wurde nach der Bewältigung der 5800 km langen Nordwestpassage durch das kanadisch-arktische Inselgewirr mit der norwegischen Nationalhymne gefeiert.

Abschied im Nebel

Man erzählt uns, dass sich in diesem Sommer drei Barrenground-Grizzlys, drei Moschusochsen und etwa achtzig Karibus die windige, kühle Insel geteilt hätten. Auf Herschel lebt im Sommer die größte Gryllteisten-Kolonie der westlichen Arktis. Die Gedanken an die wendigen Vögel halten uns gefangen, bis der aufziehende Nebel plötzlich immer dichter wird und die Konturen der Insel verwischt. Er senkt sich bis auf den Boden hinab. Das Licht schwindet rasch, in die Luft mischt sich feuchte Kälte. Von der Anhöhe Collinson Head gehen wir die Tundrawiesen hinunter, in Richtung Pauline Cove. Gespenstisch wirken in diesem Nebelbrei die weiß gestrichenen, hölzernen Grabtafeln, die an die Zeit der Walfänger erinnern. Die Konfrontation mit der arktischen Natur endete für viele dieser Männer tragisch. Der Wettlauf um die Ausbeutung der Beaufortsee und kurzzeitige finanzielle Gewinne wurden mit Entbehrungen, Nöten und Leiden erkauft. Für manchen polarunerfahrenen Seemann war es eine Reise in den Tod.

Wir blicken in ein stockdunkles, mühsam in den Permafrost geschlagenes Ice-House und haben das Gefühl, dass die Zeit eingefroren scheint. Auch das durch die geöffnete Holztüre einfallende Licht ändert nichts an der frostigen Atmosphäre in diesem Furcht einflößenden Eisschrank, der den Walfängern im Sommer als Gefriertruhe diente. Die ewige Kälte hat ein Stück Fleisch konserviert, das im Eishaus hängt. Niemand weiß, wie alt es ist. Überall Nebel! Die am Strand vorbeidriftenden Eisinseln erscheinen blass und konturlos. Ein eiskalter Wind weht vom Meer herüber. Uns bleibt nur die

In der Bucht von Pauline Cove.

Grabtafeln erinnern an die schicksalhaften Reisen der Walfänger.

Ein Baird Strandläufer.

entmutigende Aussicht auf einen langen Tag, an dem man nichts anderes machen kann, als sich im Zelt in seinem Schlafsack zu verkriechen oder sein Tagebuch zu schreiben.

Wir müssen zurück nach Inuvik, bevor das Eis sich schließt und das Meer versiegelt. Eine Mauer aus Eis blockiert bereits die Einfahrt zur Bucht. Auf Touren im Norden muss man Geduld mitbringen. Zum Glück gibt es Leute wie Arnold, die eine absolute Ruhe ausstrahlen. Aus der Waschküche schält sich kurzzeitig der Hügel Collinson Head. Entschlossen startet Arnold die Maschine. Hier gibt es keinen Tower, der die Starterlaubnis erteilt. Das Wasserflugzeug kämpft gegen den Wind an, die Schwimmer gleiten rüttelnd über die Bucht. Er drückt den Schubhebel durch und die Maschine geht in den Steilflug. Der Kampf gegen den Nebel dauert nur kurz, dann fliegen wir der Sonne entgegen, die alles mit Licht erfüllt. Das nebelverhangene Herschel Island liegt schon bald weit hinter uns.

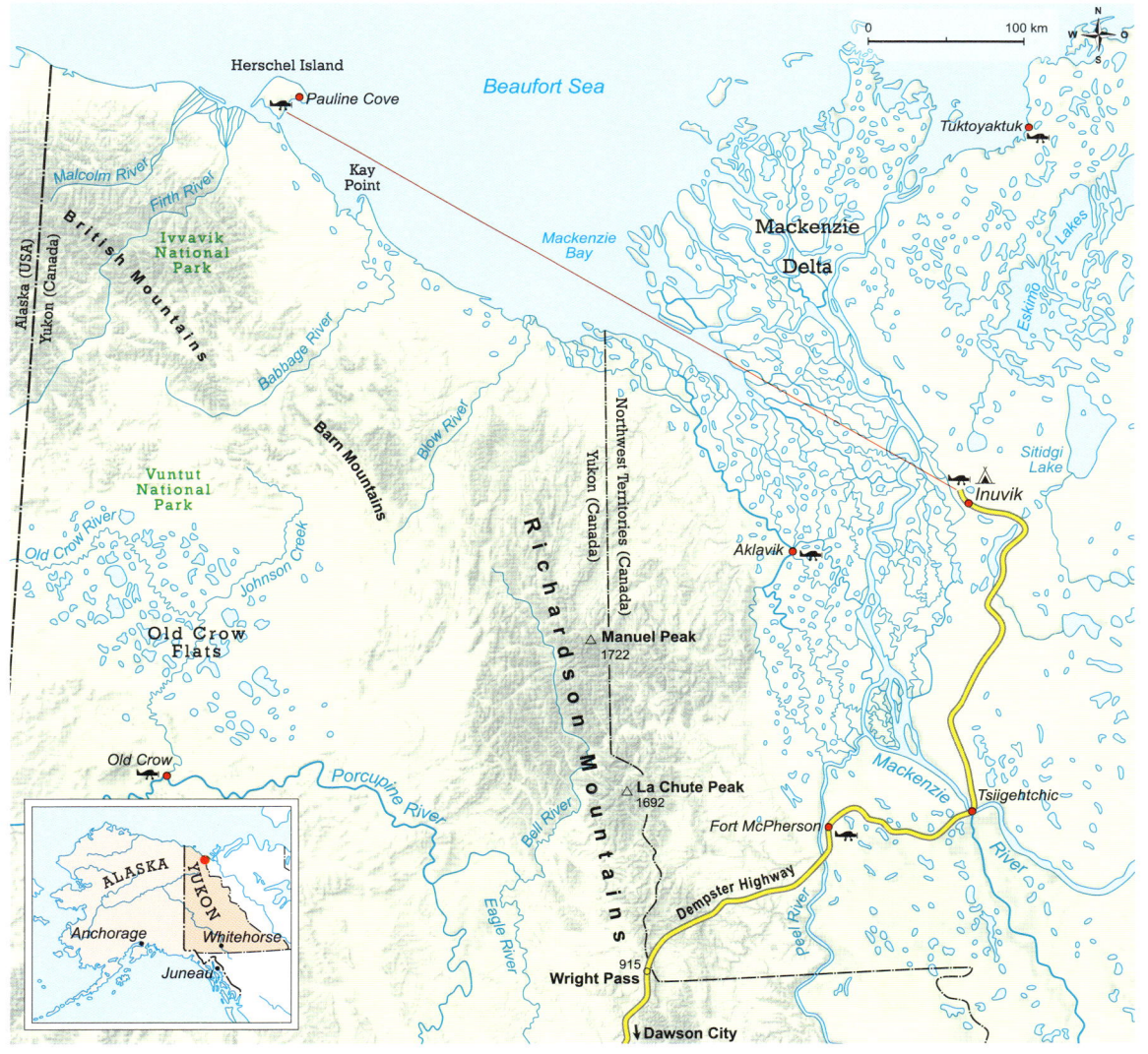

Info Herschel

www.env.gov.yk.ca/parksconservation/
HerschelIslandQikiqtaruk.php
www.north-wrightairways.com/tourism/
inuvikpackages.shtml

Ausgangspunkt für Flüge nach Herschel Island ist die 250 km südöstlich von Herschel gelegene 3000-Seelen-Gemeinde Inuvik in den kanadischen Northwest Territories, die am Ende des Dempster Highway liegt. Charterflüge sind von Mitte Juni bis Mitte September möglich.

Nord-Alaska – in der Weite der Arktis

Arktis pur: Oolah Lake und Itkillik Valley.

Im Tal des Dietrich River verläuft die Dalton-Schotterstraße und die Trans-Alaska-Pipeline.

Wer über das arktische Alaska hinwegfliegt, der ist von den landschaftlichen Dimensionen überwältigt. Wie eine riesige Mauer durchmisst die Brooks Range auf 1200 km Länge und 200 bis 300 km Breite den hohen Norden Alaskas von Kanada bis zur Tschuktschensee. Sie gehört zu den nördlichsten Gebirgen unserer Erde und schmückt sich mit dem Titel »Krone der Arktis«. Benannt ist sie, wie auch die Brooks Falls und der Brooks Lake in Katmai, nach dem US-Geologen Alfred Hulse Brooks (1871–1924). 1898 kam er zum ersten Mal nach Alaska. 1906 veröffentlichte Brooks eine umfassende Abhandlung über die Geografie und Geologie Alaskas: »The Geography and Geology of Alaska«.

Nördlich der Brooks Range erstreckt sich der North Slope, dem ein unüberschaubares Labyrinth aus Seen, Tümpeln und windungsreichen Wasserläufen sein ureigenstes Gepräge verleiht. Diese monumentale Wildnis, die sich von der Brooks Range bis zum arktischen Meer erstreckt, wird nur von 7000 bis 8000 Menschen bewohnt. Die meisten leben in Barrow, Wainwright, Point Lay, Point Hope, Atqasuk, Nuiqsut, Kaktovik und Anaktuvuk Pass. Die Brooks Range besteht aus einer Fülle einzelner Gebirgsgruppen, die viele unterschiedliche Gesichter haben. Nirgendwo sonst in der Brooks Range sind die Berge höher und die Gletscher größer als in den Romanzof und den Franklin Mountains. Die 105 km lange Berggruppe der Romanzof Mountains zwischen den Flüssen Kongakut und Hulahula weist etwa 180 kleinere Gletscher auf, die zusammen eine Fläche von 260 km² bedecken. Die Berge Isto (2735 m, zweithöchster Berg der Brooks Range), Hubley (2717 m), Michelson (2699 m) sowie die nur 4 bis 8 km langen Gletscher Arey, Mc-Call, Esetuk und Okpilak gehören zu den alpinen Wahrzeichen dieses arktischen Gebirges. Auffällig sind dort die ganzjährig geringen Niederschläge. Die gesamte Arktis weist, was die Niederschlagsmengen betrifft, Züge eines Wüstenklimas auf.

Der Mount Chamberlin (2749 m), die höchste Erhebung in den Franklin Mountains und der gesamten Brooks Range, wird nur selten von Bergsteigern aufgesucht. Entlang eines etwa 25 km langen Bergkammes südlich des Mount Chamberlin zwischen den Flüssen Canning und Hulahula liegen die meisten kleinen Gletscher. Nur knapp über 2 km misst der Chamberlin Glacier. Cloud Peak (2414 m) und Mount Salisbury (2152 m) führen die Liste der höchsten Berge in den Philip Smith Mountains an. Der Namensgeber dieser Bergkette, Philip Smith, graduierte 1906 an der Harvard University als Doktor der Philosophie. 1925 wurde er zum Leiter des Geological Survey Alaska ernannt und verfasste zahlreiche Artikel über die Geologie und Geografie Alaskas.

Wer auf dem Dalton Highway nach Norden reist, der überquert bei 68° Nord den Atigun Pass, der die Philip Smith Mountains von den Endicott Mountains trennt, die das geografische Herz der Brooks Range bilden. Berge überall, viele kaum je bestiegen, steil, brüchig, nicht wenige namenlos. Die bekanntesten unter ihnen sind Mount Doonerak (2273 m), Boreal Mountain (2028 m) und Frigid Crags (1677 m).

Am Südrand der Brooks Range, in den Schwatka Mountains, findet die Kulisse der Arrigetch Peaks (2192 m, höchste Erhebung) die meiste Beachtung. In der gesamten Brooks Range gibt es nichts Vergleichbares. Arrigetch bedeutet »ausgestreckte Finger«. Schon die Inland-Eskimos waren von den steil in den Himmel ragenden, 1000 m hohen Granittürmen ergriffen, die heute Elephant's Tooth, Xanadu, Ariel, Pyramide, Citadel, Badile, Camel, Parabola, Melting Tower, Disneyland, Battleship, Scorpio, Shot Tower, Caliban, Locomotive oder Albatross heißen.

Der höchste unter den unzähligen Gipfeln in den Schwatka Mountains ist der Mount Igikpak (2523 m) – eine besonders auffallende, pittoreske Felsgestalt. Dieser Berg rückt auch eindrucksvoll ins Blickfeld jener Kajakfahrer, die den Oberlauf des Noatak River befahren.

Die grandiose Welt der Brooks Range im Gates of the Arctic National Park. Ein Paradies für Paddler und Backpacker: North Fork Koyukuk, überragt vom eindrucksvollen Mount Doonerak (links).

In der Brooks Range führt eine Tour für erfahrene Backpacker vom Oolah Lake zum Cockedhat Mountain. Die auffälligen Gesteinsschichten dieses Massivs sind schon von weitem erkennbar.

Anaktuvuk Pass, Oolah Lake

Die achtsitzige Maschine hebt vom Fairbanks International Airport ab und steigt schnell auf eine Flughöhe von 3000 m. Der Himmel sieht nach tagelangen Regenfällen auch heute nicht gerade einladend aus. Unter einer dicken Wolkendecke, vom Wind stark gebeutelt, zieht der metallene Vogel Richtung Norden. Kein Flug für ängstliche Naturen! Zwei Eskimos, zwei weiße Jäger und zwei Backpacker aus Deutschland gehören zu den Fluggästen. Ich sitze ganz hinten, eingekeilt zwischen Kisten mit Lebensmitteln, Babynahrung, Fruchtsäften und Instantmilch. Die Ladung ist für die Bewohner von Anaktuvuk Pass bestimmt, einer kleinen Siedlung in der Tundra der Brooks Range. Unter uns wälzt sich der Yukon-Strom in unendlich vielen Schleifen durch sein kilometerbreites Bett. Der Pilot hält Kurs auf die Alaska Pipeline. Parallel dazu verläuft der geschotterte Dalton Highway. Noch ist dies die einzige Straße, die Nord-Alaska und somit die Brooks Range durchquert und zum Nordpolarmeer führt. Nach 50 Minuten werden die Berge höher und felsiger, die Grate schärfer, Altschneefelder in den Karen nehmen zu. Wir sind über der Brooks Range angekommen. Turbulenzen schaukeln das Flugzeug so heftig, dass ich den Sitzgurt enger ziehe. Eine kurze Zeit lang bleibt mein Blick am Mount Doonerak hängen, der die anderen Gipfel überragt. In der Eskimo-Sprache bedeutet Doonerak soviel wie »Teufel«. Am 30. Juni 1952 erstieg ihn ein amerikanisches Bergsteigertrio über den Südostgrat. Wir fliegen weg vom Flusstal des North Fork of the Koyukuk und halten auf den Ernie Pass zu. Über dem Tal des Anaktuvuk River beginnt der Sinkflug. Fantastisch, wie der Pilot die Maschine, vorbei an Felswänden, durch das Tal dirigiert. Dann folgt die sichere Landung auf der Piste in Anaktuvuk Pass.

Landet ein Flugzeug, kommt Leben in den weltabgeschiedenen, 260 Einwohner zählenden Ort, der nur auf dem Luftweg zu erreichen ist. Die Einwohner von Anaktuvuk Pass gehören zum Stamm der Nunamiut, einer Gruppe von Inland-Eskimos, die seit Urzeiten, in einem harten Existenzkampf mit der Natur, zerstreut in den Bergen am Killik River und am Chandler Lake lebten, bevor sie in den 1950er-Jahren sesshaft wurden und sich am Anaktuvuk Pass, einer alten Karibu-Migrationsroute niederließen. Anaktuvuk bedeutet in der Sprache der Nunamiut »Platz mit viel Karibulosung«. Auch hier hat die Moderne Einzug gehalten. Längst gibt es keine Behausungen aus Karibufellen und Graspolstern mehr. Die Menschen leben in soliden, kleinen Holzhäusern – schmucklos, aber zweckmäßig. Diese stehen auf festen Trägern über dem Permafrostboden. Vor der Haustüre parken Motorschlitten und achträdrige Tundrafahrzeuge auf breiten Profilreifen. Die Regierung hat eine Schule, ein medizinisches Versorgungszentrum, einen Lebensmittelladen und ein Museum über Geschichte und Kultur der Eskimos eingerichtet. Nach einer Phase des Überlebenskampfes, der mit der Verbreitung des Alkohols und dem Verlust ihrer früheren Lebensweise begann, besinnen sich die Einwohner heute wieder mehr auf die Traditionen und Tugenden als Jäger, denn seit Urzeiten ernährten sie sich hauptsächlich vom Karibu.

»Das Land rings um Anaktuvuk Pass gehört den First Nations. Bitte nicht in der Nähe der Häuser zelten und keine Abfälle liegen lassen, die Natur ist hier sehr verletzlich«, meint Jon, ein Parkranger des Gates of the Arctic National Park and Preserve, der den Sommer über hier lebt.

Als wir uns am nächsten Tag auf einem Vorgipfel des Soakpak Mountain niederlassen, öffnen sich erstaunliche Weitblicke auf eine großartige Landschaft. Schon hier erlebt man die ganze Magie des arktischen Alaska. Die Dimensionen der Tundraebene zwischen John River und Anaktuvuk River sind kaum fassbar. Nach Südwesten zu stehen schroffe Berge Spalier, Richtung Nordosten laufen die Hochflächen in den schier endlosen Weiten des North Slope aus. Mittendrin erscheinen die wenigen, spielzeugkleinen Häuser von Anaktuvuk Pass wie eine Oase der Zivilisation. Hier verläuft auch die große kontinentale Wasserscheide. Wunschroute für Backpacker? Das Angebot ist riesig. Von Anaktuvuk Pass zum Oolah Lake – das ist sicher eine der eindrucksvollsten Routen am Nordrand der Brooks Range. Zu den landschaftlichen Highlights mit klangvollen Namen gehören der Peregrine Pass, die Route zum Summit Lake entlang des hier noch jungen North Fork of the Koyukuk, das Itkillik Valley und der im Frühsommer von Blumenwiesen umgebene Oolah Lake, der wunderschöne Plätze zum Zelten bietet. Wer noch Zeit, genügend Proviant und Kondition hat, kann diese Backpackingtour mit lohnenden Abstechern bereichern: wie etwa vom Summit Lake zum Canyon des North Fork of the Koyukuk oder vom Oolah Lake zum Cockedhat Mountain.

Dalton Highway – Coldfoot

Die einzige Straße, die die Brooks Range und den North Slope durchschneidet, ist wie schon erwähnt, der 667 km lange Dalton Highway. 1974 bahnten Tausende Ar-

Die beiden Berge Boreal Mountain und Frigid Crags waren für Robert Marshall das »Tor zur Arktis«. Abgebildet ist hier der Boreal Mountain.

beiter binnen fünf Monaten eine Schneise durch die arktische Wildnis, um den Materialnachschub für den Bau der Erdöl-Pipeline zu sichern. Erst seit 1995 dürfen neben den tonnenschweren Lkws der Öl- und Zulieferfirmen auch Touristenfahrzeuge bis nach Deadhorse rollen. Der Dalton Highway weist heute auf einigen Streckenabschnitten einen guten Teerbelag auf. Doch vor allem im Bereich der Brooks Range und auf dem North Slope gibt es immer noch viele Schlaglöcher. Bei schönem Wetter ziehen die Autos riesige Staubwolken hinter sich her, während sie bei Regen von einer dicken Dreckbrühe überschüttet werden.

417 Autokilometer nördlich von Fairbanks liegt inmitten borealer Wälder Coldfoot. Hier kann man wirklich »kalte Füße« bekommen, denn in der winzigen Einödsiedlung am Dalton Highway herrscht im endlos langen Winter klirrender Frost. Eine Benzinzapfsäule, eine Reifenreparatur-Werkstatt, ein Schnellrestaurant, in das vor allem die Lkw-Fahrer drängen, einige schmucklose Wohncontainer für Touristen und Angestellte, das ist fast alles.

Fast, denn das stilvolle Visitor Center ist der Treffpunkt der Touristen. Man kann sich hier in Büchern, Landkarten, Trekkingberichten und Broschüren anschaulich informieren, bevor man zu einer Wildnistour aufbricht. Und Buschpilot Dirk, der den Sommer in Coldfoot verbringt, fliegt erfahrene Backpacker und Paddler gerne in die entlegensten Winkel der Brooks Range und des North Slope.

Wiseman – ein lohnender Abstecher

Weiter auf dem Dalton Highway nach Norden. 22 km von Coldfoot entfernt führt ein schottriger Weg in die winzige Häuseransammlung Wiseman am Middle Fork of the Koyukuk River. Hier könnte man einen Trapper-Film drehen. Verstreut zwischen Birken und Fichten liegende Hütten erinnern an das entbehrungsreiche Leben der Fallensteller und Goldsucher. Als man im Jahr 1910 die begehrten gelben Körner im Flussbett des Nolan Creek fand, drangen Abenteurer den Koyukuk River aufwärts bis hierher vor. Wiseman hat bis heute überlebt. Für die wenigen Einwohner – die Zahl schwankt zwischen 10 und 20 – ist es schwierig, allein vom Goldsuchen oder Pelztierfang den Lebensunterhalt zu bestreiten. Einige Bewohner haben auch den Tourismus als Einnahmequelle entdeckt und bieten Unterkunft und Verpflegung an.

Robert (Bob) Marshall (1901–1939)

Im Sommer 1929 kam der feinfühlige, aber energiegeladene Wissenschaftler (Master of Forestry, Harvard University) zum ersten Mal nach Alaska. 1930/1931 ließ sich Marshall ein Jahr lang in einer Holzhütte in Wiseman nieder. In seinem ersten Buch »Arctic Village« (1933) beschrieb er das vom Gold bestimmte Leben in dieser winzigen Bretterbuden-Siedlung nördlich des Polarkreises. Auch in »Arctic Wilderness«, das zu seinen Lebzeiten nicht veröffentlicht wurde – es wurde 1956 von seinem

Bruder George Marshall herausgegeben –, verstand er es, den Leser durch spannende Erzählungen über seine Erkundungen in der Brooks Range zu begeistern. Der Naturschützer Robert Marshall war vor allem vom ersten Anblick der beiden unverwechselbaren, imposanten Bergmassive Frigid Crags (1677 m) und Boreal Mountain (2028 m), die das Tal des North Fork of the Koyukuk River von beiden Seiten bedrängen, überwältigt. Sie bilden gleichsam das Tor zum Gates of the Arctic National Park. Wie sonst hätte damals die von ihm stammende Bezeichnung »Gates of the Arctic« entstehen können? »Während wir vorankamen, wurden die Berge steiler und steiler, bis sie schließlich im Tor zur Arktis gipfelten ... Das Tal zwischen diesen gewaltigen Wänden war wohl zwei Meilen breit und bestand vorwiegend aus trockenen Fluss-Steinen« (Marshall, Robert, 1956, 1970, 2005).

Robert Marshall erforschte nicht nur die Gegend am North Fork of the Koyukuk, er legte auch neue Routen zum John, Alatna, Anaktuvuk und Killik River und fuhr mit Hundeschlitten von Wiseman nach Bettles und zur kontinentalen Wasserscheide. Er kartierte nahezu 40.000 km², benannte Dutzende Berge, Bäche und Seen und bestieg nicht weniger als 28 herausragende Gipfel.

Robert Marshall, der unermüdliche Wanderer und Wissenschaftler des US Forest Service erlag ganz dem sonderbaren Zauber dieser Wildnis. Für ihn war aber klar erkennbar, dass ihr durch die Erschließung unterirdischer Reichtümer Gefahr drohen würde. Die Gründung der »Wilderness Society« im Jahr 1935 war der erste Schritt, weite Teile der Brooks Range vor jeglicher Veränderung durch den Menschen zu bewahren, aber erst 1980 wurden 34.300 km² zum Gates of the Arctic National Park and Preserve erklärt. Am 11. November 1939 starb Marshall während einer Reise von Washington D.C. nach New York an Herzversagen.

Atigun Canyon

Unser nächstes Ziel sind die Höhenzüge über dem Atigun Canyon, die man vom Dalton Highway aus direkt erreichen kann. Wir beschließen, auf den endlosen, langen Kämmen die Nacht zu verbringen. Der Boden ist hier schon an der Oberfläche gefroren, obwohl die Sonne Anfang September noch lange am Himmel steht. Der kalte und wolkenlose Abendhimmel wölbt sich über uns. Von diesen Höhen schauen wir weit in den North Slope hinaus. Unser Lagerplatz liegt bereits im ANWR. Wir haben die abgeschiedene Gipfelwelt der Philip Smith Mountains im westlichen Teil des 78.900 km² großen Schutzgebietes direkt vor unseren Augen. Die wunderbarsten Flecken liegen noch weiter östlich, mindestens 200 km Luftlinie von uns entfernt, in den Franklin und Romanzof Mountains des ANWR. Mein Blick wandert in der klaren Luft zum Sagavanirktok, auf dem man mit dem Kanu fast bis nach Deadhorse gleiten kann. Polarlichter bedeuten für uns immer ein euphorisches Gefühl. Wir geben uns staunend dem Anblick dieses Lichtspiels hin, ohne die Kälte der Nacht zu spüren. Gespenstische Schleier tanzen schwerelos am Firmament. Die wallenden Lichtvorhänge scheinen die umliegenden Gipfel zu berühren. Doch das täuscht! Polarlichterscheinungen kommen kaum näher als 100 km an die Erde heran. Sie erstrecken sich bis in Höhen von 300 km bis 400 km.

Galbraith Lake

Dalton Highway, Meile 274,7, Abzweiger zum Galbraith Lake. Ein wenig fühlt man sich schon in den North Slope versetzt, wenn man von den Höhenzügen über dem Galbraith Lake Richtung Norden blickt: Hinter uns liegen die engen, von steil aufragenden Bergen flankierten Talfurchen am Dietrich und Atigun River, und vor uns, bar jeder höheren Vegetation, nur noch scheinbar endlose Flächen so weit das Auge reicht.

Als Ausgangspunkt schöner, aber auch anstrengender Routen ist der primitive Zeltplatz am Galbraith Lake zu empfehlen. Wer die Schatzkammern der Natur am Itikmalak River, Itkillik Lake und am Itkillik River kennenlernen möchte, sollte einige Tage Zeit einplanen. Zeit- und kraftraubende Weg-

*Der 814 m hoch gelegene Galbraith Lake gilt als bester Ausgangspunkt
für weglose Touren in das Itkillik Valley und zum Oolah Lake
im Gates of the Arctic National Park.*

Nirgendwo in der Brooks Range trifft man beim Bergsteigen auf Wege oder Hütten. Man ist auch immer allein unterwegs. Eine angemessene Ausrüstung mit Orientierungshilfen ist daher unbedingt notwendig.

strecken über Feuchttundra sind hier keine besondere Zugabe, sondern typisch für viele Touren in den Talbereichen der Brooks Range. Wer in die Höhe steigt und entlang von Bergflanken oder über Kämme und Rücken wandert, findet oftmals festes Terrain vor. Diese Routen haben noch einen Vorteil: Man genießt den freien Blick.

Auch diese Backpacking-Tour hat es in sich. Im Herbst sind vielleicht einige Jäger oder ihre Hinterlassenschaften, sprich Abfälle und Feuerstellen, zu sehen, sonst trifft man kaum eine Menschenseele.

Wer sich den Anforderungen solcher Touren nicht gewachsen fühlt, sollte sich auf kürzere Ausflüge beschränken, aber auch hier gilt: Nur für Geübte!

Flusstouren

Großartige Eindrücke einer überwältigenden Natur erlebt man auf den vielen Flüssen, die je nach Schwierigkeitsgrad und eigenem Können mit Kanus, Kajaks oder Rafts zu befahren sind. Entlang der Flüsse gibt es kaum menschliche Ansiedlungen. In Notsituationen ist in diesen abgelegenen, unerschlossenen Gebieten keine rasche Hilfe zu erwarten. Man muss sich selbst helfen, wobei in einer Gruppe schwierige Situationen einfacher bewältigt werden können. Lang anhaltende Regenfälle verwandeln zahme Flüsse in mächtige Ströme. Bei Schlechtwetter oder starker Rauchentwicklung durch Waldbrände bleiben auch mutige Buschpiloten am Boden und das kann Tage dauern. Die Landepisten an den Einstiegs- (Put-In) und Ausstiegsstellen (Take-out) bestehen meistens aus groben Schotterflächen, die durch Witterungseinflüsse ihr Aussehen stark verändern können (zum Beispiel Hochwasser). Daher sind manche Airstrips nicht in jedem Sommer benutzbar. Zu den schönsten Flüssen der Brooks Range gehören: Kongakut, Hulahula, Canning (Main Fork), Ivishak, Porcupine, Sheenjek, North Fork of the Koyukuk, Tinayguk, John, Alatna, Noatak. Es gibt hier viele Möglichkeiten, Fluss- und Backpacking-Touren miteinander zu kombinieren. Jede dieser Flussreisen beginnt und endet mit einem Buschflug.

Auf dem Kongakut River

Heute ist ein vollkommener Tag, sonnig und windstill, also bestes Flugwetter. Nachdem wir unser Gepäck im Bauch der Beaver verstaut haben, ist es endlich so weit. Dirk, unser Bischpilot, gibt Vollgas. Und die Beaver, die ungefähr 500 kg Gepäck befördern und eine Spitzengeschwindigkeit von etwa 145 km/h erreichen kann, hebt mit lärmendem Motor ab. Zwischen Coldfoot und unserem Landepunkt am Oberlauf des Kongakut liegen etwa 350 Flugkilometer. Nur langsam gewinnt die Beaver an Höhe. Wir gleiten über den South Fork Koyukuk River hinweg und halten Kurs auf den Chandalar Lake, der im strahlenden Licht der arktischen Sonne glitzert, in einer Landschaft

*Die Weite und Unberührtheit arktischer Natur offenbart sich am Kongakut River im Nordosten Alaskas.
Die Gegend links und rechts des Flusses bietet reichlich Möglichkeiten für Bergtouren.*

Laune der Natur. In zahllosen Schleifen windet sich dieser Fluss durch den North Slope im hohen Norden Alaskas.

entgegen. Wir überfliegen den East Fork Chandalar und halten auf die kahlen Berge der Brooks Range zu. Fern im Norden schimmern gletschergeschmückte Berge. Das müssen die Franklin Mountains und die Romanzof Mountains sein. Die Zeit vergeht ganz unmerklich auf diesem langen Flug. Dirk fliegt vom Oberlauf des Sheenjek aus über einen Pass zum Oberlauf des Kongakut. Wir sind jetzt unserem Landeziel ganz nah und werden alle still. Dirk legt sich über dem Flusstal in die Kurve und prüft das Terrain. Spannung kommt auf: Wo wird er landen? Die Maschine schießt auf verzweigte Wasserläufe zu, dann taucht plötzlich eine Kiesbank mit großen Steinen auf. Es kracht beim Aufsetzen, wir stehen – im letzten Moment kurz vor einem Weidendickicht. Wir sind noch immer alle schweigsam und staunen über die fliegerischen Fähigkeiten alaskanischer Buschpiloten. Als Dirk uns wieder verlässt und vom Erdboden abhebt, schlagen wir unser erstes Lager auf und mir wird klar, dass der Kongakut River so abgelegen ist, wie man es sich nur vorstellen kann.

Der Kongakut River fließt auf seiner ganzen Länge, vom Ursprung bis zur Mündung in die Beaufortsee, durch das ANWR, das immer noch ein Paradies für Tiere ist. Doch auch dieses empfindliche Gebiet ist durch die Erdölförderung bedroht. Noch wird im Gebiet »1002« – so nennt man diesen Landstrich an der Küste der Beaufortsee zwischen dem Aichilik River im Osten und dem Canning River im Westen – kein Öl abgefackelt. Die Gwich'in-Athabasken nennen das Gebiet »Izhik Gwat's an Gwandaii Goodlit« – der heilige Platz, wo alles Leben beginnt. Sollte dort aber Öl gefördert werden, dann ist auch der Lebensraum der 130.000 Tiere umfassenden Porcupine-Karibu-Herde mit dem Aufzuchtgebiet der Kälber bedroht. Noch haben die Athabasken (die in mehreren Dörfern im östlichen Alaska, im Nord-Yukon und in den Northwest Territories leben) die Eingriffe einer gigantischen Industriemaschinerie in eines der empfindlichsten Wildschutzgebiete der Erde aufhalten können.

Fast wolkenlos aber kühl ist der Morgen, als wir unser vollbepacktes Raft ins Wasser schieben. Wir sind zum ersten Mal mit einem Schlauchboot unterwegs. Der Kongakut gibt gleich unseren Rhythmus vor, denn die Flussarme im Oberlauf führen so wenig Wasser, dass wir öfter auf Grund laufen. Wir steigen aus und ziehen unser Boot, bis wir wieder tieferes Wasser erreichen. Der Fluss verästelt sich ständig. Um vorwärtszukommen, halten wir immer Ausschau nach der günstigsten Durchfahrt. Niedrige Wasserrinnen wechseln aber auch mit glasklaren, tiefen Gumpen. Eines ist klar: Das türkisfarbene Wasser des Kongakut ist so sauber, dass man es sofort trinken kann. Am Zufluss des Drain Creek suchen wir auf einer Sandbank eine Stelle zum Zelten. Ber-

von ungeheurer Weite. Die Beaver steuert an Arctic Village vorbei, einer abgelegenen Siedlung der Athabasken, die wie verloren zwischen mäandernden Flüssen, unzähligen Seen, Mooren und borealen Wäldern aus Fichten, Pappeln und Birken liegt. Nördlich von Arctic Village stoßen die Nadel- und Mischwälder der Taiga allmählich auf die Ausläufer der Brooks Range mit nur vereinzelten Waldinseln.

Coldfoot liegt weit hinter uns. Die leuchtenden Herbstfarben in der zweiten Augusthälfte sind bereits unglaublich satt. Der Sommer neigt sich sichtbar dem Ende

Für Paddler ist es manchmal schwierig, bei geringer Wasserführung des Kongakut River die beste Route zu finden. In weiter Runde nur endlos Berge, die meisten davon ohne Namen.

ge bedrängen uns von allen Seiten. Auf der Westseite des Flusses ragt eine steile, kompakte Felswand empor, die ihren Namen zu Recht trägt: Plug Mountain – Pflugberg. Er unterscheidet sich deutlich von den vom Frost zerklüfteten Bergen. Als ideales Fotomotiv glänzt unser Zeltlager im Licht der tief stehenden Sonne, die Konturen in die Landschaft zaubert. Zwei Tage bleiben wir hier zum Rasten, Schauen, Bergsteigen. Durch locker stehende Weiden und Zwergbirken, über Permafrostböden steigen wir pfadlos auf, sehen im Osten die Berge der British Mountains, im Westen den Bathtub Ridge, der zu den Romanzof Mountains gehört und gewahren in der Tiefe den Kongakut River, über 1 km breit, mit seinen Flussarmen, Kies- und Sandbänken, flachen, aber auch hoch aufragenden Ufern.

Der Fluss schlängelt sich weiter nach Norden Richtung Polarmeer. Der neue Tag ist wunderschön, der Himmel klar, aber das Thermometer klettert nur mühsam im Plusbereich aufwärts. Normal, wir sind ja immerhin auf 69° nördlicher Breite! Und zu vergleichbaren Breitengraden im nördlichen Europa gibt es bemerkenswerte Unterschiede hinsichtlich des Klimas und der Besiedlung: Einen Golfstrom, der den Küsten Nordeuropas ein ungewöhnlich mildes Klima beschert, gibt es hier nicht. Entsprechend kalt ist das Klima, und das bedeutet: Der Winter kommt früher und bleibt länger, und der Erdboden ist in Nord-Alaska bis in große Tiefen ständig gefroren. Nur im kurzen Sommer taut er an der Oberfläche auf. Dort lebt auch dauerhaft kein Mensch, sieht man einmal von der entlegenen Eskimosiedlung Kaktovik ab. Das Nest liegt auf Barter Island im Polarmeer, 150 km Luftlinie von unserem momentanen Standort entfernt.

Bis jetzt sind wir keiner Menschenseele begegnet. Doch heute bewegt sich etwas winziges Rotes in der Ferne, am Fluss entlang, das ganz langsam näherkommt. Wir trauen unseren Augen nicht. Ein Mann um die Fünfzig und eine jüngere Frau ziehen ihre rot gestrichenen Seekajaks den Kongakut River flussaufwärts. In ihren auffälligen Beinkleidern, so genannten Hip Waders, die bis zur Brust reichen, erinnern sie an Fischer. Aber diese Ausrüstung ist beim Treideln der beste Schutz gegen Feuchtigkeit und Kälte.

Im Gespräch stellt sich sofort heraus, dass es sich um Vater und Tochter handelt, die aus Haines, Südost-Alaska, kommen und seit Wochen unterwegs sind. Von der Eskimosiedlung Kaktovik aus hatten sie sich mit Seekajaks entlang der Küste des Nordpolarmeeres bewegt mit Kurs auf die Mündung des Kongakut River. »Die Tour entlang der Beaufortsee-Küste war kalt, windig und oft herrschte der gefürchtete Nebel«, berichtet uns der Mann. »Wir wollen den Kongakut bis zu seinem Ursprung hinauftreideln, dann Gepäck und Kajaks über Stock und Stein bis zum Oberlauf des Sheenjek River tragen und weiter den Sheenjek und Porcupine River hinunter bis zur Athabaskensiedlung Fort Yukon, dem Ziel unserer Expedition, paddeln. Es ist immerhin schon fast Ende August, uns steht noch eine riesige, strapaziöse Wegstrecke durch menschen-

*Fischcamp der Athabasken am Yukon River.
Auf Holzgestellen werden die Lachse geräuchert.*

leeres Land bevor und die Nächte werden auch immer frostiger«, meint er nachdenklich. »Am Drain Creek Airstrip (Piste aus faust- bzw. kinderkopfgroßen Steinen für Buschflieger am Oberlauf des Kongakut) werden wir eine Entscheidung treffen: entweder die Expedition wie geplant fortsetzen oder doch von dort aus über Satellitentelefon einen Buschflieger anfordern.« Die beiden müssen aus ganz besonderem Holz geschnitzt sein, denke ich. Ich bewundere ihren Wagemut. Auch heute wollen sie noch ein gutes Stück vorankommen. Bald verlieren wir sie aus den Augen.

Das ist also der von Bergen eingeengte Kongakut Canyon. Man kann sich gut vorstellen, wie er nach der Schneeschmelze im Frühjahr aussieht: urwild und reißend; ein schöner, verblockter Abschnitt für Wildwasserpaddler. Im späten August ist das Wasser aber auf einen Tiefstand gesunken. Wir schrammen einige Male über glatt geschliffene Felsen, dann gleiten wir wieder zügiger dahin. Der Wechsel zwischen Trägheit und Lebendigkeit des Flusses vollzieht sich ganz plötzlich.

Weiter geht es den Kongakut hinunter. Grün, kalt und durchsichtig fließt er dahin. Vorletzter Tag. Wir sind am Caribou Pass, unserem Ziel, angelangt, über 400 km Luftlinie von Coldfoot entfernt. Hier verlässt der Kongakut die Berge und tritt in unzählige kleine und größere Wasserläufe aufgefächert in die weite Ebene des North Slope ein, bevor seine Wasser den Arktischen Ozean erreichen. Erneut Zelte abspannen, Isomatten und Schlafsäcke aufrollen, Benzinkocher füllen, Feuerholz und Wasser holen … alles längst Routine. Schön und traurig zugleich der Augenblick, als wir aus unserem Raft die Luft herauslassen und es zusammenlegen. Morgen wird Dirk die Beaver wieder auf grobes Geröll setzen und uns nach Coldfoot zurückbringen. Aber noch ist es nicht so weit.

Eine Felskuppe, etwa 10 km südwestlich unseres Zeltlagers, reizt uns besonders. Um in dieses felsige Gelände zu gelangen, müssen wir zunächst ein fürchterlich schwammiges Gelände überwinden, das man Tussock-Tundra nennt. Überall in der arktischen Tundra trifft man auf diese Sumpfwiesen mit ihren wackeligen Wollgrasbüscheln, deren Triebe für die Karibus eine wichtige Nahrungsgrundlage bilden. Wir stolpern von einem Hügel zum anderen oder rutschen mit den Schuhen in ein Sumpfloch. Wie gern würden wir es den Karibus gleichtun, die mit ihren spreizbaren Zehen mühelos solche Gebiete durchqueren. An rasches Vorwärtskommen ist nicht zu denken. Aber wenigstens sind die Mücken weg. Im Sommer fallen hier ganze Wolken von blutgierigen Plagegeistern über den Wanderer her. Hier braucht man starke Nerven und nicht nur Gleichgewichtsgefühl und eine gute Kondition. Aber der Aufstieg zur Felskuppe über trockenes Gelände wird dann doch noch zum Vergnügen. Geschafft! Welch ein Aussichtspunkt der Extraklasse hoch über dem Baseline Creek mit freier Sicht auf die weiten Ebenen des North Slope mit seinem unüberschaubaren Labyrinth aus windungsreichen Wasserläufen, flachen Seen, Tümpeln, Mooren und Sümpfen. Der Permafrost, also der Dauerfrostboden, verhindert eine Entwässerung in die Tiefe, daher herrscht dort ein unvorstellbarer Wasserreichtum. Mein Blick durch das Fernglas bleibt am Icy Reef, am Eisigen Riff, hängen. Dort, an der Küste des Nordpolarmeeres, treiben große Eisschollen. Sie künden bereits den Winter an. In unmittelbarer Nähe macht sich ein weißer Gerfalke bemerkbar. Er gehört zu den wenigen Vogelarten, die dem arktischen Winter trotzen. Tief unten ziehen Karibus, die größten Nomaden des Nordens, über die Tussock-Tundra nach Süden. Das sind die Bilder, die die Magie der Arktis widerspiegeln. Wir wünschen uns, dass der Mensch diese ungezähmte Wildnis nie verändert.

Porcupine River mit dem Langkahn
Bei den unzähligen Flussschleifen verliert man das Gefühl dafür, wie weit man eigentlich vorangekommen ist. Dicht gedrängt gleiten Schwarzfichten, hohe Pappeln, Birken und Espen mit Millionen verfärbter goldener Blätter vorüber, ebenso Steilufer und Kiesbänke. Wir lauschen dem Ruf eines Weißkopfseeadlers in Flussnähe, sehen

krächzende Raben und verschiedene Entenarten. Und die Seidenschwänze mit ihrer unverkennbaren Federhaube! Für mich die prächtigsten Vögel der Taigawälder. Wir sind mit Richard Carroll in einem motorbetriebenen Langkahn auf dem Porcupine, einem herrlichen, zahmen Wildfluss unterwegs. Heute schaffen wir es bei gemütlicher Fahrt von Fort Yukon (Alaska) bis zur Mündung des Sheenjek River. Das Ganze ist als kurzer Ausflug in den wenigen, noch verbleibenden Herbsttagen arrangiert, gleichsam als unsere Abschiedstour von Alaska für dieses Jahr. Unser Motto: zwangloses Unterwegssein in einer unverletzten Natur zum Schauen und Staunen.

Auf Sandbänken verraten Spuren die Anwesenheit eines Bären. Unbeweglich beobachtet uns eine Elchmutter mit ihrem Nachwuchs – und über uns das intensive Blau des subarktischen Himmels.

Richard Carroll stammt aus dem Dorf Fort Yukon, das 1847 von der Hudson's Bay Company gegründet wurde. Er ist ein Gwich'in-Athabaske, sein indianischer Name lautet Raven Daatree. Der schlaue Rabe spielt in der Mythologie der Indianer und der Eskimos als Schöpfer der Erde und als Übermittler des Lichtes eine zentrale Rolle. Auch Raven Daatree ist klug genug, um aus seinem Leben etwas zu machen. Er ist weithin bekannt, obwohl er von sich behauptet: »I'm well known, but nobody knows me.« – »Ich bin sehr bekannt, aber niemand kennt mich.« Für ihn läuft es prächtig. Er ist oft als Führer unterwegs, vor allem am Yukon River und auf dem Porcupine. Auch deutsche Fernsehteams hat er für gutes Geld auf dem Porcupine bis an die Grenze Alaska/Yukon bei Rampart House gebracht. In den nächsten Tagen wird er Holländer vom kanadischen Dawson City nach Fort Yukon transportieren, natürlich im offenen, motorgetriebenen Langkahn. Mehr als 500 Flusskilometer hinunter und hinauf!

Zu Richards Lieblingsthemen zählt seine Trapline (Fallensteller-Route), denn die Jagd ist mehr als Versorgung, sie ist Teil seines Lebens. So zieht er im Sommer wie im Winter den Porcupine hinauf. Seine Trapline umfasst 140 km, davon liegen 80 km am Fluss und 60 km in der Taiga und Tundra. Drei Hütten entlang der Strecke bieten gerade im eiskalten Winter etwas Komfort. Kanu und Hundeschlitten gehören schon lange nicht mehr zu den traditionellen Fort-

Rast am Porcupine River. Überwiegend ruhig bahnt der Fluss sich seinen Weg vom kanadischen Yukon Territory bis zur Athabaskensiedlung Fort Yukon in Alaska.

bewegungsmitteln der Jäger. Lärmende Langkähne mit einem 40-PS-Motor und Schneemobile haben den Lebensstil der Indianer verändert. Hundeschlitten fahren sie nur noch zum Spaß oder bei Wettbewerben. Richard fängt Marder, Luchs, Vielfraß und Wolf. Außerdem darf er jährlich einen Grizzly, einen Elch und zehn Karibus erlegen, für Schwarzbären gibt es kein Limit. Die guten Felle verkauft er an kanadische Firmen. Doch die Konkurrenz unter den 12.000 Trappern in Alaska ist groß, wenn auch nur 25% von ihnen Vollzeit-Fallensteller sind. Für wenige Dollar kann jeder Einwohner Alaskas eine Lizenz als Fallensteller erwerben. Übrigens: Fischen kann er so viel er möchte. Der Porcupine ist einer der größten Laichflüsse Alaskas. Doch der hier heraufziehende Chum oder Dog Salmon (Keta-Lachs) komme bei den Einheimischen nicht so gut an, meint Richard. »Wir verfüttern die Lachse auch gern an die Hunde.« Die Zeit vergeht. Gemeinsam suchen wir einen Lagerplatz. Richard geht nie an Land, ohne seine beiden Gewehre zu schultern – eines für Großwild, das andere, um Enten und Gänse zu jagen. Langsam schwindet

Eine geheimnisvolle Stimmung liegt über unserem Lagerplatz am Porcupine River. Es ist kalt – das Feuer spendet angenehme Wärme.

das Tageslicht. Ein Bartkauz segelt über unsere Köpfe hinweg. Die größte Eule der borealen Wälder ist ein edler Vogel, der den lautlosen Flug perfekt beherrscht. Die abendliche Kälte ist spürbar und wir rücken näher an das Lagerfeuer heran. Immer wieder schieben wir dürres Holz in die Glut. Genüsslich verspeisen wir eine Ente, die Richard geschossen hat. Wir trinken Tee; wer nicht trinkt, dem wird kalt.

Er erzählt uns ein bisschen über das Leben in Fort Yukon, seinem Heimatort, der keine Straßenanbindung zur Außenwelt hat und nur mit Buschfliegern zu erreichen ist. Die Siedlung am Polarkreis wurde auf 90 m dickem Permafrost gebaut, der bereits einen Meter unter der Bodenoberfläche beginnt. Je näher man den Flüssen Yukon und Porcupine kommt, desto tiefer muss man graben, um auf Permafrost zu stoßen.

Gelegentlich chauffiert Richard auch zahlungskräftige amerikanische Sightseeing-Touristen in einem alten Bus durch das größte Athabasken-Indianerdorf Alaskas, in dem 550 Menschen leben, darunter auch Weiße, die mit Natives verheiratet sind. Es gibt eine Schule, ein medizinisches Versorgungszentrum, eine 1899 erbaute Kirche, ein Museum und einen Lebensmittelladen, der über alles verfügt, was man braucht. Doch die Waren sind extrem teuer.

Das Nest hat auch eine Schriftstellerin hervorgebracht. Velma Wallis, Jahrgang 1960, erhielt für ihr Buch »Zwei alte Frauen« den Western States Book Award. Es erschien in mehreren Sprachen – auch in Deutsch – und wurde millionenfach verkauft.

Richard glaubt, dass die jungen Menschen nicht mehr in der Lage seien, die Einsamkeit und Abgeschiedenheit eines Lebens im Busch zu ertragen. Ein ernstes Problem ist die hohe Arbeitslosigkeit im Dorf. Mehr als 50% der Einwohner gehen keiner geregelten Arbeit nach. Wenn die Leute keine Arbeit haben, greifen sie oft zum Alkohol. Alkoholexzesse führen häufiger zu Gewaltanwendungen, obwohl sich das Dorf als »trocken« erklärt hat.

Wir sind auf der Rückfahrt nach Fort Yukon, bei starkem Wind und leichtem Regen. Ein Morgen an der Mündung des Black River. Wir hören Schüsse vom Ostufer. Elchjäger aus Chalkyitsik, einem weltabgeschiedenen, noch weiter östlich gelegenen Hundert-Seelen-Dorf sind unterwegs. Richard kennt sie alle.

Bis zum Rückflug nach Fairbanks verbringen wir die meiste Zeit am Yukon River, der für die Einwohner der Region die Lebensader darstellt. Im Sommer ziehen große Lachsschwärme zu ihren Laichplätzen den Fluss hinauf. Das Fischrad fängt einen nach dem anderen. Drei Männer nehmen die Fische aus, schneiden sie in Streifen und hängen sie zum Räuchern auf ein Holzgestell. Zwischen den Fischen entdecke ich ein verkohltes Stachelschwein. Einem Schwarzbären zieht man gerade das Fell ab. Ich sehe auch abgeschnittene Bärentatzen, die man als Souvenir verkauft.

Abweisend und faszinierend zugleich: die Berge am Nordrand der Brooks Range.

Info Nord-Alaska

www.fws.gov/refuge/arctic/
www.nps.gov/gaar
www.alaskacenters.gov/fairbanks.cfm
www.blm.gov/ak/st/en/prog/recreation/dalton_hwy.html
www.oldcrow.ca
www.north-slope.org/our-communities/anaktuvuk
www.coldfootcamp.com
www.flycoyote.com
www.daltonhighwayexpress.com
www.flyairnorth.com
www.wrightairservice.com

Von Anaktuvuk Pass zum Oolah Lake

Ca. 85 km, ca. 8–10 Tage, Zelt, weglos, nur für erfahrene Wildniswanderer, Achtung, Privatland der Ureinwohner, nicht in der Nähe der Subsistence Camps zelten! Buschflieger von Coldfoot nach Anaktuvuk Pass und vom Oolah Lake nach Coldfoot.
Route: Startpunkt Anaktuvuk Pass – Flusstal Anaktuvuk River – Graylime Creek (bis hier auch ATV Trails) – Ernie Pass – Grizzly Creek – Peregrine Pass – entlang des Oberlaufs des North Fork of the Koyukuk – Summit Lake – Endpunkt Oolah Lake.
Karten: USGS Chandler Lake, Nr. 257 Gates of the Arctic von National Geographic, Detailkarten notwendig.

Galbraith-Lake-Runde

Ca. 40 km, 3–4 Tage, Zelt, weglos, nur für erfahrene Wildniswanderer; um den Galbraith Lake zu erreichen, benützt man den Dalton Highway Express.
Route: Start- und Endpunkt Galbraith Lake Campground (Nähe Dalton Highway) – Itikmalak River – Itkillik Lake.
Karten: USGS Philip Smith Mountains, Nr. 257 Gates of the Arctic von National Geographic, Detailkarten notwendig.

Atigun Canyon, ca. 1400 m

Als Berg-Tagestour machbar, alpine Tundra, weglos.
Route: Start- und Endpunkt ist die Brücke am Atigun River 2 (ca. 800 m), Dalton Highway, Meile 270,9 Ost.
Karten: USGS Philip Smith Mountains, Nr. 257 Gates of the Arctic von National Geographic.

Kongakut River

Populäre Flussroute im Arctic National Wildlife Refuge, WW 1–3, etwa 100 km, mündet in die Beaufortsee, ideal mit Bergtouren kombinierbar, Buschflieger ab/nach Coldfoot.
Route: Startpunkt gewöhnlich Drain Creek, Endpunkt Caribou Pass.
Karten: USGS Demarcation Point A-2, B-1, B-2, C-2, D-2, Table Mountain D-2, D-3, D-4.

Porcupine River

Populäre Flussroute im Nord-Yukon und in Nordost-Alaska, streckenweise im Arctic National Wildlife Refuge, WW1, etwa 470 km, Flugverbindungen zwischen Dawson City (Yukon) und Old Crow (Yukon) sowie zwischen Fort Yukon (Alaska) und Fairbanks (Alaska), Grenzübertritt, Pässe.
Route: Startpunkt Old Crow, Endpunkt Fort Yukon.
Karten: USGS Black River D-4, D-5, D-6, Coleen A-1, A-2, A-3, A-4, A-5, A-6, Fort Yukon C-1, C-2, C-3, D-1, 116-O Old Crow (Kanada).

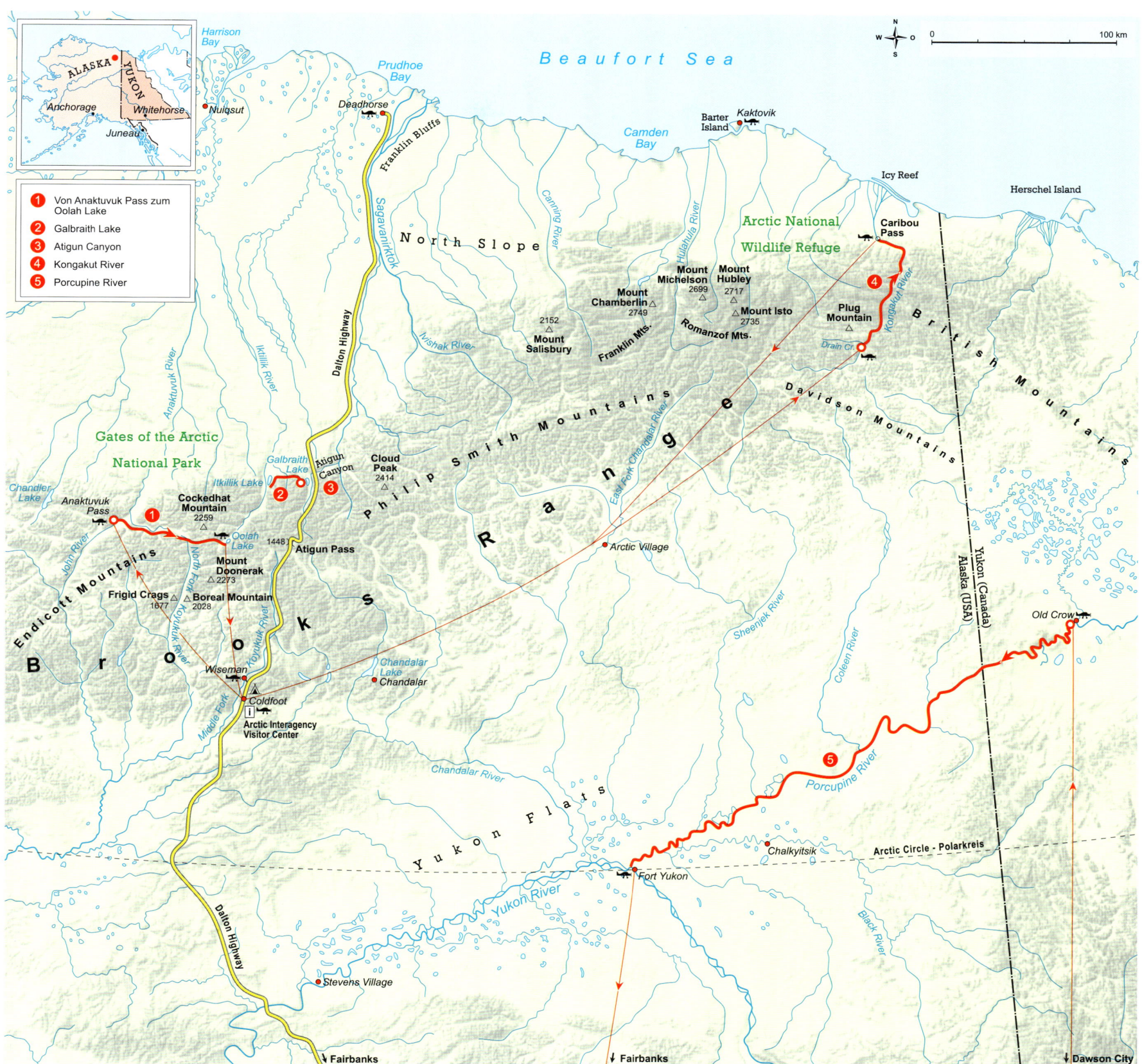

Die ganz großen Berge

Mount McKinley (Denali)

Blick auf den Mount McKinley mit der West Buttress Route in Bildmitte.

Lager III, das Medical Camp.

Egal welche Anstiegsroute man wählt, zuerst muss man sich im Bergsteigerdorf Talkeetna dem obligatorischen »Behördengang« unterziehen, bei dem die Denali National Park Ranger mit Nachdruck auf die Ernsthaftigkeit des jeweiligen Unterfangens hinweisen. Wichtig ist auch zu wissen, dass an diesem Berg nichts zurückgelassen werden darf. Jeglicher Abfall, von den kleinsten Verpackungen bis zu den Fäkalien, muss zurückgebracht und entsorgt werden. Erst nach einer gründlichen Unterweisung über das Verhalten am Berg werden wir als Bergsteiger registriert und in die Liste der »McKinley-Kandidaten« eingetragen. Wir sind 12 Mann, die sich über die Unternehmen Hauser Exkursionen bzw. Kobler & Partner (Schweiz) gefunden haben. In Alaska wird uns als Reiseleiter ein Bergführer der amerikanischen Organisation Mountain Trip zur Seite gestellt, der Erfahrung am Mount McKinley mitbringt. Beim Verlassen der Rangerstation steigt die Spannung merklich: Alle Formalitäten sind erledigt, nichts steht mehr im Weg, jetzt gibt es auch kein Zurück mehr – es kann losgehen. Es braucht Zeit, bis die gesamte Expeditionsausrüstung und Verpflegung für 18 Tage beschriftet, gewogen und verladen ist. Für unser Team werden zwei kleine Propellermaschinen bereitgestellt. Endlich rollen nach und nach beide Flugzeuge mit knatternden Motoren über den groben Asphalt, lösen sich vom Rollfeld und ziehen der Alaska Range entgegen.

Die Erfolgsaussichten beim Bergsteigen sind immer wetterabhängig. Und diese Wetterabhängigkeit beginnt bereits mit dem Flug zum Basislager. Bei schlechten Sichtverhältnissen ist es unmöglich, durch die bizarre Eis- und Felslandschaft zu navigieren und sicher auf dem Kahiltna Glacier zu landen. Doch das Wetterglück ist mit uns. Der Landeplatz ist zwar holprig, aber seine Lage unter den mächtigen Fels- und Eiswänden des Mount Hunter ist beeindruckend. Im Basecamp, unserem ersten Lager, direkt am Landeplatz, verbringen wir auf 2200 m die erste Nacht.

Ein langer, anstrengender Weg über die West Buttress Route liegt vor uns: 24 km und über 4000 Höhenmeter. Insgesamt werden wir fünf Lager und dazwischen drei Materialdepots errichten. Die erste Etappe führt uns in weiten Kehren und flach über den spaltenreichen Kahiltna Glacier. Ins Lager II auf 2750 m wollen wir das gesamte Gepäck auf einmal transportieren. Um das Lastentragen zu erleichtern, verteile ich meine 70 kg Gepäck auf Rucksack und Schlitten. Im leichten Schneetreiben und mit dem vielen Gewicht kommen wir nur langsam voran. Ich bin froh, Ski mitgenommen zu haben. Wir versuchen uns möglichst wenig zu verausgaben, machen viele Pausen, immer mit dem Gedanken: in Lager II kommen wir nicht so einfach an, wir müssen es erst aufbauen. Wir einigen uns darauf, dass beim Lagerbau zuerst ein Küchenzelt aufgestellt wird, in dem sogleich zwei Mann Schnee schmelzen und zu kochen beginnen, während die übrige Mannschaft das restliche Lager inklusive WC-Stelle und

Ausgangspunkt Kahiltna Glacier, unter den Flanken des Mount Hunter.

Am Weg zum Lager II.

Windschutzmauern errichtet. Nach 7 Stunden, 12 km und 2 Stunden Lagerbau sitze ich erschöpft im dampfenden Küchenzelt und bin froh über diese Vereinbarung.

Der Kahiltna Glacier steilt immer mehr auf und es würde zu viel Kraft kosten, weiterhin das gesamte Gewicht auf einmal zu transportieren. Sinnvoller ist es jetzt, Materialdepots anzulegen. Dabei deponieren wir Teile der Ausrüstung und des Proviants etwas unterhalb des nächsten Lagers. Unsere Wahl für das Depot I fällt auf einen ebenen, lawinensicheren Absatz unterhalb des Kahiltna Pass. Hier vergraben wir unsere gut verpackten Säcke tief im gepressten Schnee und kennzeichnen unser Versteck mit langen Stangen und Fähnchen. Wenn das nächsthöher gelegene Lager errichtet und bezogen ist, freut man sich auf einen etwas ruhigeren Tag, an dem zum Depot abgestiegen, die Säcke samt Equipment ausgegraben und nachgeholt werden. Das Anlegen der Depots zwischen unseren Lagern bedeutet nicht nur, dass wir weniger Gewicht transportieren müssen – durch den langsamen Höhengewinn passen wir uns auch perfekt der Höhe an.

Ab Lager III (3350 m) beginnen steilere, vereiste und windgepresste Passagen und wir beschließen hier, das Skidepot zu errichten und auf die Steigeisen umzusteigen. Doch bevor es weitergehen kann, geraten wir in eine Schlechtwetterphase. Extreme Sturmböen beschädigen einige unserer Zel-

Steil: der Aufstieg ins Hochlager.

te stark. Glücklicherweise können wir die gebrochenen Gestänge notdürftig reparieren. Was uns jedoch mehr zu schaffen macht: An ein Weitergehen ist gar nicht zu denken! Ganz im Gegenteil! Immer mehr entkräftete Bergsteiger treten den Rückzug an. Wir beschließen auszuharren und sitzen hier die nächsten 6 Tage fest. Ein stabiles Hoch ist nirgends in Sicht. Als sich dann aber einige Schneegipfel aus dem dichten Gewölk schälen, gelangen wir über Motorcycle Hill, Squirrel Hill, Windy Corner (4040 m) ins Medical Camp (auch Basin Camp genannt) auf 4300 m.

Die besten Erfolgsaussichten am Mount McKinley werden für die Monate Mai und Juni vorhergesagt. In diesem Zeitraum betreut ein Ranger mit medizinischen Grundkenntnissen das Medical Camp. Dort können Verletzungen, Symptome der Höhenkrankheit, Erfrierungen usw. erstversorgt werden. Vom Medical Camp gelangen wir über den wohl steilsten Abschnitt, eine rund 200 m hohe, 55° steile Eis- und Firnflanke auf den West-Buttress-Grat. Dieser felsdurchsetzte Grat führt direkt ins Hochlager (High Camp) auf 5250 m. Aufgrund der Ausgesetztheit des Grates und der atemberaubenden Tiefblicke bis in die Täler der Alaska Range zählt dieser Abschnitt zu den wohl beeindruckendsten der gesamten Route.

Die Wettervorhersage ist nicht die beste. Wir haben aber nicht mehr Zeit und sind daher fest entschlossen, den Gipfelaufstieg zu versuchen. Über dem Denali Pass (5545 m) bessert sich das Wetter wider Erwarten. Die grauen Wolken- und Nebelfetzen weichen zeitweise sogar blauem Himmel, dafür müssen wir einen empfindlich kalten und an Stärke zunehmenden Wind in Kauf nehmen. Wir sind ganz auf uns selbst gestellt und bahnen unseren Weg durch die eisige Einsamkeit. Schließlich queren wir das Footballfield (5945 m), erklimmen den Pig Hill und folgen dem überwechteten Gipfelgrat. Die letzten Schritte bei Sturmböen und –40° C. Dann sind wir oben, am höchsten Punkt Nordamerikas, 6194 m über dem Meer. Die Ausblicke auf die gewaltige Gebirgskette der Alaska Range übertreffen alle Erwartungen – die infernalische Kälte aber auch!

Ein kurzes »Berg Heil!«, dann machen wir uns an den Abstieg. Er verläuft genau auf unserer Anstiegsroute. Die Route ist uns bekannt, das Gewicht des Rucksacks ist aufgrund des Proviantverbrauchs um einiges geringer und somit kommen wir gut voran. Ab Lager III steigen wir auf unsere Ski um, rutschen den flachen Gletscher hinaus, fast bis zum Base Camp. Fast! Eine letzte Kraftanstrengung: wir müssen noch den Gegenanstieg am Heartbreak Hill überwinden. Dann haben wir es geschafft. Wir fühlen uns unglaublich gut. Noch etwas: es kann sein, dass man im Basislager wegen schlechten Wetters oder bereits wartender Bergsteiger noch eine Nacht oder gar zwei Nächte verbringen muss. Glücklich kann sich schätzen, wer hier bereits bei der Ankunft ein kleines Bierdepot angelegt hat.

Der finale Wegabschnitt über den Gipfelgrat.

Aufstieg zum Hochlager mit gigantischer Aussicht.

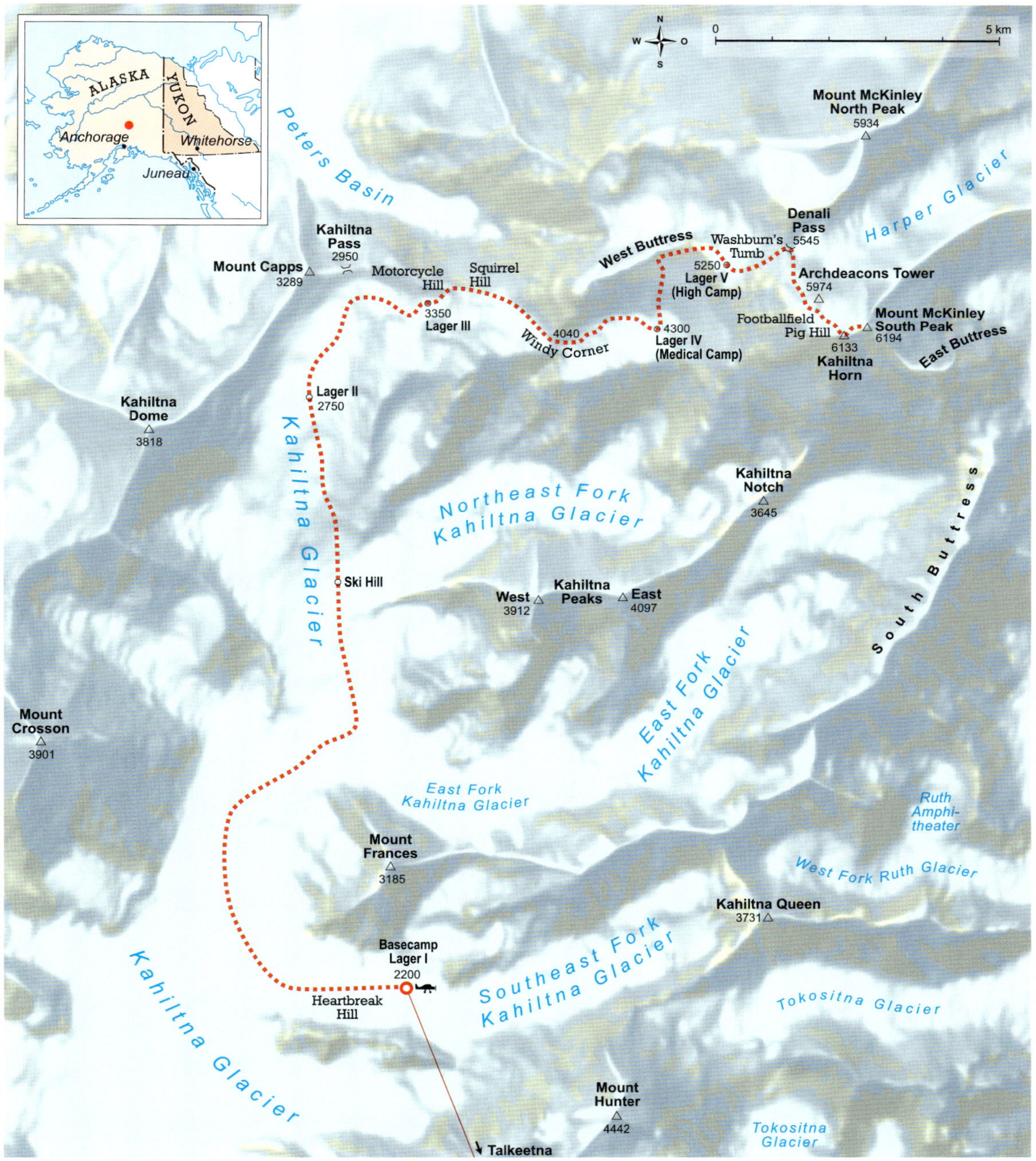

Info Mount McKinley, 6194 m

Höchster Berg Alaskas und Nordamerikas, weist 30 verschiedene Anstiegsrouten auf; die am meisten begangene ist die Route West Buttress. Genehmigung spätestens 60 Tage vor Reisebeginn beantragen (etwa US $ 175,00), www.nps.gov/dena, Gesamtanbieter z. B. Kobler & Partner (www.kobler-partner.ch).

Lage: Denali National Park, Alaska Range, 63°04'10''N, 151°00'27''W.

Dauer: 17–21 Tage.

Jahreszeit: Mai bis Juli.

Anreise: Flug nach Anchorage, Alaska, Weiterreise nach Talkeetna.

Zugang: Flug mit Kleinpropellermaschine (US $ 585,00) von Talkeetna zum Base Camp auf dem Kahiltna Glacier; Info: www.talkeetnaair.com.

Karten: USGS Mount McKinley A-3, Talkeetna D-3. Mount McKinley (Denali) 1:50.000 Alaska – Schweizerische Stiftung.

Mount Logan

Markanter Blickfang am Weg zum Mount Logan: der King Peak.

Camp 1.

Die Größe ist überwältigend. Mehr als eine Stunde fliegt die Heliocourier-Propellermaschine von der Startpiste am Kluane Lake im Yukon (ca. 70 km nordwestlich von Haines Junction) über eiszeitliche Ströme, ausgedehnte Moränenfelder und dann Eis – Gletschereis, aus dem Gipfel herauswachsen. Die ersten sind zwischen 3000 m und 4000 m hoch, dann werden sie immer höher. Gipfel mit gigantischen Hängegletschern, mit Felsgraten, die dreimal so hoch sind wie die Brenvaflanke am Montblanc, getrennt von Eisflächen so weit wie Wüsten.

Und dann taucht er auf. Wie alles sehr Große ist der Mount Logan schon von Weitem sichtbar. Man sieht nicht recht, ob man auf Wolken oder Schnee schaut. Und wenn sich das Flugzeug nähert, türmt er sich so hoch auf, dass man durch das Dach schauen müsste, um das ganze Ausmaß der Flanken und Grate zu sehen. Beim Vorbeifliegen sind nur Ausschnitte zu erkennen: blaue Séracs, einer über dem anderen, schneegefüllte Rinnen, Wände und Spalten. Der Pilot rückt sich im Sitz zurecht und schaut kritisch über einen weiten Pass auf einem kilometerlangen Eisfall. Das Flugzeug legt sich in die Kurve, fliegt über den Pass und verliert über dem Plateau auf der anderen Seite Höhe. Es gibt keinen Maßstab, um einzuschätzen, wie weit man jetzt schon den Quintino Sella Glacier hinunter ist und wie hoch der King Peak über uns steht. Nur der Schatten des Flugzeugs auf dem Schnee kommt näher. Aufsetzen, ausladen, verabschieden: das Flugzeug dröhnt den flachen Gletscher hinunter, hebt ab, dreht und verschwindet ganz schnell. Dann herrscht Stille.

Ich habe am Mount McKinley dreimal geführt und hatte das Glück, meine Gäste jedes Mal zum Gipfel begleiten zu können. Am Mount Logan war ich schon viermal, aber noch nie am Gipfel. Knapp war es schon: ungefähr hundert Meter unter dem Ostgipfel drehte ich 1987 um, als Bruce seinen Handschuh im Sturm verlor. Das war, nachdem wir den Ostgrat endlich unter uns hatten und im leichten Gelände über der Südwand zum Gipfel gingen. Und einmal kamen wir nicht über den King Col auf 4200 m hinaus. Damals war ich 23 Tage am Berg.

Man hat viel zu tun im Basislager: Das Gepäck muss organisiert werden, Zelte aufgebaut und eine Schneemauer um das Lager ist auch notwendig. Für die ersten Stunden kommt bei aller Geschäftigkeit oft ein Gefühl von Verlassenheit auf. Hier ist wirklich niemand. Es gibt praktisch keine Bergrettung. Der Flug ist lang und führt über die Wasserscheide. Manchmal hängen die Wolken so tief, dass ein Flug unmöglich ist. Ganz anders am Mount McKinley: da gibt es einen Base Camp Manager, der den viel kürzeren Flug von Talkeetna aus mit Wetterbeobachtungen leichter macht. Da sind große amerikanische Militärhubschrauber in der Nähe sowie ein Lama-Helikopter, der auf dem Gipfel landen kann. Da gibt es in Bergrettung trainierte Ranger und vor allem ungefähr tausend andere Bewerber mit Bergführern und Zeit und Energie, sich um Unfälle zu kümmern. Nichts davon gibt es hier.

Die Route durch den King Trench ist technisch noch einfacher als der West Buttress am Mount McKinley. Man kann fast mit Ski

Am Weg vom King Col zum Eisfall.

Mount Logan, Gipfelkamm.

zum Gipfel gehen. Aber weit ist es: 30 km und 3500 Höhenmeter vom Basislager zum Gipfel. In Sichtweite zum Golf von Alaska, einem der stürmischsten Meere der Erde. Am Prospectors Col auf 5500 m ist man nur 400 Höhenmeter unter dem Gipfel, aber noch gute 10 km von ihm entfernt. Vor allem muss man auf dem Rückweg oder bei Problemen 400 Meter Gegenanstieg vom Plateau zurück zum Prospectors Col bewältigen, was bei den heftigen Stürmen auf dieser Höhe sehr anspruchsvoll sein kann. Das GPS hat die Wegfindung und vor allem auch das Wiederfinden von Lagern im White-Out erleichtert. Wo man früher Hunderte von Bambusstöcken mit Fähnchen schleppte, holt man heute Batterien aus der Tasche. Bei der Kälte zieht aber auch ein einfaches GPS-Gerät mehr Strom, als man glaubt, und das Wechseln von Batterien kann bei Sturm enorm schwierig werden.

Die Strategie ist bewährt und langsam: Man trägt Essen und Benzin voraus zum nächsten Lager, vergräbt die Vorräte im Schnee und markiert sie gut mit GPS und Bambusstöcken. Man fährt zum nächstniedrigeren Lager ab und übernachtet dort noch mindestens einmal. Wenn es das Wetter erlaubt, packt man am nächsten Tag den Schlitten voll und zieht um. Auf diese Art setzt man sich dem Höhenreiz aus, schläft aber hoffentlich tief genug, um sich zu erholen. Trotz der mäßigen absoluten Höhe dieser nördlichen Gipfel nimmt man die Höhenanpassung am besten ernst. Der absolute Luftdruck sinkt nördlich vom 60. Breitengrad, weil die Troposphäre dünner wird. 6000 m im Yukon sind physiologisch so hoch wie 7000 m im Himalaya. Dazu kommt das viel kältere Wetter. Bei zwanzig und dreißig Minusgraden atmet man sehr viel Wasser aus. Die kalte Luft ist extrem trocken und wird bei jedem Atemzug auf 100% bei 37 Grad Körpertemperatur gesättigt. Die Schleimhäute trocknen aus, das Blut wird dick, die Kapillaren versorgen die Finger und Zehen nicht mehr genügend – lang dauert es nicht, bis man sich etwas erfroren hat. Wasser zu schmelzen ist viel Arbeit, und das viele Trinken wird lästig. Auch wenn man Urinflaschen im Schlafsack hat, will man nicht alle zwei Stunden aufwachen.

Die Gletscher sind riesig, fließen schnell und sind spaltenreich. Die erste Stufe im King Trench geht manchmal rechts, manchmal links, aber nie ohne einiges Hin und Her zwischen großen Gletscherspalten. Oberhalb der ersten Stufe geht es flach dahin bis zu einem sicheren Lager unter dem nördlichen Felsgrat, der vom Queen Peak herunterzieht. King Peak steht jetzt schon riesig vor uns. Seine Nordwand, 1200 Meter schwarzer Fels, hat noch keine Route. Die nächste Stufe zwingt die Route in den engen Streifen, der nicht von Spalten ver-

sperrt ist. Von beiden Seiten hängen enorme Séracs über dieser Passage. Die meisten Eislawinen reichen nicht so weit. Aber fast jedes Mal gehe ich hier durch Eistrümmer von den wenigen Lawinen, die doch so weit kommen. Es ist sehr schwierig, einzuschätzen, wie weit Eislawinen laufen. Jedenfalls fast immer weiter, als man meint.

Sechs bis sieben Kilometer und rund 800 Höhenmeter sind es meistens zwischen den Lagern. Meistens ist es nicht zu steil für Schlitten. Mit denen lässt sich viel Material bewegen. Man kann teure Pulkas kaufen oder die billigsten Plastikkinderschlitten bei Canadian Tire. In diesem Fall ist das Billige besser. Ich spanne den Schlitten mit PVC-Wasserrohren an statt nur mit Reepschnur. Auf diese Art kann ich auch sanfte Hänge mit dem beladenen Schlitten hinunterfahren, ohne dass er mir hinten hineinrennt. Beim Gehen am Seil braucht der Schlitten seine eigene Prusikschlinge. Sonst wäre nicht nur der Sturz in eine Spalte unangenehm, sondern auch der nachstürzende Schlitten, der einem dabei auf den Kopf fallen könnte.

Am King Col wird der Blick frei auf die Südwand des Mount Logan. Über 20 km breit und 4000 Meter hoch steht sie über dem Seward Icefield. Es gibt tatsächlich einige Routen an ihr – alle sind ganz große Unternehmungen. Der Hummingbird Ridge zum Beispiel wurde nur einmal begangen; weitere Versuche gab es seither zwar, aber überlebt hat diese niemand.

Die King Trench Route wendet sich hier nach Nordosten, durch einen Eisbruch, der selten mit Ski zu bewältigen ist. Durch ein Gewirr großer Spalten gelangt man zum Football Field auf knapp 5000 m. Hier ist ein sicherer Lagerplatz. Darüber geht es zum Prospector's Pass und auf die Nordseite des Logan Plateau. Wenn es bisher schon wild, hoch und arktisch war, so steigert sich das noch um eine Größenordnung, sobald man auf dem 20 km langen, leicht nach Norden geneigten Plateau ist. Auch die Frühjahrssonne, die fast den ganzen Tag am Himmel

steht, erwärmt diese Eiswüste nicht. Hier heißt es 400 Meter abfahren und so weit nach Osten vorstoßen, wie es nur geht. Das letzte Lager steht auf 5300 m. Viele Gruppen begnügen sich mit den Gipfeln, die den Plateaurand säumen, keiner davon ist aber der höchste Punkt Kanadas. Zum Hauptgipfel muss man auf dem Plateau viel weiter nach Osten gehen, als man es gern hätte.

Für den Gipfel braucht man Sicht und nicht zuviel Wind. Wenn es bläst, ist es sehr schwer, Finger und Zehen sowie die Gesichtspartien, die man zum Gehen freilassen muss, vor dem Erfrieren zu schützen. Bei Sturm kann es leicht unmöglich werden, sich fortzubewegen. Wenn die Verhältnisse erträglich sind, ist es ein weiter, aber technisch nicht schwieriger Weg zum Hauptgipfel. Bei schönem Wetter ist

es ein unglaubliches Erlebnis, auf diesem Gipfel zu stehen: Das Blau im Süden ist der Ozean, in den sich die Halbinsel von Yakutat hineinschiebt. Mount Saint Elias, Mount Augusta und Mount Cook stehen auf der anderen Seite des unendlichen Seward Icefield. King Peak weit unten. Im Norden und Westen fließen Gletscherströme zum Horizont: Logan und Walsh. Kein Wald, keine belebten Täler, keine

Abfahrt im King Trench. *Exponiert: die Route am Knife Ridge.*

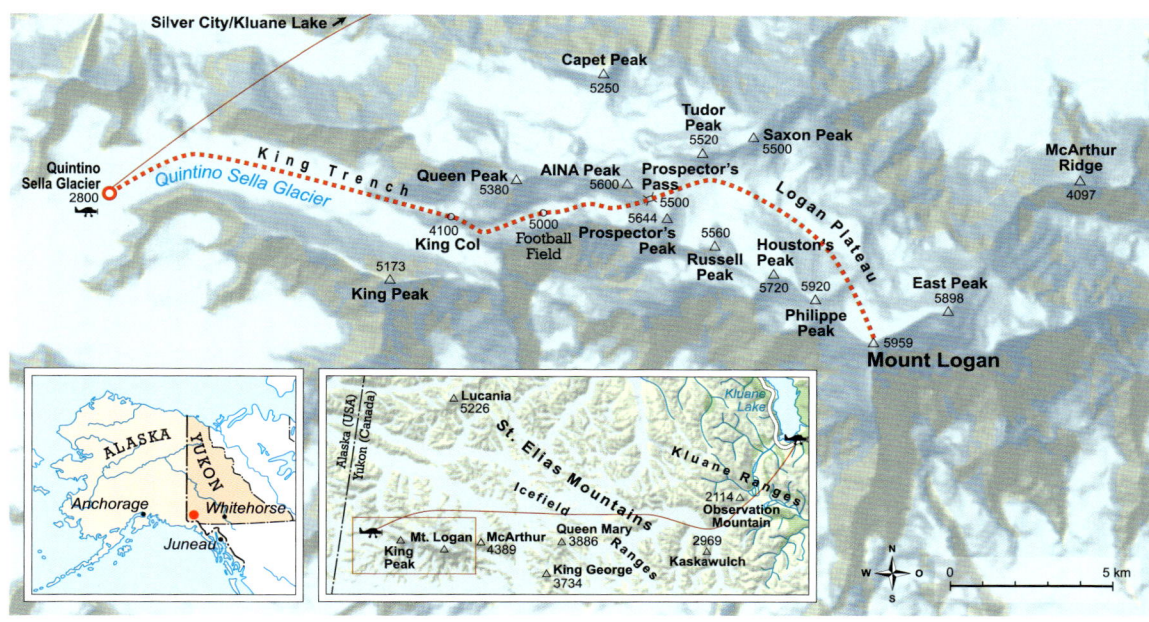

Menschen, nicht einmal Spuren von Menschen: Mount Logan ist so tief im Inneren der Icefield Ranges, dass die First Nations ihn nicht benannt haben. Die Tutchone und Tlingit reisten auf ihren Wegen ohne Weiteres über den Kluane Glacier, aber so weit ins Innere des Gebirges kamen nicht einmal sie.

Es empfiehlt sich, nicht zu lange am Gipfel zu bleiben. Wenn möglich, sollte man schnell vom Plateau herunter. Der Rückweg ist weit und der Prospector's Pass wird nicht niedriger, wenn man müde und ausgetrocknet hinaufsteigt. Erst von dort geht es wirklich bergab, und die Ski laufen bis zum Basislager.

Info Mount Logan, 5959 m

Höchster Berg Kanadas und zweithöchster Nordamerikas; stellt besonders große Herausforderungen an die Orientierung; in kanadischen Nationalparks müssen Genehmigungen für Expeditionen ein paar Monate im Voraus beantragt werden: www.pc.gc.ca/eng/pn-np/yt/kluane/plan.aspx; per Post: Mountaineering Registration, Kluane National Park & Reserve, Box 5495, Haines Junction, Yukon, Canada Y0B1L0.
Lage: Kluane National Park, Icefield Range, Yukon, Kanada, 60°34'N und 140°24'W.
Dauer: Ungefähr 3 Wochen.
Jahreszeit: Mai und Juni.

Anreise: Flug nach Whitehorse, Yukon. Weiter mit Mietwagen, Kleinbus oder Greyhound auf dem Alaska Highway 230 km nach Norden nach Silver City am Kluane Lake.
Zugang: Flug zum Quintino Sella Glacier. Etwa CAN $ 1000 hin und zurück pro Person; www.icefields.org.
Karten: National Topographic System (Canada) 1:250.000 115 B&C Mount St. Elias 1:50.000 115 C/10 King Peak und 115 C/ McArthur Peak.

Anhang

Bücher – Karten – Touristische Informationen

*Barter Island, Beaufortsee.
Eisbär auf Walknochen.*

Literatur englisch

Davidson, Art: Minus 148°, The Winter Ascent of Mt. McKinley. The Mountaineers, Seattle, 1969, neue Auflage 2013.

Harriman: Journals of the 1899 Harriman Alaska Expedition, Vol. I, Gannet's chapter, Reprint Edition von Dover Press; Litwin, Tom et al. Rutgers University Press.

Herrero, Stephen: Bear Attacks, Their Causes and Avoidance. The Lyons Press, New York, 2002.

Karstens, Harry: Describing the first climb to the summit in a letter to Charles Sheldon, Archives of the University of Alaska, Fairbanks. In: Alaska National Parklands – This Last Treasure, Alaska Natural History Association, 1982.

Kauffmann, John M.: Alaska's Brooks Range – The Ultimate Mountains. The Mountaineers, Seattle, 1992.

MacCarthy, Albert: First Ascent of Mt. Logan. Canadian Alpine Journal, 1925.

Marshall, Robert: Alaska Wilderness – Exploring the Central Brooks Range. Herausgeber Marshall, George. University of California Press, 2005, 3. Ausgabe; 1. Ausgabe 1956.

Service, Robert: The Spell of the Yukon and other Verses, Barse & Co., 1916.

Washburn, Bradford; Freedman, Lew: Bradford Washburn – An Extraordinary Life. West Winds Press, Portland, 2005.

Waterman, Jonathan: High Alaska, A Historical Guide – Denali, Mount Foraker, Mount Hunter. The American Alpine Club, New York, 1988.

Literatur deutsch

Filippi De, Filippo: Die Forschungsreise des Herzogs der Abruzzen nach dem Eliasberge. Aus dem Italienischen übersetzt von Locella, G., Verlagsbuchhandlung J.J. Weber, Leipzig, 1900.

Griggs, Robert Fiske: Das Tal der Zehntausend Dämpfe. Brockhaus, Leipzig, 1928.

National Geographic Deutschland: Expeditionsatlas – Die größten Abenteuer unserer Zeit. Gruner + Jahr, Hamburg, 2001.

Bezugsquellen für Landkarten

www.store.usgs.gov
www.canmaps.com
www.touratel.com
www.yukonbooks.com/topo_maps/web/yukon.php

Allgemeine touristische Infos

www.alaskausa.de
www.alaska-info.de/reiseplan/alaska_adress.html
www.alaska-travel.de
www.travelyukon.de
www.tripadvisor.de/Tourism-g155045-Yukon-Vacations.html
www.condor.com
www.yukoninfo.com

Hochsommer-Impressionen vom North Klondike River Valley nahe dem Dempster Highway im Yukon. Die weglose Tour zum Tombstone Mountain (im Hintergrund) ist lang und mühsam, aber lohnend.

*Der lange nordische Winter steht bevor. Diese Aufnahme entstand
Mitte September in den Bergen am Denali Highway.*

Stichwortverzeichnis

A
Adler 27
Ailak Glacier 115
Alaska Marine Highway System 87
Alaska Permanent Fund 16
Alaska Range 13, 65, 138, 146, 150
Aleut 25
Alpine Ridge Trail 119, 122
Alsek Trail 92, 96
Alutiiq 25
AMHS 87
Amundsen, Roald 180
Anaktuvuk Pass 58, 185, 187, 200
Anchorage 33, 51
ANWR 41, 47, 57, 194
Arctic National Wildlife Refuge 41, 57
Arctic Village 58, 59, 194
Athabasken 25, 194
Atigun Canyon 190, 200

B
Baird Strandläufer 182
Bär 17, 42, 44, 87, 133
Baranow, Alexander 22
Baribal 42
Barrengrounds 38, 177
Barter Island 13, 16, 26, 218
Bartlett Cove 19, 81, 224
Baumstachler 48
Beaufortsee 14, 181, 218
Bell, John 23
Bennett 73, 77
Beringia 25
Bering, Vitus 21
Biber 48
Bird Ridge 123
Blackstone Uplands 170
Blaurückenlachs 121
Blue Mouse Cove 86
Bonanza Mine 106, 112
Boreal Mountain 185, 189
Braunbär 42
Brooks Camp 130, 132
Brooks Range 7, 8, 17, 35, 58, 185, 192
Bullion Plateau 95, 97

C
Campbell, Robert 23
Cassin, Ricardo 66
Chelle Lake Cabin 111, 113
Chena Dome 157, 160
Chena Hot Springs 54, 155
Chilkoot Pass 74, 79
Chilkoot Trail 23, 51, 72, 73, 78
Chitistone Pass, River 108
Chugach Mountains 29, 99, 102
Chugach National Forest 33, 115
Cockedhat Mountain 187, 188
Coldfoot 57, 188, 192, 196
Cook, Frederick A. 65
Cordova 21, 53
Cottonwood Trail 91, 96
Creamer's Field 49
Curry Ridge 150, 152

D
Dallschaf 46, 47, 142
Dalton Highway 4, 17, 57, 58, 185
Dawson City 23, 57, 73
Deadhorse 57
Dempster Highway 38, 57, 162, 220
Dena Cho Trail 170, 175
Denali 33, 51, 54, 136, 204, 209
Denali Highway 221
Denali Pass 207
Denali State Park 51, 150
Devil's Creek (Pass) Trail 118, 122
Diademhäher 121
Divide Lake 166
Donoho Basin, Peak 104, 106, 112
Dyea 21, 73, 74

E
Eielson Visitor Center 224
Eisbär 8, 13, 42, 176, 177, 218
Eisfuchs 48
Elch 46, 160
Erie Mine 106, 112
Eskimo 26, 177
Exit Glacier 116, 122
Exxon Valdez 14

F
Fairbanks 35, 51, 54, 154
Fairweather Range 8, 82
Faro 170, 175
Fidalgo, Salvador 21
First Nations 25
Fort Yukon 33, 195, 197, 198
Franklin Bluffs 224, 10-11
Franklin, John 178
Franklin Mountains 185, 194
Frigid Crags 185, 189

G
Galbraith Lake 190, 191, 200
Gates of the Arctic 51, 57, 187, 191
Gebiet »1002« 194
Geographic Harbor 132, 135
Gezeitengletscher 29
Glacier Bay 8, 19, 51, 52, 80
Goat Trail 106, 112
Golden Stairs 75
Goldrausch 23
Grand Parapet 99
Granite Tors Trail 155, 160
Griggs, Robert Fiske 126
Grizzly 42, 43, 44, 93, 96, 137
Grizzly Lake 165
Gustavus 81

H
Haines 51
Haines Junction 52, 89
Harding Icefield 115, 116, 122
Harrer, Heinrich 66
Herschel Island 57, 176
Homer 115, 132
Hope Point 121, 123

I
Icefield Range 36
Inside Passage 29, 51
Inuit 26
Inupiat 25
Inuvik 183
Itkillik Valley 185, 188, 191

J
Jenny Creek 146, 152
Johns Hopkins Inlet 81, 86
Jumbo Mine 106, 112
Juneau 51, 81

K
Kachemak Bay 119, 122

Kahiltna Glacier 14, 205
Kaktovik 13, 26, 58, 185, 195
Kanadaluchs 48
Karibu 45, 46, 140
Karstens, Harry 65, 139
Kaskawulsh Glacier 36, 93
Kathleen Lake 91
Katmai 51, 54, 124
Kenai 51, 54, 115, 122
Kenai River 13
Kennecott 53
Kennicott Glacier 106
Kesugi Ridge 51, 150, 152
Kimberley Meadow 92, 96
King Peak 211
King's Throne 90, 96
King Trench 211
Kluane 36, 51, 53, 88, 90, 215, 224
Kodiakbär 13
Kongakut River 185, 192, 193, 194, 195, 200
Küstenbraunbär 45
L
Lachs 49
Lamplugh Glacier 84, 86
Lethe River 130
Lost Lake 116, 122
M
MacCarthy, Albert 62, 64
Mackenzie Delta 177, 178
Mackenzie River 39
Margerie Glacier 224
Marshall, Robert (Bob) 189
McBride Glacier 82, 83, 224
McCarthy 52, 53, 62, 65, 102, 103

Million Dollar Falls 5
Moorschneehuhn 165
Moose's Tooth 138
Moschusochse 41, 47
Mount Abraham 167, 168, 174
Mount Chamberlin 185
Mount Chester Henderson 166, 174
Mount Decoeli 92, 96
Mount Distincta 175
Mount Doonerak 187
Mount Eielson 147, 152
Mount Foraker 65
Mount Griggs 128, 132
Mount Hare 163, 174
Mount Healy 143, 144, 147, 152
Mount Hunter 33, 65, 66, 68, 137, 205
Mount Huntington 14, 65, 137
Mount Logan 36, 62, 65, 89, 210, 215
Mount McKinley 33, 61, 65, 137, 204, 209, 224
Mount Monolith 165
Mount Robert Henderson 166, 174
Mount St. Elias 61
Muir Inlet 83
Murmeltier, Eisgraues 48
Mystery Hills 118, 122
N
National Geographic Society 61
Nationalparks 51
Nizina River 101
North Fork Koyukuk 187, 188
North Klondike River

Valley 166, 220
North Slope 35, 58, 185, 194
North West Mounted Police 76
Novarupta 125, 127, 131, 132
Nugget Creek Trail 103, 112
NWMP 76
O
Observation Mountain 93, 95
Ogilvie Mountains 38, 169
Old Crow 38
Oolah Lake 185, 187, 188, 191, 200
P
Pauline Cove 177, 180, 182
Pelly River 172
Permafrost 16, 35, 177, 181
Pfeifhase 48, 142
Pika 48, 142
Pinnell Mountains 54
Pinnell Mountain Trail 155, 157, 160
Polarlicht 35, 157, 177
Porcupine River 33, 195, 196, 197, 200
Präriebison 47
Primrose Creek Trail 116, 122
Primrose Ridge 145, 152
Prince William Sound 14, 29
Promyschlenniki 21
Prudhoe Bay 14, 35
Q
Quintino Sella Glacier 211
R
Rabe 27
RCMP 163
Resurrection Pass Trail 115, 121, 122

Resurrection River Trail 115, 121, 122
Richardson Mountains 38, 163, 177
Root Glacier 99, 103, 104, 112
Ross River 171, 172, 175
Rotfuchs 47, 48
Royal Canadian Mounted Police 163
Russell Glacier 101, 111
Russell, Israel C. 61
Russian Lakes Trail 115, 121, 122
Russisch-Amerika 22
S
Sanctuary River 138, 146
Savage River 138, 141, 145
Scales 74
Schelikow, Grigori 22
Schneeziege 47, 116
Schwarzbär 42
Seeotter 21, 22, 41, 48
Seward 51, 115, 122
Seward, William Henry 22
Sheep Mountain 95, 97
Sheldon, Charles 139
Silver City 215
Skagway 73, 77
Slims River 92, 94, 95, 97
Sockeye Lake Trail 96
Sourdough-Expedition 65
Stairway Icefall 107
St. Elias Mountains 29, 36, 89, 98, 99, 101, 224
Steller, Georg Wilhelm 21
Steller Seelöwe 48
Sugpiaq 25
Summit Lake 7

Sundew Cove 86
T
Taiga 18, 38
Talkeetna 18, 67, 205
Talkeetna Mountains 149, 150
Talus Lake 166
Tidewater Glacier 29
Tlingit 25, 27
Tombstone Mountain 51, 165, 166, 220
Tombstone Range 57, 165, 166, 174
Tongass National Forest 33
Trans-Alaska-Pipeline 14
Tundra 39, 48
U
Unangan 25
V
Valdez 14, 21
Valley of 10.000 Smokes 130, 135
Vielfraß 48
W
Washburn, Bradford 66, 67, 69
Waterman, John Mallon 66
Weißkopfseeadler 49
West Buttress 205, 207
Whitehorse 51, 78, 215
White Mountains 54, 159, 161
White Pass 78
Wickersham, James 65
Wiseman 189
Wolf 47
Wonder Lake 142, 147, 152
Wrangell Mountains 29, 53, 98, 102
Y
Yukon River 33, 38, 199
Yupik 25

Impressum

Texte und Bilder stammen von
Gerhard Kraus,
ausgenommen der Text »Die ganz großen Berge« (Mount McKinley von Andreas Steigenberger, Kiefersfelden;
Mount Logan von Christoph Dietzfelbinger, Smithers, British Columbia, Kanada)
sowie die Bilder auf folgenden Seiten: 205 bis 209 (Andreas Steigenberger), 63, 64, 210, 211, 213 (Juho Risku),
212, 214 (Juho Särkilä), 215 (Christoph Dietzfelbinger).

Titelbild: Kluane Front Range am Haines Highway.

Innentitel: Schmelzwassersee im McBride Glacier, Glacier Bay National Park.

Bild auf Seite 2/3: Bartlett Cove, Glacier Bay.

Bild auf Seite 10/11: Die Hänge der Franklin Bluffs am Fluss Sagavanirktok bei Deadhorse.
Die Färbung durch Mineralien wirkt in flachem Licht besonders eindrucksvoll.

Bild auf Seite 70/71: Übernachtungsplatz vor der Kulisse der St. Elias Mountains.

Bild auf Seite 202/203: Welch ein Erlebnis für den Alaskabesucher, wenn sich der Mount McKinley – hier vom Eielson
Visitor Center aus fotografiert – völlig wolkenfrei präsentiert. Im Sommer ist das nur an wenigen Tagen der Fall.

Bild auf Seite 216/217: Urweltliche Szenerie – vor den Eismassen des Margerie Glacier im Glacier Bay National Park.

Lektorat und Gestaltung
Dr. Gerhard Hirtlreiter

Kartografie
Barbara Häring, Martina Rieger, Gröbenzell;
Übersichtskarte auf Seite 219: Freytag & Berndt, Wien

Reproduktion
Artilitho snc, Lavis – Trento, Italien

Druck und Bindung
Gorenjski tisk, Kranj, Slowenien

Die Touren in diesem Buch hat der Autor nach bestem Wissen und Gewissen beschrieben. Naturgemäß können sich die
Verhältnisse vor Ort jedoch verändern. Die Nutzung aller Angaben geschieht auf eigenes Risiko. Eine Haftung für
etwaige Unfälle und Schäden jeder Art wird aus keinem Rechtsgrund übernommen.

1. Auflage 2015
© Bergverlag Rother GmbH, München
Alle Rechte vorbehalten
ISBN 978-3-7633-7066-5